Xpert.press

Bernhard Holtschke · Hauke Heier
Thomas Hummel

Quo vadis CIO?

 Springer

Bernhard Holtschke
Accenture GmbH
Maximilianstr. 35
80539 München
bernhard.holtschke@accenture.com

Thomas Hummel
Accenture GmbH
Maximilianstr. 35
80539 München
thomas.hummel@accenture.com

Hauke Heier
Accenture GmbH
Kaistr. 20
40221 Düsseldorf
hauke.heier@accenture.com

ISBN 978-3-540-74588-4   ISBN 978-3-540-74589-1 (eBook)

DOI 10.1007/978-3-540-74589-1

Xpert.press ISSN 1439-5428

Bibliografische Information der Deutschen Nationalbibliothek
Die Deutsche Nationalbibliothek verzeichnet diese Publikation in der Deutschen Nationalbibliografie; detaillierte bibliografische Daten sind im Internet über http://dnb.d-nb.de abrufbar.

Einbandgestaltung: KünkelLopka, Heidelberg

Gedruckt auf säurefreiem Papier

9 8 7 6 5 4 3 2 1

springer.de

Vorwort

Die stetige Durchdringung aller Unternehmensprozesse hat die Informationstechnologie (IT) in den letzten Jahren allgegenwärtig gemacht. Auch wenn sie als ein entscheidendes Fundament der Geschäftswelt oft kaum mehr bewusst wahrgenommen wird, ist die IT in keiner Weise mehr aus unserem arbeitsteiligen und koordinationsintensiven Wirtschaftsleben wegzudenken. Die Entwicklung seit den frühen Anfängen der Unternehmens-IT in den 50er Jahren bis zur heutigen, allumfassenden Informatisierung ist dabei durchaus turbulent verlaufen. Die Herausforderungen, die Antworten auf diese Herausforderungen, die Rolle der für die IT-Verantwortlichen und ihrer organisatorischen Verankerung, letztlich der gesamte Kontext der IT im Unternehmen hat sich über diesen Zeitraum stark gewandelt.

All dies wird sich auch in Zukunft nicht ändern, ganz im Gegenteil, der steigende Kostendruck einerseits und die zur Erhaltung der Wettbewerbsfähigkeit notwendige stetige Weiterentwicklung des Geschäfts andererseits werden weiterhin neue Antworten auf alte ebenso wie auf neue Fragen erfordern. Der Chief Information Officer (CIO) ist hier mehr denn je gefordert und sein Profil bewegt sich dabei vom technisch fokussierten IT-Leiter hin zum geschäftsorientierten Gestalter von Veränderungen. Es wird zunehmend zu den Kernaufgaben des CIO gehören, das Fundament für den Unternehmenserfolg aktiv mit zu gestalten – nicht nur im Sinne einer leistungsfähigen und kostenoptimierten Infrastruktur – sondern vor allen Dingen auch durch die Schaffung von Flexibilität für Erneuerungs- und Veränderungsprozesse. Damit steht der CIO heute an einem Scheidepunkt, an dem er bedeutende Weichenstellungen vornehmen muss, um sich selbst erfolgreich für zukünftige Aufgaben zu positionieren und die an ihn gestellten Anforderungen weiterhin erfüllen zu können.

Das vorliegende Buch leistet einen wesentlichen Beitrag zur Diskussion über die zukünftige Rolle des CIO im Unternehmen. Es zeigt die entscheidenden Treiber für Veränderungen auf und analysiert deren Konsequenzen für den CIO.

Der erste Teil zeichnet wesentliche Trends nach, mit denen der CIO heute konfrontiert ist und zeigt auf, welchen Fragen er sich in Zukunft stellen muss. Die Forderung nach Schaffung eines messbaren Wertbeitrags der IT zum Geschäft bei gleichzeitig starkem Fokus auf die Kosten ist bereits seit längerem eine zentrale Anforderung. Darüber hinaus ist eine starke Tendenz zur Industrialisierung feststellbar, die der IT mehr und mehr den Charakter eines alltäglichen Gebrauchsgegenstands verleiht. Gleichzeitig steht diesen Entwicklungen jedoch mehr denn je die Notwendigkeit gegenüber, durch die aktive Identifikation und gestalterische Umsetzung neuer Technologien die Grundlagen für die Realisierung neuer Geschäftsmöglichkeiten zu legen, bzw. durch Einsatz innovativer Informationstechnologien neue Nutzen- ebenso wie neue Kostensenkungspotenziale zu erschließen.

Das Umfeld des CIO ist im Zuge dieser Entwicklungen nicht – wie man angesichts der Industrialisierungstendenzen erwarten könnte – einfacher, sondern vielmehr komplexer geworden. Tatsächlich sehen sich CIOs regelmäßig mit dem Problem konfrontiert, eine wachsende Anzahl voneinander abhängiger Projekte gleichzeitig zu steuern und koordinieren, die alle um knappe Budgets und Management-, sowie Mitarbeiterkapazitäten konkurrieren.

Vor dem Hintergrund dieser Trends diskutiert der zweite Teil des Buchs die wesentlichen Handlungsfelder, die der CIO gestalterisch angehen muss. Faktisch wird sich seine Rolle von der eines heute vorherrschenden anforderungsgesteuerten und oft eher reaktiven IT-Dienstleisters hin zur Rolle eines geschäftsgetriebenen Technologiemanagers wandeln müssen. Er wird dabei künftig weit mehr ein verlässlicher Partner für die Geschäftsbereiche werden und in dieser Rolle das Geschäft ebenso gut verstehen müssen wie die Technologie. Eine aktive Vorbereitung auf diese Situation erfordert, dass der CIO die IT-Strategie verstärkt auf die Unternehmensstrategie ausrichten und in enger Abstimmung mit dieser beständig weiterentwickeln muss. Darüber hinaus muss er in seiner Organisationseinheit Flexibilität gegenüber zukünftigen Entwicklungen als ein wesentliches Gestaltungskriterium verankern und die IT-Organisation handlungs- und wandlungsfähig gestalten.

Ähnliches gilt für die IT-Architektur, auch hier ist ein hohes Maß an Agilität und Konsistenz gefordert, um den stetigen Wandel des Geschäfts effizient und effektiv umsetzen zu können. Die angeführten Industrialisierungstendenzen – ebenso wie der stetige Kostendruck – erfordern eine Optimierung des IT-Servicemanagements und machen insbesondere auch neue Ansätze im Sourcing notwendig. Insgesamt wird der Sprung von der Technikdienstleistung zum Technologiemanagement aber nur dann erfolgreich umzusetzen und vor allen Dingen langfristig zu verankern sein, wenn die erforderlichen IT-Governancestrukturen und -prozesse geschaffen und auch tatsächlich in der Organisation gelebt werden.

Wenn die IT-Organisation weiterhin im Wesentlichen von kurzfristigen Anforderungen getrieben wird und sich in vielfältige Kompromisse flüchten muss, die in erster Linie dazu dienen, das Geschäft am Laufen zu halten, werden die beschriebenen Maßnahmen in den jeweiligen Handlungsfeldern zumeist wirkungslos verpuffen. Es wird ein hohes Maß an Konsequenz und Führungsstärke erfordern, die beschriebenen Aktivitäten umzusetzen. Nichtsdestotrotz führt kein Weg daran vorbei, wenn das Potenzial der IT als echter Wettbewerbsfaktor realisiert werden soll.

Dezember 2008
Markus Danowski
CIO, Siemens AG, Region Deutschland

Inhaltsverzeichnis

1 Kostenfaktor oder Wertschöpfer?

Der erste bedeutende Einflussfaktor auf die Arbeit des CIOs ist die Entwicklung der IT von einem Kostenfaktor hin zum echten Wertschöpfer. Die IT gerät mehr und mehr unter Kostendruck, da zum einen die IT-Aufwendungen mittlerweile einen signifikanten Teil des Umsatzes vieler Unternehmen ausmachen, zum anderen aber auch unternehmensexterne Faktoren – wie beispielsweise die Kreditkrise oder der rasant wachsende globale Wettbewerb – die IT zunehmend unter Druck setzen. Um der einseitigen und aus unternehmerischer Sicht fatalen Betrachtung der IT als reinen Kostenfaktor zu entkommen, ist es eine Hauptaufgabe des CIOs, die IT-Organisation als Wertschöpfer zu etablieren. Für ein wertorientiertes IT-Management ist es unabdingbar, die IT eng mit den Geschäftsprozessen und den Unternehmenszielen zu verknüpfen um einen echten Wertbeitrag für ein Unternehmen leisten. Dieses Kapitel beleuchtet zum einen die Ursachen und Wirkungen des erhöhten Kostendrucks auf die IT und zeigt zum anderen die Bedeutung der IT-Organisation als Wertschöpfer auf.

1.1 Die IT unter Kostendruck

1.1.1 Ein Opfer des eigenen Erfolgs?

Die Verbesserung von Wirtschaftlichkeit und Produktivität sind die wohl häufigsten und wichtigsten Argumente für den Einsatz von IT in Unternehmen. Lange Zeit war der zentrale Aspekt dabei die Aussicht auf erhebliche, gleichsam automatische Kostensenkungen. Die Befürwortung einer Standardisierung und Automatisierung von Arbeitsprozessen mit Hilfe der IT ging eigentlich immer – und durchaus zu Recht – einher mit der Erwartung einer Steigerung von Effizienz und Effektivität und, damit verbunden, sinkenden betrieblichen Kosten. Dass die IT dabei vor allem als nützliches Hilfsmittel und Werkzeug gesehen wurde, brachte sie in eine bequeme Position. Dadurch hatte sie die Möglichkeit, technische Lösungen zur Vereinfachung und Verbesserung von Abläufen und Prozessen in Produktion, Berichterstattung oder Verwaltung anzubieten und mit deren Einführung selbst immer unentbehrlicher zu werden. Sie verblieb dabei aber stets in Diensten anderer Unternehmensbereiche.

Diese gaben der IT meist nicht nur ihre operativen Anforderungen und Ziele vor, sondern waren in der Regel auch noch für den Kostenrahmen verantwortlich. Daher blieb die IT oft weitgehend von einer strengen betriebswirtschaftlichen Perspektive ausgeklammert: Sofern es nicht explizit um IT interne Belange, wie beispielsweise die Personal- oder etwa die Anschaffungskosten für Infrastruktur oder neue Applikationen ging, galt dies auch für die IT-Organisation selbst! Effizienz und Wirtschaftlichkeit schienen der IT immanent, daher wurde die Frage nach einem spezifischen Wertbeitrag von IT-Organisationen selten gestellt. In dieser Position richtete sich das Hauptaugenmerk der IT fast zwangsläufig auf technische und operative Fragen. Die CIOs oder IT-Leiter, die nur in seltenen Fällen der Geschäftsführung oder dem Top-Management angehörten, waren in erster Linie für die Technik und für das reibungslose Funktionieren ihres jeweiligen Bereichs zuständig.

Diese Situation hat sich inzwischen grundlegend gewandelt – nicht nur, weil die CIOs nun in manchen Unternehmen bis in die Geschäftsführung bzw. das Top-Management aufgerückt sind. Dieser Aufstieg ist vielmehr die Folge daraus, dass die IT nun häufig als integraler und essenzieller Bestandteil der meisten Untenehmen wahrgenommen wird und für deren Erfolg oder Fortbestehen vielfach ebenso entscheidend ist wie etwa ordnungsgemäße Finanzen. Und in der Tat lässt sich die IT aus kaum einer Branche wegdenken: Ohne ihren Einsatz werden heute kaum Produkte hergestellt oder Dienstleistungen erbracht. Ihrer alten Rolle als ein einfaches Hilfsmittel ist die IT entwachsen, auch wenn man sich der Konsequenzen in mancher IT-Organisation noch nicht in Gänze bewusst scheint. Betriebswirtschaftliche Anforderungen bestimmen die Arbeit der IT mittlerweile ebenso wie technische Fragen.

Deutlich wahrnehmbar ist diese Entwicklung an dem in den vergangenen Jahren permanent gestiegenen Kostendruck, selbst wenn dieser, wie unten näher erläutert wird, auch noch andere Gründe hat. Unbestreitbar ist aber die Tatsache, dass die IT-Organisation inzwischen immer stärker unter streng ökonomischen Gesichtspunkten beleuchtet wird, zumal da die IT-Gesamtausgaben in vielen Unternehmen signifikante Größenordnungen erreicht haben. So wenden deutsche Unternehmen heute je nach Branche und Abhängigkeit von der IT zwischen zwei und elf Prozent ihres jährlichen Umsatzes für ihre IT auf[1]. Dass in wirtschaftlich schwierigen Zeiten, wenn etwa der Anstieg der IT-Ausgaben in manchen Unternehmen das Umsatzwachstum übertrifft (dies war in den vergangenen Jahren durchaus der Fall), bald der Wert der IT für das Unternehmen kritisch hinterfragt wird, liegt auf der Hand.

---

[1]   Gartner (2004) IT Spending and Staffing Survey Results. Stamford

So erfreut sich seit einiger Zeit das IT-Benchmarking steigender Beliebtheit. Insbesondere zu den IT-Kosten und Ausgaben werden zahlreiche Studien erstellt – und auf eine Weise interpretiert, als würden sie Unternehmen ganz exakte, objektive Ergebnisse über ihre eigene IT-Performance liefern, die sich in konkrete, direkt umsetzbare Handlungsempfehlungen in Bezug auf ihre IT münzen ließen. Doch für die spezielle, unternehmensspezifische Kostensituation ist damit erst einmal wenig gewonnen. Denn als eine vergleichende Untersuchung verschiedener, oft heterogener Organisationen stellt jedes IT-Benchmarking nur hochgerechnete Daten zur Verfügung, die lediglich darüber Aufschluss geben, wie etwa die eigenen IT-Ausgaben im Vergleich zu denen anderer Unternehmen ausfallen. Daher kann ein Benchmarking dem einzelnen CIO gar keine Antwort geben auf konkrete Fragen wie „Welche Mittel müssen für meine IT bereitgestellt werden?" oder „Wie setze ich mein IT-Budget am besten ein?".

Vielmehr sind IT-Benchmarks nur eines unter verschiedenen Mitteln und Diagnose-Tools, um etwa eine IT-Strategie und einen IT-Masterplan zu entwickeln oder die IT-Ausgaben zu steuern. Sie sind in jedem Fall auf den jeweiligen Unternehmens- und IT-Kontext hin sorgsam zu prüfen und zu adaptieren. Die bei der Betrachtung der unternehmensinternen IT inzwischen weit fortgeschrittene, oftmals einseitige Kostenfokussierung kann sogar soweit gehen, dass die IT und ihre Services und Leistungen nur noch als Massengut („Commodity") – ähnlich wie die Elektrizität – gesehen werden, aus der sich kein Wettbewerbsvorteil mehr gewinnen lässt. Als solche müsste die IT in erster Linie unter dem Gesichtspunkt einer strikten Kostenoptimierung betrachtet werden.

Auch wenn Carr in seinem bekannten Artikel „IT doesn't matter" dies sicher polemisch überspitzt formuliert hat, so scheint er damit doch das auszudrücken, was in vielen Geschäftsetagen bewusst oder unbewusst über die eigene IT gedacht wird: dass sie eher als eine von den anderen Unternehmensbreichen trennbare Einheit und spezielle Kostenstelle anzusehen ist, als ein „Scharnier" zwischen den verschiedensten Geschäftsprozessen – sowohl im Unternehmen selbst, wie auch in dessen Beziehungen zu seinen Kunden, Partnern oder Zulieferern[2]. Dabei lässt sich wohl kaum ein besseres Beispiel für die Unentbehrlichkeit der IT finden als ihr Vergleich mit der Elektrizität.

Dass die IT in der Praxis wesentlich differenziertere Aufgaben wahrnimmt, dabei aufs Engste mit den spezifischen betrieblichen Anforderungen verbunden ist und so auf vielfältige Weise dazu beiträgt, die Produktivität in den verschiedensten Unternehmensbereichen zu verbessern, dürfte

---

[2] Carr NG (2003) IT doesn't matter. In: Harvard Business Review, 81(5), p 41–49

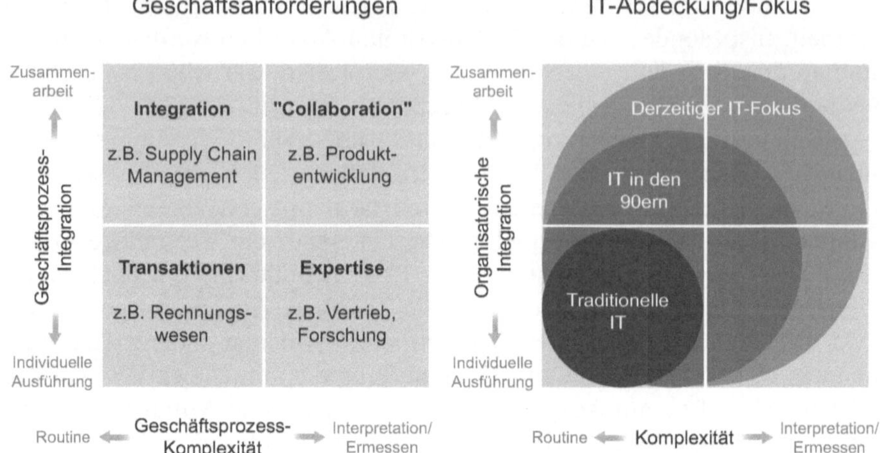

Abb. 1.1 Evolution der IT

bei objektiver Betrachtung nicht ernsthaft in Zweifel gezogen werden. Die steigende Komplexität der IT-Anforderungen – von der Automatisierung von transaktionalen Prozessen in der Vergangenheit zur virtuellen Zusammenarbeit zwischen internen und externen Partnern bei iterativen und wissensbasierten Geschäftsabläufen in der Gegenwart – hat deutliche Auswirkungen auf die IT. Abbildung 1.1 zeigt die zeitliche Entwicklung der IT und ihren Zusammenhang mit unterschiedlichen Arbeitsmodellen.

Neben der gestiegenen Bedeutung der IT für Unternehmen und ihren Fortbestand hat der derzeitig starke Kostenfokus auch andere, historische Gründe. So hat etwa das Platzen der Internet-Blase das bisweilen etwas zu blinde Vertrauen in die beinahe „automatische" Wirtschaftlichkeit der IT nachhaltig erschüttert und das Kostenbewusstsein der Nutzer und Kunden geschärft. Wohl auch als Folge des Internet-Booms hat sich außerdem eine kritischere Haltung gegenüber der IT herausgebildet, die Fortschrittsoptimismus und große technische Leistungsversprechen hinterfragt und Angebote und Möglichkeiten realistischer und auf konkrete Anforderungen bezogen beurteilt. Daneben hat die Globalisierung auch die IT-Branche erfasst und macht zunehmend auch die Kostenfrage bei IT-Dienstleistungen relevant.

Die Frage der Gestehungskosten ist ebenso alltäglich wie in anderen Branchen und Industriesektoren. Bekanntlich ist zum Beispiel die Verlagerung der Software-Entwicklung nach Indien heute eher die Regel als die Ausnahme: Das Land ist – in der vierstufigen Taxonomie von Carmel[3] – mittlerweile eine „Major Software Exporting Nation" und hat damit die

---

[3] Carmel E (2003) Taxonomy of new software exporting nations. In: The Electronic Journal on Information Systems in Developing Countries, 13(2), p 1–6

höchste Entwicklungsstufe erreicht. Die IT ist auch das Opfer ihres eigenen Erfolgs: Da sie ihre Aufgaben erfolgreich bewältigt hat (und nicht im Hinblick darauf, in anderen Unternehmensbereichen die betrieblichen Kosten zu senken), wurde sie kontinuierlich ausgebaut – und ist dadurch zunehmend selbst zum Kostenfaktor geworden. Effizienzsteigerung und Erschließung von Kostensenkungspotenzialen sind Kernaufgabe der heutigen CIOs. Sie legen fest, „wie die IT-Organisation durchführt, was in ihren Tätigkeitsbereich gehört"[4]. Diese IT Supply-Seite liegt nahezu vollständig im Gestaltungsbereich der CIOs und umfasst zusammen mit der später behandelten IT Demand-Seite alle Handlungsfelder der IT-Leitung.

1.1.2 Wo bleibt der Nutzen?

Wurde vor einigen Jahren – und ganz sicher zu Zeiten des Internet-Hypes – den IT-Ausgaben etwas zu wenig Beachtung geschenkt, so scheint sich heute die Situation ins genaue Gegenteil verkehrt zu haben. Auch wenn sich die ökonomischen Rahmenbedingungen weltweit wieder positiver darstellen und die Konjunktur in Deutschland ebenfalls spürbar angezogen hat, bleibt es beim Blick auf die IT bei einem starken – wir meinen zu starken – Kostenfokus in Unternehmen. Es scheint fast so, als hätte der alte Automatismus, dass Kostensenkungspotenziale am einfachsten durch die IT zu erzielen sind, unter umgekehrten Vorzeichen weiter Bestand: nun nur nicht durch den zunehmenden Einsatz von IT, sondern durch ihre zunehmende Reduktion. Es wird nicht ausreichend bedacht, welche negativen Auswirkungen dies langfristig auf den Geschäftserfolg haben kann. Der Grund hierfür scheint klar: Es herrscht noch immer ein Mangel an Verständnis, wie und in welchen spezifischen Prozessen die IT zur Wertschöpfung und zum Geschäftserfolg beiträgt.

Eigentlich ist es eine ökonomische Binsenweisheit, dass zur Beurteilung des Wertes und der Leistung der IT für Unternehmen nicht allein die Kosten, sondern vor allem das Kosten-Nutzen-Verhältnis in Betracht gezogen werden sollte. Doch offenbar besteht im Bezug auf die IT hier noch Nachholbedarf. Daher ist es eine – oder vielleicht die wichtigste Frage – die sich ein CIO stellen sollte, diejenige nach dem spezifischen Beitrag der IT zum Geschäftserfolg und zur Wertschöpfung. Mit der Antwort darauf liefert er gewissermaßen den Gegenpol einer nur auf die Kosten fixierten Betrachtung der IT. Schützenhilfe leisten dem CIO dabei zahlreiche, meist jedoch nur aus der US-Forschung stammende Studien, die Nutzenaspekte der IT für Unternehmen beleuchten. Im Folgenden werden einige ausgewählte

---

[4] Gartner (2006) Defining IT governance: the Gartner IT governance demand/ supply model. Stamford

Ergebnisse vorgestellt, die sich auf die Steigerung des Unternehmenswerts, sowie auf eine Verbesserung von Kostenposition und Qualität beziehen.

Bereits 1993 konnten Dos Santos et al.[5] zeigen, dass innovative IT-Investitionen den Unternehmenswert steigern. Während nicht-innovative IT-Investitionen wie Standardapplikationen – oder ein einfaches Ersetzen von Hard- oder Software – auf Kapitalmärkten ohne Auswirkung bleiben, honorieren die Märkte innovative und strategische IT-Investitionen. Darunter fallen insbesondere solche Investitionen, die dem Unternehmen ein Alleinstellungsmerkmal oder zumindest einen deutlichen Wettbewerbsvorteil verschaffen. Dadurch steigt als Folge von innovativen IT-Investitionen langfristig der Wert eines Unternehmens. Diese Relation wurde ebenfalls von Brynjolfsson et al.[6] aufgegriffen, die nachwiesen, dass jeder U.S. Dollar an IT-Investitionen in Verbindung mit Reorganisationsmaßnahmen ein Vielfaches hinsichtlich der Steigerung des Unternehmenswerts erbrachte. Außerdem zeichneten sich Firmen mit intensiver IT-Nutzung auch durch eine gesteigerte Leistungsfähigkeit ihrer IT-Organisation aus und wiesen typische Merkmale überdurchschnittlich erfolgreicher Unternehmen auf.

Des Weiteren können IT-Investitionen eine Optimierung der Kostenposition bewirken, die oft Hand in Hand geht mit einer Verbesserung der Produkt- und Servicequalität. Devaraj und Kohli[7] wiesen nach, dass sich die Profitabilitätsindikatoren besonders auffällig veränderten, wenn die Investitionen mit einem Reengineering der Geschäftsprozesse verbunden waren. Eine Steigerung der Profitabilität konnten Barura et al.[8] speziell für eBusiness-Initiativen nachweisen, die vor allem bei ausgeprägter Kundenorientierung die Geschäftsprozesse verbessern. Bedingung dafür ist jedoch die Bereitschaft der Kunden, daran mitzuwirken: Je höher diese Bereitschaft ist, desto größer fällt auch der wechselseitige Vorteil aus. Neben der Bedeutung von IT-Investitionen wurden auch zwei strukturelle Faktoren herausgearbeitet, die für den Beitrag der IT zum Geschäftserfolg bedeutsam sind: a) die strategische Ausrichtung der IT an den Geschäftszielen und b) die Qualität der IT und ihres Einsatzes.

---

[5] Dos Santos BL, Peffers K, Mauer KC (1993) The impact of information technology investment announcements on the market value of the firm. In: Information Systems Research, 4(1), p 1–23

[6] Brynjolffson E, Hitt LM, Yang S (2002) Intangible assets: computers and organizational capital. In: Brookings Papers on Economic Activity, 1(1), p 138–199

[7] Devaraj S, Kohli R (2002) Information technology payoff in the healthcare industry: a longitudinal study. In: Journal of Management Information Systems, 16(4), p 41–67

[8] Barua A, Konana P, Whinston A, Yin F (2000) Making e-business pay: eight key drivers for operational success. IEEE IT Professional, 2(6), p 2–10

Für den ersten Fall konnten Tallon und Kraemer[9] zeigen, dass Unternehmen, deren IT sich stärker an der Geschäftsstrategie orientiert, auch größere Vorteile aus den IT-Investitionen ziehen. Messen ließen sich diese vor allem an der Zufriedenheit der Nutzer und der Qualität der Unterstützung der Geschäftsprozesse durch die IT. Im zweiten Fall lieferte Weitzendorf[10] den Beleg, dass die schlichte Formel „Mehr IT = mehr Erfolg" nicht zutrifft. Vielmehr beruhe der erfolgreiche Einsatz der IT primär auf dem Verständnis für die IT-Werthebel und kontinuierlicher Erfolgsprüfung. Diese Ergebnisse decken sich mit den Arbeiten von Strassmann[11]: Nach ihm besteht keinerlei Korrelation zwischen der Intensität bzw. dem Ausmaß der IT-Nutzung und der Unternehmensleistung; vielmehr wiesen erfolgreiche Unternehmen meist niedrigere IT-Ausgaben auf, während weniger produktive Unternehmen häufig mehr in IT-Systeme zur Unterstützung von Entscheidungen investierten als in solche zur Unterstützung der Geschäftsprozesse.

Daraus schloss er, dass der wichtigste Beitrag der IT zum Unternehmenserfolg darin bestünde, die Ineffizienz der Prozesse zu verbessern. Dass die IT einen substantiellen Beitrag zu Wertschöpfung und Unternehmenserfolg leisten kann, wird in der US-Forschung also kaum angezweifelt. Zu demselben Schluss kommen mittlerweile auch repräsentative Studien aus dem deutschsprachigen Raum[12]. Die Frage nach dem Wertschöpfungsbeitrag der IT ist daher nicht eine nach dem „Ob?", sondern nach dem „Wie viel?". Und dieses „Wie viel?" kann der CIO durch ein wertorientiertes IT-Management in seinem Unternehmen erheblich beeinflussen. Daher sollen im Folgenden die Möglichkeiten der Wertschöpfung durch die IT und den CIO eingegangen werden.

1.1.3 Perspektivwechsel

Angesichts der derzeitigen „Unterbewertung" der IT in vielen Unternehmen liegt für deren CIOs eine erste Konsequenz nahe: der fundamentale Perspektivwechsel, der den Fokus von den Kosten der IT auf ihren Wert für das Unternehmen legt. Statt sich von einem stark auf die Kosten fixierten Blick verleiten zu lassen – und dadurch immer stärker von den Not-

---

[9] Tallon P, Kraemer KL (1999) A process-oriented assessment of the alignment of information systems and business strategy: implications for IT business value. Irvine

[10] Weitzendorf T (2000) Der Mehrwert von Informationstechnologie: Eine empirische Studie der wesentlichen Einflussfaktoren auf den Unternehmenserfolg. Gabler, Wiesbaden

[11] Strassmann P (1997) The squandered computer: evaluating the business alignment of information technologies. Information Econ. Press, New Canaan

[12] Holtschke B, Pfeifer A (2003) Unternehmenserfolg durch IT. München

wendigkeiten des strikten Kostenfokus abhängig zu werden – sollte der CIO versuchen, eine wertorientierte Sicht auf die IT zu eröffnen und zu vermitteln. Andernfalls wäre die Konsequenz, dass der CIO sich dauerhaft auf die Rolle eines „Chief Technology Mechanic"[13] festlegen lässt, der kein anderes Ziel hat, als die von den anderen Unternehmensbereichen geforderten Leistungen zu möglichst geringen Kosten zu erbringen. Sein Ziel sollte es also sein, die Bedeutung der IT für den Geschäftserfolg viel deutlicher herauszuarbeiten und zu vermitteln, dass sie einen positiven Beitrag zum Geschäftwert leistet.

Dies ist durchaus mehr als nur ein besseres Selbstmarketing seitens der IT, auch wenn sich IT-Organisationen bislang eher selten um eine adäquate Vermittlung ihrer Leistungen bemüht haben. Gefordert ist im Grunde ein neues Selbstverständnis der IT innerhalb von Unternehmen. Wenn sich IT-Organisationen zukünftig nicht nur als Kostenfaktor, sondern als Wertschöpfer präsentieren sollen, bedeutet dies, dass der CIO und mit ihm die gesamte IT-Organisation das unternehmerische Geschehen stärker aktiv mitbestimmen müssen. Damit beschränkt sich die Aufgabe der IT nicht mehr allein darauf, die technisch besten Lösungen für geschäftliche Anforderungen zu finden und zur Verfügung zu stellen; gefordert ist vielmehr auch eine aktive Mitgestaltung der Geschäftsprozesse oder, auf eine einfache Formel reduziert: mehr unternehmerisches Denken.

Diesen Perspektivwechsel einzuleiten und zu gestalten ist vor allem die Aufgabe des CIO. Als obersten Repräsentanten einer am Unternehmenswert orientierten Informationskultur bestimmen also in Zukunft weniger die technologischen Fragen die Agenda des CIO; die an ihn gerichtete zentrale Fragestellung ist vielmehr, wie sich die vorhandenen technischen Mittel und neuen Möglichkeiten der IT optimal einsetzen lassen, um die Geschäftsprozesse möglichst gut zu unterstützen und somit einen maximalen Beitrag zum Erreichen der Unternehmensziele zu leisten. Prinzipiell folgt die Wertschöpfung in der IT dem Muster jeder anderen Wertschöpfung: Sie entsteht durch den effektiveren und effizienteren Einsatz der IT bzw. ihrer Fähigkeiten, entweder um das eingesetzte Kapital besser nutzen zu können oder aber um das Geschäftsergebnis zu verbessern.

---

[13]   Broadbent M, Kitzis ES (2005) The new CIO leader: setting the agenda and delivering results. Harvard Business School Press, Boston
Broadbent und Kitzis sehen die Rolle des „Chief Technology Mechanic" als eine von zwei aktuellen Optionen für die Entwicklung der Funktion oder Rolle des CIO (die zweite ist der im Buch in extenso ausgebreitete „New CIO Leader"). Auch wenn die Autoren dieser Rollenbeschreibung grundsätzlich zustimmen, differenzieren sie hier jedoch weitergehend zwischen der historischen Bedingtheit des „Chief Technology Mechanic" und den aktuellen Anforderungen, unter denen sich der „neue" CIO erst entwickeln konnte.

Schematisch lässt sich dies in verschiedene Faktoren oder „Werthebel" aufgeschlüsselt darstellen, wie in Abb. 1.2 überblicksartig gezeigt. Auf der einen Seite stehen Faktoren der Effizienz beim Kapiteleinsatz und bei der Effizienz im Betrieb (beispielsweise niedrigere IT-Servicekosten), auf der anderen Seite Faktoren der Effektivität (beispielsweise verbesserte IT-Servicequalität). Für einen effizienteren Kapitaleinsatz ist denkbar, dass Sourcing-Strategien für kapitalintensive Tätigkeiten des Kerngeschäfts entwickelt werden. Vermögenswerte können oftmals durch Verkauf und Leasing von kostenintensiven Ausrüstungsgegenständen reduziert werden. Auch eine bessere Kapazitätsplanung, d. h. der Aufbau optimaler interner Beschäftigungsniveaus und das Abfedern von höheren Anforderungen durch Outsourcing können zu einer weiteren Verminderung des IT-Kapitaleinsatzes beitragen.

Die Effizienz im IT-Betrieb lässt sich unter anderem durch die Senkung der Kosten für die Bereitstellung von IT-Services erreichen. Hierzu zählen die Entwicklung von Sourcing-Strategien für Tätigkeiten, die nicht zum Kerngeschäft gehören, die Zusammenfassung und Standardisierung verschiedener Plattformen, und die Stärkung der Einkaufsmacht durch den Beitritt zu einem Käufer-Konsortium. Auch organisatorische Fähigkeiten, wie beispielsweise Einrichtungen zur Nutzer Selbsthilfe und die Implementierung von Programm-Management-Fähigkeiten, können hilfreich sein.

Effektivitätsverbesserungen auf der anderen Seite werden unter anderem durch eine erhöhte IT-Servicequalität erzielt. Dazu kann beispielsweise die

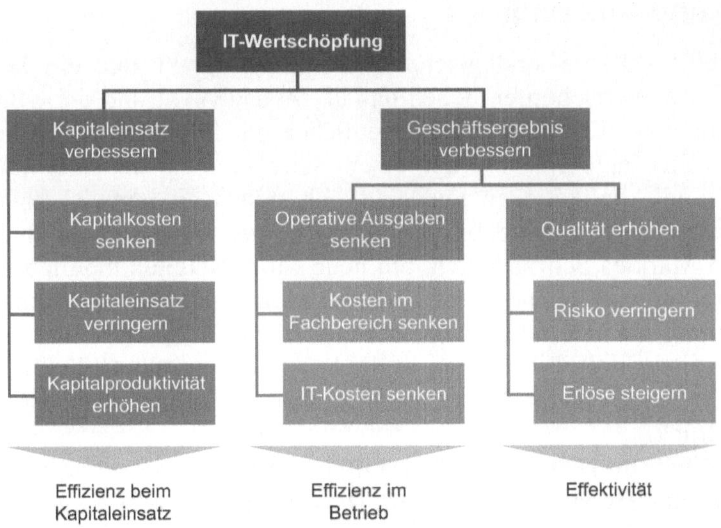

Abb. 1.2 Werthebel der IT

Steuerung der Investitionen mittels eines unternehmensweiten IT-Masterplans beitragen, der IT-Investitionen auf die wichtigsten Unternehmensziele konzentriert. IT-Projekte sollten als unternehmerische Initiativen durchgeführt werden und generelle Rechenschaftspflichten für die Leistungserbringung etabliert werden.

Die genannten Beispiele sind allesamt Möglichkeiten für die IT, durch einzelne Maßnahmen zusätzlich zur Wertschöpfung beizutragen. Nachhaltige Erfolge werden CIOs jedoch nur dann verzeichnen können, wenn alle drei Werthebel – die Effizienz hinsichtlich des Kapitaleinsatzes, die Effizienz im Betrieb und die Effektivität – ganzheitlich behandelt werden. Denn während effizienzsteigernde Maßnahmen primär die Kostenseite adressieren – also die zur Aufrechterhaltung des IT-Betriebs notwendigen Ausgaben senken und aktuell wirken – sind die Verbesserungen der Effektivität zukunftsgerichtet und dienen der langfristigen Wertschöpfung. Ihre volle Wirksamkeit erzielen alle Maßnahmen aber erst im Zusammenspiel. So ist es Aufgabe des CIOs und des IT-Managements, die Effizienz des IT-Betriebs kontinuierlich zu verbessern und die Leistungen mit einem geeigneten Katalog von Performance-Indikatoren zu überprüfen. Dadurch eingesparte Mittel sollten dann jedoch dem Aufbau neuer, zukunftweisender IT-Fähigkeiten zufließen.

1.2 IT-Management heute – ein aktueller Status

1.2.1 Zwischen Angebotsvielfalt, Kundenverantwortung und Kostendruck

Durch eine stärkere strategische Ausrichtung der IT und ein Selbstverständnis als Wertschöpfer stehen das IT-Management und die CIOs heute im Spannungsfeld dreier unterschiedlicher und bisweilen auch konträrer Haupteinflussfaktoren. Auf der einen Seite müssen sie eine wachsende Anzahl von Applikationen und eine sich stets weiterentwickelnde Infrastruktur bewältigen und dabei mit den ständigen Innovationen eines dynamischen Marktes Schritt halten, um neue Möglichkeiten möglichst schnell und nutzbringend für ihr Unternehmen einsetzen zu können; dann sind die sich ständig verändernden Bedürfnisse und vor allem steigenden Anforderungen seitens der IT-Nutzer in Betracht zu ziehen; und schließlich stehen die CIOs unter einem konstanten – und sich konstant verschärfenden – Kostendruck.

Jede dieser drei Einflussgrößen stellt eigentlich für sich eine nicht zu unterschätzende Herausforderung dar. Meist jedoch müssen diese Herausforderungen, die in ihren Ansprüchen und Erfordernissen zudem miteinander kaum kompatibel scheinen, sogar parallel bewältigt werden. Und wenn dazu noch Klagen von den Nutzern über sich verschlechternde Servicequalität oder unzureichende Ausstattung behoben werden sollen, zeigt sich schnell, dass viele IT-Organisationen in einem Dilemma stecken: Es bleibt kaum Zeit, die dringlichsten Anforderungen des Tagesgeschäfts zu erfüllen, obwohl doch in vieler Hinsicht strategische Überlegungen notwendig wären, um die Weichen für die Zukunft richtig zu stellen. Die Folge dieser schwierigen Ausgangslage ist ein nur mehr reagierendes „re-aktives" Management vieler IT-Organisationen.

1.2.2 Vertrauensverlust in die IT und „re-aktives Management"

Das „re-aktive Management" ist nicht zuletzt eine Folge des geringen Vertrauens in die eigene IT, das derzeit in vielen Unternehmen vorherrscht. So kommt eine Deloitte-Studie[14] zu dem Ergebnis, dass zahlreiche Führungskräfte die unzureichenden Informationen durch die IT-Leitung ihrer Unternehmen für verpasste Wachstumschancen verantwortlich machen. Wie viel davon tatsächlich in die Verantwortung der IT fällt, soll hier nicht weiter erläutert werden. In jedem Fall von entscheidender Bedeutung ist jedoch der Vertrauensverlust, den die IT zu verzeichnen hat und der vor dem Hintergrund der steigenden Komplexität von Anforderungen und Lösungen viele IT-Organisationen in ein schwerwiegendes Dilemma stürzt. Das geringe Vertrauen in die IT führt in den Beziehungen zwischen IT und Geschäftsseite zu einem Bruch, der unter anderem auch zu mangelhafter Kommunikation zwischen dem Management der Geschäftsseite und dem IT-Management führt.

Die Folge daraus ist, dass Geschäftsideen vermehrt durch externe Anbieter an das eigene Unternehmen herangetragen werden, die wiederum darin resultieren, dass die Geschäftsseite darauf aufbauende Anforderungen stellt oder gar spezielle IT-Lösungen verlangt, ohne diese vorher mit der eigenen IT-Organisation abzustimmen. Dadurch wird es immer problematischer, neue Lösungen in die bestehenden Systeme zu integrieren, was wiederum die Implementierung erschwert oder gar die Funktionalität massiv beeinträchtigt – von der Möglichkeit, dass die „neue Lösung" möglicherweise bereits durch die eigene IT hätte abgedeckt werden können, ganz zu schweigen. In der Praxis akzeptiert die interne IT mit einer externen Lösung eine weitere technische Komponente, die eventuell die Heterogenität der Systemlandschaft vergrößert und zusätzliche IT-Ressourcen bindet, beispielsweise durch komplexe Interfaces.

---

[14] Deloitte (2007) Maximizing performance through IT strategy. In: Corporate Board Member, 10(3), Special Supplement

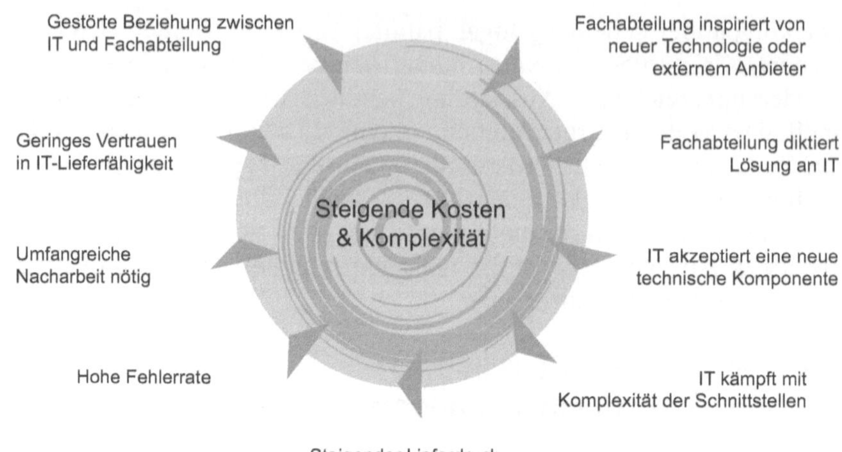

Abb. 1.3 Teufelskreis des re-aktiven IT-Managements

Zugleich entsteht zusätzlicher Druck auf die IT, die geforderten (zunächst aber nur von externen Anbietern versprochenen!) Leistungen zu erbringen; ohne ausreichend Einbindung der IT-Organisation in den Selektionsprozess und damit ohne die Möglichkeit einer stichhaltigen Kompatibilitätsprüfung, die aufgrund mangelnder Kommunikation auch anderweitig nicht erfolgen konnte, ist die Fehleranfälligkeit der neu eingeführten IT hoch. Dies wiederum hat eine steigende Anzahl von Fehlerbehebungen und „Bug-Fixes" zur Folge – und damit schließt sich der Kreis und wird zur Krise: Das Vertrauen in die IT sinkt weiter, während die IT-Kosten weiter steigen. In dieser Situation ist insbesondere der CIO gefragt, den in Abb. 1.3 dargestellten Teufelskreis zu durchbrechen, der oftmals auftaucht.

Er muss versuchen, das „re-aktive Management", das nur noch den immer neuen, von außen herangetragenen Anforderungen an die IT hinterherläuft, in ein „pro-aktives" IT-Management zu verwandeln, das die Nutzer und die Geschäftsleitung aus sich heraus und in kontinuierlicher Ausrichtung auf die aktuelle Unternehmensentwicklung unterstützt. Unentbehrliche Grundlage und Voraussetzung dafür ist aber ein tiefes Verständnis für die geschäftlichen Prozesse und Anforderungen, um geplante oder erforderliche Innovationen und neue Lösungen auch selbst anbieten zu können.

1.2.3 Erste Schritte zur Neuausrichtung

Ein erster Schritt für CIOs, die einseitige Kostenfixierung bei der IT zu durchbrechen, ist es, die Ausgaben für die IT nicht als einen monolithischen Block darzustellen – die IT nimmt schließlich auch unterschiedliche Aufgaben wahr, die sowohl den laufenden Betrieb als auch die Zukunftsfähigkeit eines Unternehmens betreffen.

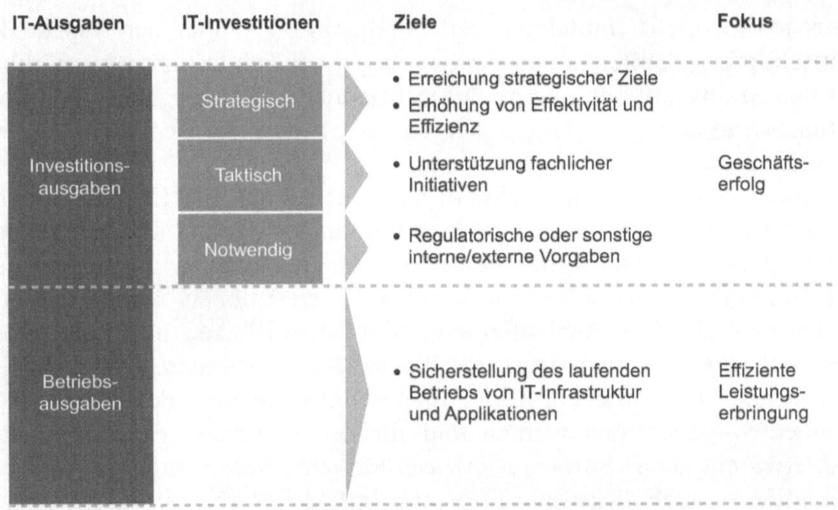

Abb. 1.4 Kategorien von IT-Ausgaben

Statt also nur von den IT-Gesamtkosten auszugehen und allein auf deren Basis zum Beispiel Kostenoptimierungsprogramme zu entwickeln oder Investitionsentscheidungen zu treffen, ist es für CIOs zunächst sinnvoll, zwei Ausgabentypen zu unterscheiden, wie in Abb. 1.4 dargestellt:

1. Betriebsausgaben: Ausgaben für IT-Anwendungen, Leistungen oder Services, die für den laufenden Betrieb unentbehrlich sind, die also in ihrem Entstehen nicht von den Entscheidungen des CIOs abhängen, sondern aus betrieblichen Notwendigkeiten resultieren; diese Betriebs- und Instandhaltungskosten („Non-Discretionary Costs") können zum Beispiel die Pflege und Wartung von Applikationen, Netzwerk- oder Desktop-Services und andere Infrastruktur sein oder Telekommunikationsdienste und -einrichtungen sein.
2. Investitionsausgaben: Ausgaben, welche die Ausgestaltung und zukünftige Entwicklung der IT betreffen und bei denen der CIO einen Ermessens- und Entscheidungsspielraum besitzt („Discretionary Costs").

Hinsichtlich der Aufgaben, die aus dem laufenden Betrieb entstehen, hat die IT also eine Versorgungspflicht. Das heißt, der CIO muss die erforderlichen (und idealer Weise auch genau spezifizierten) Leistungen und Services möglichst effizient sicherstellen. Daher besteht im Bereich dieser Tätigkeiten der Kostenfokus durchaus zu Recht. Hier muss es Ziel der CIOs sein, IT-Betriebs- und Instandhaltungskosten unter Effizienzgesichtspunkten zu optimieren. Bei IT-Investitionen, die ja nicht immer nur der Verbesserung der Effizienz des laufenden IT-Betriebs dienen, sondern sich häufig auch auf die strategische Weiterentwicklung und damit die Zukunftsfähigkeit eines Unternehmens auswirken, ist ein strikter Kostenfokus jedoch nicht empfehlenswert. Vielmehr rückt hier der Aspekt der Wertschöpfung stärker in den Fokus; wegen der langfristigen Auswirkungen von IT-Investitionen empfiehlt sich jedoch, „die Ausgaben für Informationsverarbeitung mit Überlegungen der Unternehmensentwicklung und -strategie in Zusammenhang zu bringen"[15].

Freilich zeigt sich dabei schnell, dass auch nicht alle IT-Investitionen nur aus strategischen Gründen erfolgen können. Manche folgen externen Notwendigkeiten wie technologischen oder legislativen Entwicklungen und Veränderungen; solche notwendigen Investitionen resultieren beispielsweise aus dem Auslaufen von Software-Lizenzen oder aus neuen gesetzlichen Regelungen etwa zur Finanzberichterstattung. Daneben gibt es taktische Investitionen, die aus geschäftsseitigen oder technischen Gründen vorgenommen werden und für den laufenden Betrieb wichtig sind, etwa ein neues Software-Release oder eine verbesserte Applikation. Damit dienen auch diese Investitionen primär der Verbesserung der operativen Effizienz und damit der Senkung der Betriebskosten. Im Hinblick auf eine Steigerung der Wertschöpfung durch die IT wirksam sind vor allem die strategischen Investitionen in die IT:

- IT-Investitionen, die zum Erreichen der strategischen Unternehmensziele beitragen (beispielsweise eine verbesserte Kundenbindung durch den Ausbau eines IT gestützten Customer Relation Management (CRM) oder die Konsolidierung und Harmonisierung von Applikationen);
- IT-Investitionen, die zur Verbesserung von Effizienz und Effektivität der IT selbst beitragen (beispielsweise durch eine Verbesserung der IT-Organisation, die Neuausrichtung von IT-Plattformen oder ein optimiertes IT Sourcing).

1.2.4 Strategische IT-Investitionen und Wertschöpfung

Mit der Analyse der IT-Gesamtkosten und deren Aufschlüsselung in operativ notwendige Ausgaben (Betriebsausgaben) und in die Zukunft gerichteter Investitionsausgaben wurde ein erster wichtiger Schritt hin zu einer differenzierten Kostenbetrachtung bereits getan. Werden anschließend die Investitionsausgaben noch hinsichtlich ihres Beitrags zur Wertschöpfung aufgeschlüsselt – diese Idee liegt obiger Unterscheidung von notwendigen und taktischen und strategischen Investitionen zu Grunde – dann lässt sich auch die Bedeutung der IT für den Geschäftserfolg explizit machen – und ihr potenzieller Beitrag zur Wertschöpfung wird erfassbar.

---

[15] Pietsch T, Martiny L, Klotz M (2004) Strategisches Informationsmanagement: Bedeutung, Konzeption und Umsetzung. Schmidt, Berlin

Den strategischen IT-Investitionen, also die Investitionen in die IT, die zum Erreichen der strategischen Unternehmensziele beitragen oder die Effizienz und Effektivität der IT selbst verbessern, kommt für die unternehmerische Ausrichtung der IT daher eine entscheidende Rolle zu. Sie sind der Bereich, denen CIOs die größte Aufmerksamkeit zukommen lassen sollten, um die IT zur „pro-aktiven", Geschäftsführung und Geschäftsprozesse optimal unterstützenden Organisation auszubauen. Voraussetzung dafür ist jedoch ein profundes Verständnis der spezifischen „Werthebel" des Unternehmens. So muss der Investitionsplan des CIO diejenigen Faktoren besonders berücksichtigen, die für die Leistungsfähigkeit des Unternehmens ausschlaggebend sind, und insbesondere diejenigen IT-Fähigkeiten ausbauen, welche die Effizienz der IT gerade in diesem Bereich verbessern.

Allerdings ist – unter dem derzeit vorherrschenden Kostendruck – gerade die gegenteilige Entwicklung festzustellen: Vor allem die Investitionen, die nicht der unmittelbaren Befriedigung aus dem operativen Geschäft herrührender Anforderung zugute kommen, werden kontinuierlich reduziert. Dies ist nicht nur unter dem Gesichtspunkt der strategischen Ausrichtung der IT problematisch, sondern auch für ihre technische Aktualität. Oder ganz schlicht: die IT veraltet. Wenn Investitionen zur Verbesserung von Effizienz und Effektivität der IT sukzessive abnehmen, wird die Qualität der IT und ihre Fähigkeit, die Geschäftsprozesse angemessen zu unterstützen, immer weiter abnehmen. Eine ältere Ausrüstung wird immer schlechter auf neue Herausforderungen reagieren können, und das Budget für IT-Investitionen wird mit Zunahme der Aufgaben für die IT auch in zunehmendem Maß nur noch für die dringend notwendigen Investitionen eingesetzt werden, ohne dass damit eine zusätzliche Wertschöpfung erfolgt.

Dieser Effekt wird auch durch eine Accenture-Studie belegt, nach der die CIOs von in ihren Branchen führenden Unternehmen insgesamt weniger für ihre IT aufwenden, die verwendeten Mittel aber deutlich zielgerichteter einsetzen, indem sie einen größeren Anteil ihres IT-Budgets auf Wert schöpfende Investitionen verwenden und so eine effizientere, kostengünstiger arbeitende IT erzielen: „Weniger die absolute Höhe der IT-Gesamtausgaben ist für den effizienten und effektiven IT-Einsatz entscheidend, sondern vielmehr deren Verteilung auf IT-Investitionen und IT-Betrieb"[16].

1.2.5 Fokus auf Wertschöpfung

Um den Qualitätsverlust der IT und eine darauf möglicherweise einsetzende Abwärtsspirale zu vermeiden, sind der CIO und das IT-Management gefordert, fortlaufend für einen innovativen und damit Wert steigernden

---

[16] Holtschke B, Pfeifer A (2003) Unternehmenserfolg durch IT. München

IT-Einsatz zu sorgen. Dazu müssen auch die Ausgaben für die IT auf strategische Investitionen und Wertsteigerung ausgerichtet werden. Zu diesem Zweck möchten wir einen IT-Ausgaben-Ergebnis-Ratio vorstellen, die dem CIO den Fokus kontinuierlich auf den Wertschöpfungsbeitrag der IT richtet, die enge Abstimmung und Ausrichtung zwischen der IT-Organisation und der Geschäftsseite fördert und die Bedeutung der IT für den Unternehmenserfolg klar herausstreicht.

1.3 Zusammenfassung

- Die IT wird zunehmend als integraler und essenzieller Bestandteil eines Unternehmens wahrgenommen, der entscheidend für deren Erfolg oder Fortbestehen ist.
- Betriebswirtschaftliche Anforderungen bestimmen zunehmend die Arbeit der IT, was in einem gestiegenen Kostendruck resultiert.
- Verschiedene Studien belegen, dass IT durchaus einen substanziellen Beitrag zur Wertschöpfung und zum Geschäftserfolg eines Unternehmens leisten kann.
- Es lassen sich die drei Werthebel „Effizienz beim Kapitaleinsatz", „Effizienz im Betrieb" und „Effektivität" identifizieren.
- Die IT bedarf einer zunehmend strategischen, an den Unternehmenszielen und den geschäftlichen Vorgaben orientierten Ausrichtung.
- Das IT-Management steht im Spannungsfeld dreier Haupteinflussfaktoren: „technologische Entwicklung/Angebot des Marktes", „Verantwortung für den Geschäftserfolg" und „Kostendruck".
- CIOs stehen vor der Herausforderung, innovative Lösungen pro-aktiv anzubieten und somit die aktuelle Unternehmensentwicklung zu unterstützen.
- Es lassen sich für die IT zwei Ausgabentypen unterscheiden: Betriebsausgaben („Non-Discretionary Costs") und Investitionsausgaben („Discretionary Costs").
- Für den Bereich „Non-Discretionary Costs" besteht ein Kostenfokus, im Bereich „Discretionary Costs" liegt der Fokus eher auf dem Wertbeitrag von IT-Investitionen.
- Aktuell liegt der Fokus stark auf dem IT-Betrieb, es werden zu wenige IT-Investitionen getätigt, was einen innovativen und Wert steigernden IT-Einsatz behindert.

2 IT-Industrialisierung und „Commoditization"

Ein zweiter maßgeblicher Einflussfaktor auf die Arbeit des CIO neben dem starken Kostenfokus ist das, was seit einiger Zeit unter dem Schlagwort IT-Industrialisierung diskutiert wird: die Entwicklung der IT zu einer Commodity, einem bereits fertigen, günstigen und in großen Stückzahlen zur Verfügung stehenden Gebrauchs- oder Massengut. Auch wenn vorgefertigte IT-Produkte und Dienstleistungen, die nicht speziell für eine einzelne Aufgabe entwickelt wurden, sondern standardisierte „One-to-Many" Lösungen für verschiedene Einsatzbereiche sind, lange Zeit (und teilweise noch heute) mit Skepsis betrachtet wurden, stellen sie doch in vielen Fällen eine kostengünstige Alternative zu aufwändigen Eigenentwicklungen dar. Daher ist der Einsatz von im Markt verfügbaren Standardlösungen für viele CIOs ein wichtiges Thema.

2.1 Vom Einzelstück zum Massengut: Die Industrialisierung der IT

Die Überlegung, Lösungen „von der Stange" einzusetzen, wirkt sich auch strukturell auf Rolle und Aufgaben eines CIO und die Organisation seiner IT-Abteilung aus[17]. So macht die zunehmende Verfügbarkeit von Commodities eine sorgsame Überprüfung der IT hinsichtlich primärer oder strategischer und sekundärer oder praktisch-technischer Aufgaben notwendig – beispielsweise wenn von der IT Commodities zugekauft und als zusätzliche Teilprodukte oder Dienstleistungen in das eigene Leistungsportfolio integriert werden, oder weil standardisierte IT-Angebote für verschiedene, aber ähnlich gelagerte Aufgaben genutzt werden können. Aber, so konstatieren Brenner und Witte[18]: „Viele CIOs sind heute nicht in der Lage, in ihren Prozessen das Management strategischer Applikationen vom Management

---

[17] Vgl. jüngst den Sammelband von Fröschle HP, Strahringer S (2007) IT-Industrialisierung. dpunkt Verlag, Heidelberg

[18] Brenner W, Witte C (2007) Erfolgsrezepte für CIOs. Was gute Informationsmanager ausmacht. Hanser Verlag, München

der Commodities zu unterscheiden." Diese Unterscheidung, stellen die Autoren anschließend fest, wird aber zukünftige Herausforderung sein.

Vor diesem Hintergrund beleucht dieses Kapitel verschiedene Aspekte der IT-Industrialisierung und der damit zusammenhängenden Phänomene, um dann praktische Möglichkeiten aufzuzeigen, wie CIOs dieser Herausforderung begegnen können. Industrialisierung der IT – das mutet auf den ersten Blick paradox an, scheint die Informationstechnologie doch eher der nächste logische Schritt in einer Entwicklung zu sein, die mit der Einführung der Dampfkraft und der allmählichen Automatisierung menschlicher Arbeit begann. Tatsächlich wird die Einführung der IT in den Bereich der Arbeit bisweilen auch – je nach Zählung – als zweite oder dritte industrielle Revolution bezeichnet. Der Begriff IT-Industrialisierung steht dem nicht entgegen – vielmehr ist er, ebenso wie der in Kap. 1 dargestellte verstärkte Kostenfokus auf die IT und der zunehmende Druck auf CIOs, nicht nur technisch, sondern immer mehr auch ökonomisch zu denken und handeln vor allem der Ausdruck einer fundamentalen Ökonomisierung der IT.

Allgemein wird mit IT-Industrialisierung die Übertragung von industriellen Ansätzen, Methoden und Prozessen auf die IT und insbesondere ihr Management bezeichnet, um Effizienz und Effektivität von unternehmensinternen IT-Organisationen und externen IT-Dienstleistern zu steigern. Die Bezeichnung „Industrialisierung" lehnt sich dabei an die so genannte industrielle Revolution, die vor allem durch den Einsatz von Maschinen beschleunigte Güterproduktion seit dem 19. Jahrhundert, an. Die wichtigsten Aspekte dabei waren, dass nicht die Arbeit (das Handwerk), sondern das Produkt in das Zentrum des Produktionsprozesses rückte, dass die Produkte normiert und standardisiert wurden und dass diese Produkte maschinell in hohen Stückzahlen und damit einfach und kostengünstig hergestellt werden konnten. Automatisierung und Standardisierung des Produktionsprozesses zur Steigerung der Produktivität waren also die Kernelemente der Industrialisierung.

Die durch die Automatisierung und Standardisierung erzielten Produktivitätszuwächse in praktisch allen Fertigungsbereichen sind jedoch nicht auf den technischen Fortschritt allein zurückzuführen. Ohne die entsprechende Veränderung der Arbeitsabläufe hin zu stärkerer Arbeitsteilung und Spezialisierung (Stichwort Taylorismus) und Veränderung der Qualifikationsprofile der Arbeiter hätte sich die industrielle Revolution kaum mit diesem Erfolg entfalten können. Die durch Maschinen bewirkte technische Rationalisierung ging also Hand in Hand mit einer (betriebs-) wirtschaftlichen Rationalisierung von Arbeit.

Und schließlich führte die industrielle Revolution mit ihrer massiven Veränderung der Güterproduktion auch zu einem tief greifenden Wandel in der Rolle des Kunden: In der Regel wählte er nun nicht mehr einen Hersteller, der ihm das gewünschte Produkt weitgehend entsprechend seiner Vorstellungen und Wünsche (bzw. seines Budgets) anfertigte, sondern entschied sich für eines der im Markt vorhandenen Angebote an vorgefertigten und standardisierten Gütern oder Dienstleistungen – zu erheblich günstigeren Preisen.

Diese knappe Skizze der Industrialisierung und begleitender Phänomene lässt sich als Analogie auch auf die Entwicklung der IT übertragen. Anders als Brenner und Witte, die in ihrer Darstellung eine Chronologie des Einsatzes von IT seit den 1950er Jahren nachzeichnen, die ihrer Meinung nach dazu geführt hat, dass der CIO in Unternehmen vor allem als „Maschinist" gesehen wird, möchten wir hier eine weitere Perspektive eröffnen, welche die Entwicklung der IT eher strukturell zu begreifen versucht und sich stärker auf die Umstände ihrer Herstellung und Bereitstellung als Produkt bezieht. Es ist dies die Entfaltung der IT von einem eher individuell und „handwerklich" geprägten Produkt über in einem bereits rationalisierten, aber noch vorindustriellen Prozess bereitgestellte „Manufakturware" bis zu der standardisierten und industriell hergestellten „Commodity".

Natürlich sind diese drei Entwicklungsstufen – wie auch die der Analogie zu Grunde liegende wirtschaftliche Entwicklung – nicht strikt voneinander zu trennen und auch nicht im Sinne einer Ablösung der älteren Modelle zu sehen. Im Gegenteil: Alle Verfahren existieren parallel, ergänzen sich und führen in der Summe zu einer größeren Vielfalt an Möglichkeiten für die IT. Die wichtigsten Aspekte der drei IT-Entwicklungsstufen, wie auch in Abb. 2.1 dargestellt können wir folgt zusammengefasst werden:

- Die erste Entwicklungsstufe – individualisierte oder „handwerkliche" IT – ist gewissermaßen die handwerklich hergestellte, speziell auf die Kundenwünsche abgestimmte Gestaltung der IT „auf Nachfrage". Sie war lange Zeit das vorherrschende Modell, wie IT den Kunden zur Verfügung gestellt wurde, und zeichnet sich durch hohe Implementierungsaufwände und niedrige Standardisierung bzw. Übertragbarkeit an andere Kunden aus. Der wenig flexible, insbesondere nicht modular austauschbare Aufbau führt zu hohen Einführungs- und Wartungskosten, sowie häufig zu hohen Anbietermargen durch mangelnden Wettbewerb.
- Die zweite Entwicklungsstufe – rationalisierte „IT-Manufaktur" – kennzeichnet den ersten Schritt hin zu einer industrialisierten und standardisierten IT, vergleichbar vielleicht mit der Manufakturfertigung, in der Produktion durch die Aufteilung in einzelne Arbeitsschritte und eine Spezialisierung der Arbeiter bereits teilweise ökonomisiert war. Der Typus der rationalisierten IT wird von Standard-Applikationen repräsentiert, die auf spezifische Anforderungen und Kundenbedarfe konfiguriert werden können. Charakteristisch sind vorgefertigte, vorkonfigurierte, skalierbare, wiederholbare und stabile (d. h. verlässliche) Lösungen.

- Die dritte und letzte Entwicklungsstufe – standardisierte oder massen-produzierte „IT Commodities" – wurde in dem bereits in Kap. 1 erwähnten Artikel „IT doesn't matter" von Carr skizziert und hat im Rahmen einer sehr kontroversen Diskussion einen großen Bekanntheitsgrad erlangt. IT wird in dieser Phase als Commodity, als allgemein verfügbares Massengut begriffen, das mit weitestgehend standardisierten Eigenschaften praktisch von der Stange gekauft werden kann. Auch wenn die Schlussfolgerung, dass sich heute aus der IT keine strategischen Vorteile ziehen lassen, hier nicht geteilt wird (gerade das Gegenteil scheint bei IT-intensiven Branchen wie der Telekommunikation der Fall), so gibt es keinen Zweifel mehr, dass viele IT-Dienstleistungen und Produkte weitgehend standardisiert sind. Diese sind allgemein verfügbar, von vielen verschiedenen Anbietern beziehbar und in hohem Maße untereinander austauschbar, wodurch nur eine relativ geringe Bindung an Hersteller entstehen kann.

Allerdings kann die intelligente Kombination und Wiederverwendung von Commodities zu einer Art Mass-Customization (Entwicklung einer spezifischen Architektur basierend auf einer Vielzahl von standardisierten Komponenten) führen. Dies ist beispielsweise ein zentraler Aspekt von serviceorientierten Architekturen (SOA). Hier wird das Prinzip einer Software-„Fabrikation" umgesetzt, die sich industrielle Vorbilder genommen hat: Aus Standardmodulen und einer Basisplattform werden im Automobilbau eine ganze Palette verschiedener, individueller Modelle entwickelt. Diese Vision wird über Web Services und SOA auch für Software umgesetzt: Neue Prozesse werden auf Basis vorhandener Funktionen und Servi-

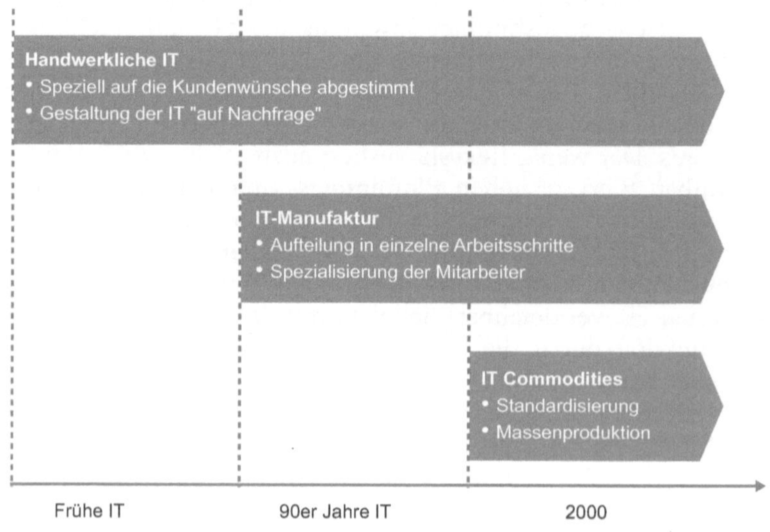

Abb. 2.1 Chronologie der IT-Entwicklungsstufen

ces schneller und preiswerter aufgesetzt („komponiert") als es früher jemals möglich gewesen wäre. Die Voraussetzung dafür stellen standardisierte Komponenten und Systeme dar. Dies ist eigentlich bereits eine vierte Entwicklungsstufe: die Kombination der „Handwerklichen IT" und der „IT Commodities".

Auch wenn das „Erwachsenwerden" der IT als Industrie sicher nicht abgeschlossen ist und die verschiedenen IT-Ausprägungen weiterhin und durchaus zu Recht nebeneinander bestehen, so ist die IT Commoditization doch so weit fortgeschritten, dass sie die Arbeit von CIOs jetzt und in den kommenden Jahren nachhaltig beeinflussen wird. Der CIO wird immer mehr in eine Situation kommen, in der er vor der Entscheidung steht, nicht ob, sondern inwieweit er im Markt verfügbare Commodities in seine eigenen Dienstleistungen und Produkte einbaut, um sowohl die Anforderungen an die IT zu erfüllen, als auch einen maximalen Wertbeitrag der IT zu erzielen. Wegen der wachsenden Bedeutung dieser Commodities folgt hier ein Blick auf den Kontext der IT Commoditization, einschließlich einiger Überlegungen, welche Auswirkung die angeführten begleitenden Phänomene auf das Aufgabenspektrum der CIOs haben werden.

2.2 IT Commoditization im Kontext

Nicht nur die fortschreitende IT-Industrialisierung, sondern auch eine Reihe eng damit verbundener Faktoren führt zu Verfügbarkeit von immer mehr standardisierten IT-„Fertig"-Produkten und Dienstleistungen. Die folgenden Ausführungen, die sich auf eine Studie von Gartner[19] stützen, setzen die aktuelle IT-Industrialisierung mit mehreren kontextverwandten Faktoren in Beziehung und entwerfen so ein Szenario für eine wahrscheinliche Entwicklung. Abbildung 2.2 zeigt die wesentlichen Kontextfaktoren im Überblick.

2.2.1 Zunehmende Globalisierung

Die Globalisierung, also der historische „Vorgang einer immer weiter wachsenden weltweiten wirtschaftlichen Interdependenz"[20] ist eine wesentliche Voraussetzung für die IT Commoditization. Die IT hat Wirtschaft und Gesellschaft heute in einem sehr großen Maße durchdrungen und dabei insbesondere auch einen bemerkenswert hohen technischen Reifegrad erreicht. Die Größe des Marktes ebenso wie die relative gute Definierbarkeit und Beherrschbarkeit der Erstellung von IT-Produkten und Dienstleistun-

---

[19] Gartner (2007) The services market transformation is accelerating. Stamford
[20] von Weizsäcker CC (2003) Die Logik der Globalisierung. Vandenhoeck & Ruprecht, Göttingen

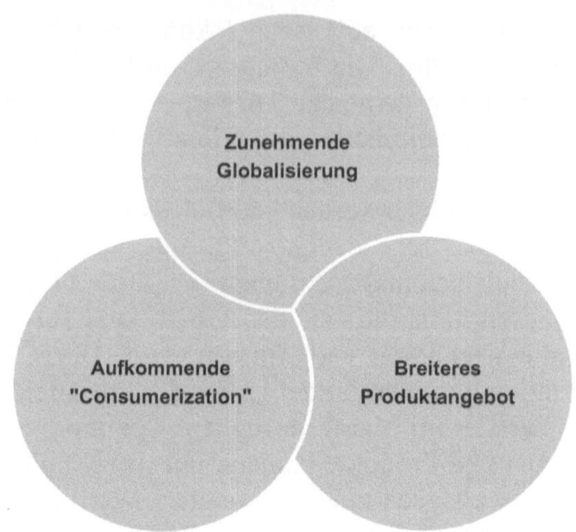

Abb. 2.2 Einflussfaktoren der IT Commoditization

gen, bei gleichzeitig erheblichen Faktorpreisgefällen zwischen verschiedenen Regionen ermöglicht die weltweite Konkurrenz der Anbieter. Die Produktbereitstellungskosten bewegen sich dabei in den für die Entwicklung von Massengütern nötigen Bandbreiten, gleichzeitig wurden durch verstärkten externen Bezug von Produkten und Dienstleistungen Arbeit und Produkt weitgehend vom Ort der Leistungserbringung entkoppelt.

Um weiterhin die Qualität sicherzustellen, aber auch um eine Vergleichbarkeit der Angebote zu gewährleisten, sind nun aber genaue Spezifizierungen und Vorgaben notwendig, die von den Leistungserbringern als gleich bleibende Standards zu erfüllen sind. Auf diese Weise hat die Globalisierung – genau wie die Einführung nationaler Standards zur industriellen Revolution beitrug – maßgeblich zur Ablösung des traditionellen Modells durch die IT-Industrialisierung und damit zum Aufkommen von IT Commodities beigetragen.

2.2.2 Breiteres Produktangebot

Im Zuge der IT-Industrialisierung ändert sich auch der Blick auf die IT, insbesondere die Einschätzung ihrer Bedeutung und ihres Wertes für Unternehmen. Zum einen wird die nur auf eigene, spezifische Anforderungen zugeschnittene Ausgestaltung der IT hinterfragt, wenn sich der Bedarf auch von vorgefertigten, „industriellen" Anwendungen erfüllen lässt. Dies führt auch zu einer kritischen Betrachtung der unternehmensinternen IT-Organisation, die – nun der Konkurrenz externer Anbieter ausgesetzt – in ihrer faktisch natürlichen Hoheit über die Unternehmens-IT herausgefordert ist.

Zum anderen lenkt die Industrialisierung die Aufmerksamkeit stärker auf das Produktangebot. Dies ist insofern bedeutsam, als der Blick nicht mehr nur auf die optimale Erfüllung der vorgegebenen Anforderungen gerichtet sein muss, sondern auch stärker Kosten-Nutzen-Erwägungen berücksichtigen kann. In diesem Sinne führt die IT-Industrialisierung zu einer stärkeren „Lösungsorientierung" innerhalb der IT. Sobald die Ausgestaltung der IT nicht mehr von einem Anforderungskatalog bestimmt ist, sondern eine Vielzahl von adäquaten, vorgefertigten und schon einsatzfähigen Produkten im Markt zur Verfügung stehen, kann der IT-Nutzer als Kunde auftreten und entsprechend der von ihm präferierten Kriterien seine gewünschte Lösung auswählen.

2.2.3 Wachsender IT-Alltagscharakter („Consumerization")

Ein dritter, eng mit der IT Commoditization verbundener Trend ist die wachsende „Consumerization" in der IT, die sich parallel und komplementär zur „professionellen" Industrialisierung vollzieht. Damit ist zunächst die immer größere Verbreitung von Technologien wie Laptops, PDAs oder Smart Phones, aber auch die steigende Nutzung von Internet-basierten Angeboten durch private oder Endverbraucher gemeint. Entscheidend ist das diese zunehmende IT-Nutzung auch die Ansprüche und Erwartungshaltungen der Konsumenten verändert – zum Beispiel hinsichtlich der Benutzfreundlichkeit oder der damit verbundenen Kosten – und damit wiederum Auswirkungen auf die Unternehmen hat, welche die IT für die Nutzer bereitstellen.

Denn Nutzer, für die der Umgang mit der IT in immer stärkerem Maß selbstverständlich ist, sind sowohl Kunden, als auch zukünftige Mitarbeiter, die sehr genaue Vorstellungen von „ihrer" IT haben. Ein Verzicht auf gewohnte Dienste und Dienstqualitäten am Arbeitsplatz wird immer weniger hingenommen werden. Daher gilt für Anbieter wie Arbeitgeber: Alle Unternehmen müssen sich auf eine weitere „Consumerization" der IT einstellen – und damit auch über eine wachsende Zahl von schnell und günstig verfügbaren Commodities.

2.2.4 Fazit

Die zunehmende Verfügbarkeit von Standardlösungen in allen IT-Bereichen hat sowohl Vor- als auch Nachteile. Eine sorgfältige Marktbeobachtung mit regelmäßiger Evaluierung der Angebote und Leistungen ist empfehlenswert, um von der IT Commoditization zu profitieren. Vorteile lassen sich unter anderem durch eine bessere Kompatibilität der Produkte, höhere Standardisierung der Serviceprozesse und eine kostengünstigere

Wartung erzielen. Für allgemein verfügbare Produkte ist eine größere Anzahl von Anbietern im Markt zu erwarten. Nachteile ergeben sich unter anderem wegen abnehmender Differenzierungsmöglichkeiten gegenüber Wettbewerbern und geringeren Möglichkeiten zum Aufbau und zur Bewahrung von speziellem Know-how aufgrund standardisierter Produkte. Bei einem sich schnell entwickelnden Markt ist jedoch gerade bei der Beschaffung in einigen Punkten besondere Sorgfalt notwendig. Entsprechend ist insbesondere das IT Sourcing gefordert, um mit der technischen Entwicklung Schritt zu halten.

IT Commoditization führt darüber hinaus auch zu sinkenden Markteintrittsbarrieren, speziell wenn Produkte und Dienstleistung besser zu kombinieren sind und sich leichter ersetzen lassen. Hersteller von IT-Produkten profitieren in diesem Sinne vor allem von der Commoditization in den ihrem eigenen Segment vorgelagerten Geschäftsstufen (beispielsweise Software-Entwickler von der Commoditization im Hardware-Bereich, IT-Dienstleister von der des Software-Bereichs). Nicht zuletzt tendieren staatliche Gremien dazu, Entwicklungen zu unterstützen, die eine Teilhabe möglichst breiter Bevölkerungsschichten an technologischen Innovationen ermöglichen.

Zusammenfassend lässt sich festhalten, dass die IT Commoditization ein Trend ist, der sich nicht aufhalten lassen und weder vor Hardware- und Software-Produkten noch vor IT-Services Halt machen wird. Wie jede neue Entwicklung birgt sie für den CIO Chancen und Risiken. Entscheidende ist aber dass sich durch standardisierte IT-Produkte und Services ein erhebliches Kostensenkungspotenzial eröffnet, da der Aufwand für individuelle Anpassungen reduziert und Einzelanfertigungen vermieden werden kann.

2.3 Entwicklungsstufen zur IT Commoditization

2.3.1 Gartners IT Commoditization Curve

Einer Studie von Gartner[21] zufolge belaufen sich die Ausgaben für unnötige Anpassungen der IT auf bis zu 25 Prozent des gesamten IT-Aufwands. Dieser Anteil wird in den nächsten Jahren zwar sinken, aber mit geschätzten zehn Prozent auch künftig noch ausgesprochen hoch bleiben, womit das Einsparpotenzial durch das Ersetzen von „maßgeschneiderten" IT-Produkten und Dienstleistungen durch Commodities beträchtlich ist. Ganz offensichtlich müssen CIOs bei Beschaffung und Investitionsmanagement den Einsatz von Standardlösungen noch stärker in Betracht ziehen, um

---

[21] Gartner (2007) Riding the IT commoditization curve. Stamford

diese unnötigen unproduktiven Ausgaben zu vermeiden und einen maximalen IT-Wertbeitrag zu erzielen.

Als praktisches Hilfsmittel zur Identifikation möglicher Rationalisierungspotenziale durch den Einsatz von Commodities – sowie zur Optimierung des Portfolios von externen Zulieferern – kann die von Gartner entwickelte IT Commoditization Curve herangezogen werden. Sie bildet die Entwicklung von IT-Produkten und Services vom Markteintritt (als Innovation) bis zur Etablierung als Massenprodukt ab, und ermöglicht somit eine Einschätzung des Stadiums, in dem sich aktuelle und zukünftige IT-Investitionen befinden, zu welchen Grad also ehemalige Innovationen im Markt bereits den Status einer Commodity erreicht haben. In Abb. 2.3 werden auf der Y-Achse die Komplexität und der Grad der individuellen Anpassung aufgetragen, die bei der Einführung eines neuen IT-Produkts oder einer neuen IT-Dienstleistung benötigt werden, und auf der X-Achse seine technologische Reife bzw. Marktreife.

Aus der Position auf der IT Commoditization Curve ergibt sich dann, ob die Produkte und Services, die bei einer aktuell zu tätigenden oder für die Zukunft geplanten Investition eingeführt werden sollen, sich in Bezug auf ihrer Marktreife noch in der ersten „Anpassungsphase" (Customized Phase) oder bereits in ihrer „Commodity-Phase" befinden. Entscheidend ist, dass sich damit die Anpassungs- und Commodity-Phase in einen fünfstufigen Verlaufs der IT Commoditization einteilen lässt anhand dessen sich für Implementierung und Betrieb der Investition Aussagen ableiten lassen. Die fünf Stufen sind: 1. Markteintritt (Aufstreben), 2. Marktentfaltung (Entwicklung), 3. Erste Akzeptanz (Früher Mainstream), 4. Volle Akzeptanz (Mainstream) und 5. Abstieg (Legacy):

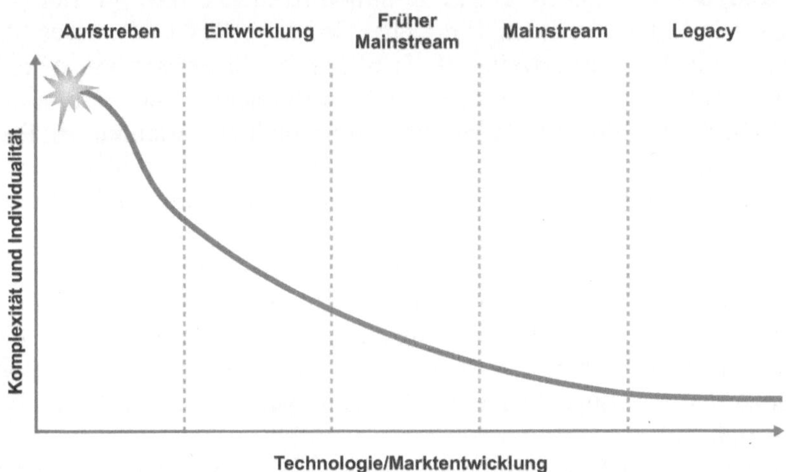

Abb. 2.3 Gartners IT Commoditization Curve

1. Markteintritt (Aufstreben): Investitionen in Produkte oder Dienstleistungen auf der ersten Stufe der IT Commoditization werden entweder in Erwartung außergewöhnlich guter Resultate getätigt, oder aber die Investition ist zwingend notwendig. Der Markt bietet kaum Alternativen, der Kunde ist auf eine oder nur sehr wenige Anbieter angewiesen. Die Einführung neuer, unerprobter Technologien ist dabei regelmäßig mit hohem Risiko verbunden; in der Regel muss mit vielen Anpassungen gerechnet werden.
2. Marktentfaltung (Entwicklung): Auch auf der Stufe Marktentfaltung erfordern Innovationen meist noch erhebliche Anpassungen, das Risiko ist aufgrund der Verwendung bereits standardisierter Komponenten jedoch schon geringer. Ferner gibt es auch erste Alternativen im Markt.
3. Erste Akzeptanz (Früher Mainstream): Auf der Stufe der ersten Akzeptanz durch den Markt kommt bei einer Investition eine Mischung aus individuell angepassten und standardisierten Komponenten zum Einsatz. Dabei beginnt auch der Kostenfaktor eine wichtigere Rolle zu spielen, da noch mehr Alternativen zur Verfügung stehen.
4. Volle Akzeptanz (Mainstream): Auf dieser Stufe rücken Kosten und Effizienz der Investition ins Zentrum der Aufmerksamkeit. Die Technik ist ausgereift, einfach beherrschbar, problemlos austauschbar und kaum noch mit Risiken behaftet.
5. Abstieg (Legacy): Hier sind Investitionen nahezu ohne Produktrisiken möglich, und auch die damit verbundenen Service-Prozesse sind fest etabliert und verlässlich. Zum Augenmerk auf Kosten und Effizienz tritt nun die Notwendigkeit, Abhängigkeiten von Anbietern zu vermeiden.

2.3.2 Bereiche der IT Commoditization

Die Komponenten, die auf der IT Commoditization Curve verortet werden können, sind gleichermaßen Hardware, Software und IT-Services, da die Commoditization mittlerweile alle Bereiche der IT erfasst hat. Allerdings ist zu bedenken, dass diese Prozesse in den Bereichen Hardware, Software und IT-Services zeitlich versetzt und unterschiedlich verlaufen. Im Bereich Hardware ist die Commoditization am weitesten fortgeschritten. Getrieben vom technischen Fortschritt hat sich in den letzten Jahren und Jahrzehnten die Leistungsfähigkeit von Prozessoren und Speichern erheblich verbessert. Die Hersteller von Hardwareprodukten waren dabei letztlich gezwungen entweder immer mehr Leistung zum gleichen Preis anzubieten oder immer niedrigere Preise für dieselbe Leistung zu verlangen. Insbesondere der letztere Fall in dem sich der rasante Preisverfall der Hardware widerspiegelt, hat das Entstehen einer Vielzahl von Hardware Commodities begünstigt.

Hinsichtlich der Software war die Commoditization lange Zeit an Fortschritte der Hardware gekoppelt. Diese enge Verbindung zwischen Hardware und Software ist jedoch inzwischen weitgehend aufgelöst; tatsächlich sind Software-Anbieter immer mehr von der Hardware unabhängig. Dies verstärkt den Trend zu „Software-as-a-Commodity". Ein weiterer Schub in diese Richtung ist von „Software-as-a-Service"-Diensten (SaaS) zu erwarten, bei der Software von einem externen Lieferanten bereitgestellt wird. Dieses Modell erweist sich zunehmend als Alternative zum traditionellen Modell der fest auf eigenen Rechnern installierten Software. Im Bereich der Services wird die Zunahme von SaaS-Diensten eine weitere Commoditization zur Folge haben.

2.4 IT Commodities und Kerngeschäft

Obwohl die IT Commoditization Curve ein anschauliches Hilfsmittel zur Verfügung stellt, mit der sich die Commoditization von IT-Produkten und Services und die Konsequenzen im Hinblick auf ihren Einsatz abschätzen lassen, bleibt für CIOs dennoch die zentrale Frage offen, in welchen Arbeitsfeldern und Anwendungsbereichen Investitionen in Commodities empfehlenswert und sinnvoll sind und wo dagegen der Einsatz standardisierter Produkte und Services weniger zweckmäßig ist. Eine allgemeingültige Festlegung der Zweckmäßigkeit von Commodities ist aufgrund der Abhängigkeit von situativen Faktoren wie der spezifischen Ausprägung des Geschäftsmodells und der Branche offensichtlich kaum möglich. Accenture hat daher als Hilfsmittel zur Beantwortung dieser Frage ein einfaches Modell entwickelt, mit dem sich der Einsatz von Commodities beurteilen lässt. Diese so genannte „IT Commoditization Boundary" leitet sich aus der in Kap. 1 dargestellten Notwendigkeit ab, die IT strategisch an den Geschäftszielen auszurichten.

Abbildung 2.4 zeigt eine schematische Darstellung des Modells. Ausgangspunkt zur Bestimmung der IT Commoditization Boundary als einer Grenzlinie zwischen Bereichen, die sich prinzipiell für den Einsatz von Commodities eigenen und solchen, bei denen dies nicht notwendigerweise der Fall ist, ist die Identifikation der differenzierenden Prozesse, bzw. der Kernprozesse. Alle strategisch relevanten Geschäftsprozesse werden hierbei zu einem primären oder strategischen Kernbereich zusammengefasst, in dem die Wertschöpfung stattfindet und vom sekundären oder praktisch-technischen Bereich getrennt, der in erster Linie der Unterstützung der strategisch relevanten Prozesse dient. Analog wird der IT-Kernbereich beziehungsweise die „Core Capabilities" identifiziert, d. h. Applikationen für differenzierende Prozesse und Kernprozesse.

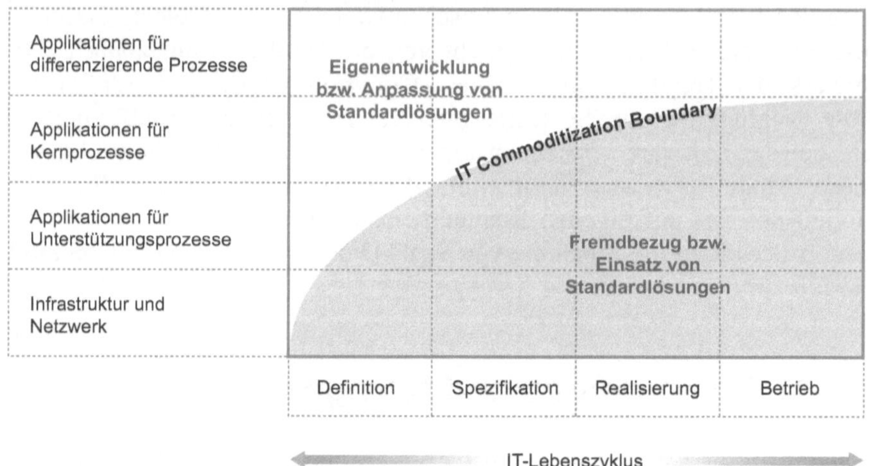

Abb. 2.4 Accentures IT Commoditization Boundary

Da dieser strategische Kernbereich unmittelbar der Differenzierung des Unternehmens gegenüber den Mitwettbewerber im Markt dient, ist eine möglichst nah an den spezifischen Anforderungen ausgerichtete IT hier häufig die bessere Lösung als der Einsatz von Commodities und kann damit auch den höheren Aufwand von Eigenentwicklungen bzw. umfassenden Anpassungen rechtfertigen. Nichtsdestotrotz sollten solche Eigenentwicklungen immer kritisch hinterfragt werden, weil sich durch den allgemeinen Verweis auf Kernkompetenzen leicht eine ungebremste Dynamik entfaltet, die wenig zur Differenzierung des Geschäfts aber viel zu unhaltbaren Kostenstrukturen beiträgt. Standardlösungen können hier zur Beurteilung von Eigenentwicklungen dienen und Referenzwerte liefern, um die entsprechenden Kosten, die Schnelligkeit der Bereitstellung, oder die Qualität des Supports zu beurteilen.

Im praktisch-technischen Bereich werden dann entsprechend die Anwendungen und Dienste (einschließlich der gemeinsamen Infrastruktur und Netzwerk als Basis) zusammengefasst, die in Bezug auf den IT-Kernbereich eine Unterstützungsfunktion wahrnehmen. Für diese nicht unmittelbar wertschöpfenden bzw. das Unternehmen differenzierenden Funktionen sollten Commodities die Regel sein und Ausnahmen nur bei sehr klarer und haltbarer Begründung akzeptiert werden. Die Grenze zwischen diesen beiden Bereichen – Kernanwendungen und unterstützende Dienste – ist die IT Commoditization Boundary.

Als Schwelle, ab der ein Einsatz Standardlösungen nicht mehr empfehlenswert ist, markiert die IT Commoditization Boundary also den Unterschied zwischen Wert schöpfender Kern-IT und unterstützender Basis-IT.

Sie fokussiert auf die von Brenner und Witte[22] identifizierte zentrale Anforderung, nämlich das „Management strategischer Applikationen vom Management der Commodities" zu unterscheiden. Der CIO bleibt dabei nach wie vor in der Pflicht, in enger Zusammenarbeit mit dem Management und der Unternehmensentwicklung die Kernkompetenzen des Unternehmens so deutlich herauszuarbeiten, dass die relevanten Entscheidungen im Hinblick auf die IT-Unterstützung der Prozesse abgeleitet werden können. Entscheidend ist, dass die betroffenen Prozessverantwortlichen eingebunden sind und nicht zuletzt auch die Entscheidungen für die Nutzung von Commodities und insbesondere deren Konsequenzen für die Ausgestaltung der Prozesse mittragen.

Die IT Commoditization Boundary bietet somit eine Grundlage für die Entwicklung einer zweigleisigen Managementstrategie für den Umgang mit IT-Investitionen. So sollten unterhalb der IT Commoditization Boundary – in jenem Bereich, in dem nicht die Wertschöpfung, sondern Betriebskosten und Produktivität im Fokus stehen – möglichst viel Standard-IT eingesetzt werden. Im Bereich über der IT Commoditization Boundary dagegen, also dort wo die IT eine direkten Beitrag leistet, Wettbewerbvorteile zu erzielen oder eine besondere Marktstellung zu bewahren, sollte die optimale Unterstützung der strategisch relevanten Prozesse im Vordergrund stehen. Wenn sich dies am besten durch eine IT „nach Maß" erreichen lässt, kann dafür auch der höhere Aufwand für die unternehmensspezifische Anpassung in Kauf genommen werden.

Auch im Hinblick auf die Beziehungen zu externen Anbieter ergeben sich durch die zweigleisige Managementstrategie unterschiedliche Ansätze. Für die stark an die eigenen Anforderungen angepasste, individualisierte IT sollten CIOs auf leistungsorientierte Partnerschaften mit ihren Lieferanten achten und eine Strategie für das Lieferantenmanagement entwickeln. Ziel ist in jedem Fall die langfristige Wertschöpfung. Dagegen bietet es sich angesichts des strikten Kostenfokus bei Commodities an, bereits bei der Beschaffung die Kosteneffizienz in den Vordergrund zu stellen. Zusammenfassend lassen sich folgende allgemeine Regeln für die verschiedenen Managementstrategien für den Commodity- und den Kernbereich finden.

- Commodity-Regeln: IT-Prozess- und Gesamtkosten können durch IT-Industrialisierung, Skalierung bestehender Systems, sowie durch Outsourcing gesenkt werden. Unternehmen sollten bei Commodities Trends folgen, jedoch keine Trends setzen – nicht zuletzt, um unnötige Risiken zu minimieren oder zu vermeiden.

---

[22] Brenner W, Witte C (2007) Erfolgsrezepte für CIOs. Was gute Informationsmanager ausmacht. Hanser Verlag, München

- Kernbereich- oder Wertregeln: Intelligente IT-Investitionen können und müssen zu einer Erhöhung des IT-Wertbeitrags führen und zu übergeordneten Unternehmenszielen beitragen. Unternehmen sollten auf Innovationen setzen und selektive Trends setzen. Investitionen in Technologien zur Verbesserung der strategischen Wettbewerbsposition oder der Kostenposition sind sinnvoll; Investitionen nur um der neuen Technologien willen sind jedoch abzulehnen.

2.5 Zusammenfassung

- Ein maßgeblicher Einflussfaktor für die Arbeit des CIO ist die IT-Industrialisierung, d. h. standardisierte, „One-to-Many" Lösungen.
- IT-Industrialisierung bedeutet die Übertragung von industriellen Methoden und Prozessen auf die IT und die IT-Organisation.
- Sie vollzieht sich in drei Entwicklungsstufen: 1. individualisierte/„handwerkliche" IT; 2. rationalisierte „IT-Manufaktur"; 3. standardisierte/massenproduzierte „IT Commodities".
- Maßgebliche Einflussfaktoren sind die zunehmende Globalisierung von IT-Produkten und Dienstleitungen, ein breiteres Produktangebot, sowie die aufkommende „Consumerization".
- Gartners IT Commoditization Curve bietet eine Möglichkeit, das Einsparpotenzial durch den Einsatz von Commodities zu identifizieren und das Portfolio externer Dienstleister zu verwalten.
- Sie beschreibt einen fünfstufigen Verlauf der IT Commoditization: 1. Markteintritt; 2. Entfaltung; 3. Erste Akzeptanz/Früher Mainstream; 4. Volle Akzeptant/Reifer Mainstream; 5. Abstieg.
- Hardware, Software und IT-Services sind in der IT Commoditization Curve gleichermaßen in Betracht zu ziehen.
- Accentures IT Commoditization Boundary hilft, primäre/strategische und sekundäre/praktisch-technische Aufgaben zu unterscheiden.
- Analog sollte das Management von Applikationen für differenzierende Prozesse und für Kernprozesse vom Management der Commodities getrennt werden.

3 Innovationen als Herausforderung

Ein dritter wichtiger Einflussfaktor, der zunehmend Einfluss auf die Arbeit von CIOs nimmt, ist die informationstechnische Innovation. Wie bereits in Kap. 1 und 2 dargestellt, reicht Technologie alleine nicht länger für einen Geschäftserfolg aus; Unternehmen benötigen vielmehr die Fähigkeit, IT-Innovationsprozesse zu beherrschen und gezielt umzusetzen. Dies gilt für IT-basierte Produktinnovationen ebenso wie für IT-basierte Prozessinnovationen. Nicht wenige der mit großen Erwartungen gestarteten IT-Innovationen (beispielsweise RFID Tags) sind im Sande verlaufen, während andere selbst unter schwierigen Bedingungen großen Erfolg hatten[23]. Dieses Kapitel behandelt verschiedene Aspekte von IT-Innovationen und damit in Verbindung stehende Phänomene, um dann praktische Möglichkeiten aufzuzeigen, wie CIOs dieser Herausforderung begegnen können.

3.1 Innovationsmotor IT

Zahlreiche informationstechnische Entwicklungen, die heute aus Wirtschaft und Gesellschaft nicht mehr wegzudenken sind, waren vor nicht allzu langer Zeit revolutionäre Neuerungen. Sei es die Vorstellung des PC durch IBM im Jahr 1981 oder die rasche Verbreitung von Netzwerken seit Mitte der achtziger Jahre, sei es der Erfolg des Internets oder die gelungene Einführung mobiler Technologien in den neunziger Jahren – in den nicht einmal dreißig Jahren ihrer kommerziellen Nutzung hat die IT eine Vielzahl grundlegender Innovationen hervorgebracht und durchgesetzt. Dabei hat es sicherlich auch immer wieder Misserfolge, Rückschläge und Ernüchterungen gegeben, aber selbst manche der größten Flops bekamen ihre zweite Chance. So war beispielsweise der „Vater aller Handhelds" – der Newton von Apple – zu seiner Zeit nicht erfolgreich, nichtsdestotrotz ist die mit ihm verbundene technologische Vision inzwischen eine äußerst erfolgreiche Realität. In diesem speziellen Fall hinderten Marketingfehler die erfolgreiche Durchsetzung des Innovationsprozesses.

---

[23] Haskin D (2007) Don't believe the hype: the 21 biggest IT flops. In: Computerworld, 10.04.2007

3.1.1 Innovationen ohne Ende?

Technik alleine reicht nicht für den Erfolg aus; Unternehmen benötigen vielmehr die Fähigkeit, IT-Innovationsprozesse zu beherrschen und gezielt umzusetzen. Bemerkenswert ist insbesondere auch die Geschwindigkeit, mit der IT-Innovation entwickelt und auf die Märkte gebracht werden. Dies wird häufig über drei „Gesetze" dargestellt, die zur Beschreibung und Erklärung der kurzen Innovationszyklen und rasanten Ausbreitung der IT herangezogen werden:

- „Moores Gesetz", nach dem sich die Leistungsfähigkeit von Chips alle eineinhalb Jahre verdoppelt;
- „Gilders Gesetz", nach dem sich die Bandbreite alle sechs Monate verdoppelt;
- „Metcalfs Gesetz", nach dem der Nutzen eines Netzwerks um das Quadrat der Zahl seiner Teilnehmer wächst.

Auch wenn die Zahlen, die hier genannt werden, variieren und insbesondere „Moores Gesetz" seit seiner ersten Formulierung 1965 verschiedene Modifikationen erfahren hat, beruhen alle drei „Gesetze" auf der Beobachtung, dass sich die Entwicklung der IT in den vergangenen Jahren kontinuierlich beschleunigt hat. Und dieser Befund gilt selbst dann, wenn, wie der CIO von Intel, Rattner[24], vor nicht allzu langer Zeit bemerkte, „Moores Gesetz" beschreibe die Entwicklungsgeschwindigkeit längst nicht mehr zutreffend, sondern diene selbst als Schrittmacher für den Fortschritt in der IT: „Das Erstaunliche an Moores Gesetz ist ja, dass es die Entwicklung antreibt. Nicht der technische Fortschritt erfüllt Moores Gesetz, sondern jeder in unserer Branche hat nur das Ziel, mit Moores Gesetz Schritt zu halten. Dabei gilt es eigentlich schon gar nicht mehr."

Ob man die kontinuierliche Entwicklung neuer Technologien also zum „Wesen" der IT als einem besonders innovativen Bereich der Technik gehörig sieht, oder aber eher in der Dynamik einer noch jungen Branche begründet sieht – unbestreitbar ist, dass die IT bislang von einer hohen Innovationsfrequenz geprägt ist. Angesichts der bisherigen Entwicklung der IT, aber auch wegen des für die moderne Gesellschaft insgesamt charakteristischen „Akzelerationszirkels" ist zu vermuten, dass sich der Trend zu Innovationen in der IT fortsetzt und weiterhin informationstechnische Neuerungen mit hoher Frequenz in den Markt eingeführt werden. Allerdings ließe sich durchaus auch argumentieren, dass infolge der IT-Industrialisierung und damit verbundenen Etablierung der IT als ein standardisiertes Massengut die Innovationsneigung in der Branche letztlich sinken könnte.

---

[24] Rattner J (2007) Jenseits von Silizium: Intel-Technikchef Justin Rattner über Computer der Zukunft. In: Süddeutsche Zeitung, 05.10.2007

Ebenso wie Rosas[25] „Akzelerationszirkel" hat seinerzeit etwa die von Carr ausgelöste Kontroverse über den strategischen Nutzen der IT sehr viel Aufmerksamkeit erlangt, die bereits ausführlich in Kap. 1 erläutert wurde. Im Kern wurde argumentiert, dass die IT infolge eines fortgeschrittenen Wandels hin zum Alltagsgegenstand (IT Commoditization) ihre strategische Bedeutung für den Unternehmenserfolg verliere. Wenn dies zutrifft, könnte in vielen Unternehmen verständlicherweise auch die Bereitschaft zurückgehen, IT-basierte Innovationen zu fördern und einzuführen und damit wäre es denkbar, dass neue (Informations-) Technologien in Zukunft eine geringere Rolle spielen als bisher.

Gegen dieses Szenario sprechen allerdings mehrere Punkte. Auch wenn bestimmte Bereiche der IT mit dem Ziel einer nachhaltigen Effizienzsteigerung sehr wohl immer mehr standardisiert werden, sind andere aktuelle Entwicklungen vor allem auf den Gebieten Internet und mobile Technologien von einer nach wie vor ungebrochenen Dynamik geprägt – von den möglichen Folgen ihrer zunehmenden Konvergenz ganz zu schweigen. Eine Vielzahl der unter dem breiten Begriff „Web 2.0" bekannt gewordenen Innovationen führt zu gänzlich neuen Strukturen des Arbeitens, in dem sie die Verantwortung für die Schaffung von Inhalten dezentralisieren. So unterstützt beispielsweise Sony den Entwicklungsprozess für die Playstation durch ein Wiki.

Bemerkenswerterweise sind dabei trotz des höchst sensitiven Charakters der Informationen auch externe Partner eingebunden[26]. Abbildung 3.1 stellt traditionelle und aufkommende Paradigmen des Informationsmanagements gegenüber. Lange als Spielerei von Teenagern belächelt, finden sich inzwischen selbst Internet Communities wie Facebook mit Regelmäßigkeit in CIO Foren. Spätestens seit der Beteiligung von Microsoft an Facebook hat der Bereich sozialer Netzwerke weiter an wirtschaftlicher Bedeutung gewonnen. In technischer Hinsicht ist ein Innovationsschub bei den so genannten Widgets (kleine, auf der Benutzeroberfläche dargestellte Hilfsprogramme zur personalisierten Rechner-Ausgestaltung und einfacher, intuitiver Bedienung) zu beobachten.

Ein weiterer Beleg für eine intensive Entwicklung im Internet-Bereich ist die zunehmende Nutzung von neuen Medien wie YouTube bzw. die Verbreitung von Videos über das Netz (was sich beispielsweise für Kon-

---

[25] Rosa H (2005) Beschleunigung: Die Veränderung der Zeitstrukturen in der Moderne. Suhrkamp Verlag, Frankfurt
Dieser „Akzelerationszirkel" konstituiert sich dadurch, dass die technische Beschleunigung eine Beschleunigung des sozialen Wandels bewirkt, der seinerseits das Lebenstempo beschleunigt, was wiederum eine technische Beschleunigung erforderlich scheinen lässt.

[26] King R (2007) No Rest for the Wiki. In: Business Week, 12.03.2007

	Traditionelle Paradigmen	Aufkommende Paradigmen
Inhalte	Zentral generierte Inhalte	Benutzergenerierte Inhalte
Strukturen	Formale Organisationsstrukturen	Informelle Organisationsstrukturen
Informations-fluss	Auf Konsum ausgerichtet (Redaktion steuert Austausch)	Auf Mitwirkung ausgerichtet (Benutzer steuert Austausch)
Beisteuerung von Inhalten	Formaler Prozess	Schaffung von Grundlagen und geeignetem System
Kontrolle	Zentrale Kontrolle	Dezentrale Kontrolle ermöglichen
Evolution	Geplant und vorhersagbar	Spontan und emergent
Zusammenarbeit	Gruppieren von Mitarbeitern nach Aufgaben	Förderung dynamischer Gruppen und Netzwerke

Abb. 3.1 Paradigmen des Informationsmanagements

zepte wie virales Marketing nutzen lässt). Tatsächlich ist dies auch ein wesentlicher Grund für zunehmenden Internetverkehr und in der Folge stark gewachsene Nachfrage nach Bandbreite, was einer aktuellen Studie zufolge ohne steigende Investitionen in die Infrastruktur in nicht allzu ferner Zukunft Kapazitätsprobleme verursachen könnte[27]. Wachsender Investitionsdruck ist erfahrungsgemäß aber immer auch ein exzellenter Nährboden für Innovationen (etwa für eine verbesserte Videokomprimierung).

Angesichts der anhaltenden Dynamik der Entwicklung ist es fraglich, ob von der Informations- und Kommunikationstechnologie tatsächlich keine strategisch relevanten, sondern nur noch Kosten senkende und Effizienz steigernde Neuerungen zu erwarten sind. Im Übrigen ist es problematisch, noch nicht erschlossenen Möglichkeiten der IT das strategische Potenzial schon vorab abzusprechen. In einer derartig simplifizierenden Sicht wird die IT als einfaches Werkzeug gesehen, aber Innovationen in der IT sind eben gerade nicht einfach nur neue Technik. Neue Technologien haben häufig auch Auswirkungen auf Wirtschaft und Gesellschaft und können Konsumentenverhalten und Geschäftspraktiken grundlegend verändern.

Auch das hohe Innovationsniveau, das die IT-Branche bislang auszeichnet, wird durch die Commoditization nicht notwendigerweise gesenkt: Sie ist zunächst eine Folge des Wandels der Markt- und Produktionsbedingungen, also der IT-Industrialisierung, und beruht nicht auf einer Abschwächung des Innovationsdrucks. Im Gegenteil: in einem durch Industrialisierung und Globalisierung verschärften Wettbewerb wird sich wahrscheinlich

---

[27] Nemertes Research (2007) The Internet singularity, delayed: why limits in Internet capacity will stifle innovation on the web. Mokena

ein Markt herausbilden, der immer stärker zwischen Herstellern von standardisierten Commodities und auf neue und innovative Produkte und Services spezialisierten Anbietern differenziert. CIOs werden über die Adaption von Innovationen in Zukunft wohl eher noch differenzierter entscheiden müssen als bisher. Auch Brenner und Witte gehen in Ihrer bereits vorgestellten Arbeit davon aus, „dass in den nächsten Jahren die innovative Nutzung der Informations- und Kommunikationstechnik entscheidend sein wird".

3.1.2 Neue Technologietrends

Ebenso deutlich wie die vorangegangenen Überlegungen zeigen aktuelle Technologietrends, dass das Innovationspotenzial der IT noch lange nicht ausgeschöpft ist. So stellen die derzeit viel diskutierten SOA eine organisatorische Umgestaltung der IT entsprechend einem neuen Managementkonzept dar, um spezifische fachliche Dienste durch eine darauf abgestimmte IT abzudecken. Sehr vereinfacht dargestellt werden hier auch die IT-Applikationen als modulare und standardisierte Services entwickelt, deren Funktionalität nicht mehr nur in einem einzelnen Prozesszusammenhang verfügbar ist, sondern als flexibel und vielfach einsetzbarer Funktionsbaustein in einen Plattformzusammenhang integriert ist.

Angesichts der erwarteten Nutzeffekte einer solchen „wieder verwertbaren" IT – unter anderem erheblich sinkende Kosten für Softwareentwicklung oder Wartung, stark verkürzte Reaktionszeit bei der Unterstützung neuer Geschäftsprozesse oder größere Flexibilität bei Änderungen der Unternehmensstruktur – wird kaum mehr bezweifelt, dass sich SOA als technologische Neuerung durchsetzen wird. Ob SOA für CIOs eine Herausforderung sein wird, ist also keine Frage mehr – sondern nur, „wann sich ein CIO mit SOA beschäftigen und wie er mit einer eventuellen Umstellung umgehen sollte"[28].

Die IT-Branche ist nicht nur ein Industriezweig, der eine Vielzahl technischer Innovationen hervorbringt. Sie unterliegt auch einem Wandel, der innovative Geschäftsstrategien erforderlich macht und dabei auch Auswirkungen auf die Arbeit von CIOs haben wird. Dieser Wandel betrifft vor allem die Bereitstellung von IT-Leistungen. Immer mehr Unternehmen kommen als IT-Kunden heute davon ab, IT-Produkte und Services zu kaufen und dann mit hohem Aufwand in das bestehende System integrieren und zu unterhalten. Stattdessen wenden sie sich IT-Anbietern zu, die speziell auf ihre Anforderungen hin entwickelte Lösungen zur Verfügung stellen. Damit wird bei Innovationen der angebotsorientierte „Technology

---

[28] Bender K, Brenner A (2006) Zukunftsweisend, aber nicht revolutionär. In: CIO – IT Strategie für Manager, 22.02.2006

Push" – bei dem die Neuerung von ihrem Entwickler definiert und vom Hersteller im Markt eingeführt werden muss – durch einen nachfrageorientierten Prozess („Technology Pull") ersetzt, in dem nun der Endkunde durch die Formulierung seines Bedarfs bestimmt, welche Produkte von der Industrie entwickelt und bereitgestellt werden.

Eine Folge dieses „Technology Pull" ist, dass Innovationsprozesse zukünftig vermehrt in Netzwerken stattfinden, zu denen sich Unternehmen mit verschiedenen Kompetenzen und Schwerpunkten zusammenschließen. Prägnant wurde dies als die „Entwicklung eines IT-Ökosystems" bezeichnet[29], die durch weitere Einflüsse wie die Globalisierung und die Miniaturisierung der IT noch verstärkt wird. Innerhalb dieses spezialisierten „Ökosystems" kooperieren unterschiedliche Anbieter, um Kundenbedürfnisse adäquat und zielgerichtet zu befriedigen. Damit steht – und hier lehnt sich das Konzept des „Ökosystems" nicht nur terminologisch dem Nachhaltigkeitsdenken an, sondern auch im Hinblick auf die in diesem Zusammenhang propagierten Produkt-Dienstleistungssysteme – nicht mehr der Verkauf vorproduzierter Produkte oder Dienstleistungen, sondern die Bereitstellung eines spezifischen Nutzens im Vordergrund. Diese Aufgabe für den IT-Leistungserbringer zu definieren, wird zu den neuen Herausforderungen für CIOs gehören.

3.2 Der CIO an der Schnittstelle zwischen Geschäft und Technik

Technischer Fortschritt und unternehmerische Entwicklung in industrialisierten Gesellschaften sind eng verbunden und beeinflussen sich wechselseitig. So liefern einerseits Geschäftsstrategien den Anstoß zur Entwicklung neuer Technologien (wie im aktuellen Beispiel SOA), andererseits eröffnen technische Innovationen auch die Möglichkeit für neue Strategien und Geschäftsmodelle. Die immer höhere Spezialisierung von Unternehmen und verstärkte arbeitsteilige Erstellung von selbst hochkomplexen Produkten in umfangreichen Wertschöpfungsnetzwerken wäre ohne entsprechende technische Innovationen nicht möglich gewesen.

Aufgrund dieser immer engeren Verzahnung von Geschäft und Technik ist die IT mittlerweile in vielen Fällen untrennbar mit den Geschäftsprozessen verbunden. Damit gewinnt eine systematisierte Erfassung und Auswertung von Technologietrends erheblich an Bedeutung, denn nun können neue Technologien mit darüber entscheiden, ob sich Unternehmen

---

[29] Parker A, Pohlmann T (2007) The emerging IT ecosystem: the line between technology and service will blur at a faster pace. Cambridge

im Markt behaupten, ihre Positionen bewahren und erfolgreich gegen Konkurrenten durchsetzen. Durch die frühzeitige Adaption zukunftsweisender Entwicklungen lassen sich Marktveränderungen antizipieren und Wettbewerbsvorteile erzielen, während verpasste technologische Chancen nicht oder nur schwer und unter großem Aufwand aufzuholen sind. Die schnelle Identifikation und Einführung geeigneter Innovationen ist also für den zukünftigen Erfolg eines Unternehmens ebenso wichtig wie der Einsatz einer effizienten IT für den derzeitigen Wettbewerb.

Angesichts der immer engeren Verbindung von Geschäft und IT gewinnt die Einführung neuer Technologien auch an strategischer Bedeutung. Damit fällt dem CIO als Schnittstelle zwischen Geschäft und Technik eine zusätzliche Verantwortung zu: In seiner Funktion als erster Ansprechpartner der Geschäftsseite in Fragen des informationstechnologischen Fortschritts sollte er neue Technologien nicht nur in technischer Hinsicht (beispielsweise bezüglich ihrer Marktreife oder Umsetzbarkeit) beurteilen, sondern auch im Hinblick auf ihren Wertbeitrag.

Innovationen können zur Steigerung des Wertbeitrags auf verschiedene Weise beitragen. Allgemein lassen sich drei große Bereiche unterscheiden, auf die sich die Entwicklung neuer Technologien auswirkt: Sie können die etablierten Abläufe und Prozesse verbessern, das Geschäftsumfeld bzw. den Markt beeinflussen, indem sie das Angebot an Produkten und Dienstleistungen erweitern, oder völlig neue Geschäftsmodelle ermöglichen und damit sogar die gesamte Ausrichtung eines Unternehmens verändern. Brenner und Witte bezeichnen diese verschiedenen Innovationstypen als Prozessinnovationen, Produktinnovationen und Geschäftsmodellinnovationen:

- Prozessinnovationen: Dieser Innovationstyp ermöglicht dem CIO, die eigene Leistungserbringung zu verbessern und damit unmittelbar den Wertbeitrag der IT zu steigern, indem beispielsweise Prozesse durch neue Technologien optimiert werden. So erlaubt etwa die erwähnte SOA eine flexiblere IT-Architektur, mit der schneller auf neue Geschäftsanforderungen reagiert werden kann.
- Produktinnovationen: Ein Beispiel, wie Innovationen sich auf das Produkt- und Dienstleistungsangebot eines Unternehmens auswirken können, ist die in Kap. 4 ausführlich behandelte „Embedded IT". Diese bezeichnet IT, die in ein Produkt integriert ist und für dessen Nutzen unentbehrlich ist. Aber auch die entstehenden „IT-Ökosysteme" ermöglichen CIOs den Einkauf bedarfsgerechter Lösungen, die für das Produkt- und Dienstleistungsangebot für das eigene Unternehmen relevant sein können und mit denen sich gegenüber Eigenentwicklungen Kostenvorteile oder relevante Leistungsverbesserungen erzielen lassen. Denn hier bedeutet der Zukauf von Lösungen externer Anbieter ja nicht, dass Dienstleistungen nur in einer Standardversion zur Verfügung stehen werden. Vielmehr erlauben neue Architekturmodelle auch

eine Differenzierung und Anpassung an unternehmensspezifische Gegebenheiten. Auf diesem Gebiet kann der CIO mittelbar zur Wertsteigerung beitragen, indem er Kernprozesse mittels geeigneter Innovationen optimiert.

- Geschäftsmodellinnovationen: Bei diesem Innovationstyp besteht die Aufgabe für den CIO weniger in der eigentlichen Realisierung der neuen Geschäftsoptionen. Vielmehr kann und muss er hier die Rolle eines „Technologiekatalysators" spielen. Das heißt, er muss neue Technologien frühzeitig erkennen und gemeinsam mit den Geschäftsverantwortlichen sinnvoll umsetzen.

Aufgrund der traditionellen Prozessunterstützung durch die IT liegen die Prozessinnovationen dem CIO historisch gesehen am nächsten und fallen gewissermaßen automatisch in seinen Verantwortungsbereich. Eine Verbesserung der IT-Leistungserbringung kann also auch ohne unmittelbare Beteiligung der Geschäftsseite erfolgen. Für die beiden anderen Innovationstypen ist es jedoch wichtig, IT und Geschäft nicht zu stark zu trennen. Da sie für Unternehmen auch von strategischer Relevanz sind, nimmt der CIO sowohl bei Produkt- also auch bei Geschäftsmodellinnovationen auf den Erfolg des Unternehmens im Markt und seine zukünftige Leistungsfähigkeit Einfluss. Daher ist hier eine enge und komplementäre Zusammenarbeit beider Seiten erforderlich.

Das freilich ist alles andere als einfach, nicht nur weil dadurch traditionelle Rollenmodelle berührt werden. Geschäftsverantwortliche und CIO haben oft auch divergierende Auffassungen und Blickwinkel – bis hin zu einem unterschiedlichen Verständnis der gleichen Begriffe. So hat der Begriff „Transparenz" im informationstechnischen Sprachgebrauch eine vollkommen andere Bedeutung, als wenn er in unternehmerischen oder Finanzzusammenhängen verwendet wird. Während mit einer „transparenten Technik" in der Regel die für den Nutzer intuitive Bedienung gemeint ist, bei der die unter der Benutzeroberfläche liegende Komplexität der Technik verborgen bleibt, heißt „Transparenz" in geschäftlichen Dingen oft genau das Gegenteil, nämlich die möglichst weitgehende Offenlegung von Beziehungen und Zusammenhängen.

Vor diesem Hintergrund ist ersichtlich, dass sich die Schnittstellenfunktion des CIO nicht auf das sachliche Verständnis der geschäftlichen Seite beschränken kann und darf. Er sollte auch in umgekehrter Richtung den Nutzen und die Möglichkeiten der IT kommunizieren, um optimales Miteinander zu ermöglichen: Nur wenn einerseits der Business Manager den Nutzen der IT versteht und ihr seine Anforderungen klar kommuniziert und andererseits der IT-Manager die unternehmerischen Anforderungen begreift und sie optimal unterstützt, kann die Zusammenarbeit zwischen beiden erfolgreich gestaltet werden.

3.3 Aufgaben für den CIO

3.3.1 Identifikation des Suchraums: Technologie-Monitoring

Die bisherigen Ausführungen machen deutlich, dass die Einführung von Innovationen und neuer Technologien für den CIO eine in mehrfacher Hinsicht anspruchsvolle Aufgabenstellung ist. Dabei lassen sich folgende fünf Hauptaufgaben für den CIO unterscheiden:

- Er muss eine wachsende Zahl von potenziell relevanten technischen Innovationen beobachten.
- Er muss potenziell relevante Innovationen proaktiv im Hinblick auf ihre Möglichkeiten und Grenzen beurteilen – einerseits hinsichtlich der eigenen Leistungserbringung (beispielsweise neue Architekturmodelle, virtuelles Rechenzentrum, „Software-as-a-Service") und andererseits hinsichtlich der geschäftlichen Möglichkeiten und ihrer strategischen Relevanz (beispielsweise mobile Technologien zur schnelleren Informationsbereitstellung, RFID, Embedded IT).
- Er muss den richtigen Zeitpunkt für die Einführung der als geeignet identifizierten Innovationen und Technologien finden.
- Er muss sicherstellen, dass das Unternehmen die neuen Technologien in einer Art und Weise einsetzt, die Wert schöpfen.
- Er muss neue Technologien konsistent in das bestehende Technologieportfolio und die Unternehmensarchitektur integrieren.

Ausgangspunkt für die Beurteilung der Relevanz neuer Technologien für ein Unternehmen ist für den CIO eine Analyse des Unternehmenskontexts (Marktsituation, Wettbewerbsentwicklung, etc.). Dabei ist es aber ratsam, diese Analyse nicht nur intuitiv, sondern im Hinblick auf klar definierte Zielsetzungen und Leitlinien vorzunehmen, sowie eine Priorisierung auf spezifische IT-Felder (beispielsweise mobile Technologien, Datensicherheit, etc.), vorzunehmen, um unternehmensspezifische Erfordernisse von Anfang an zu berücksichtigen und die Gefahr eines Verzettelns in interessanten aber letztlich nicht zielführenden Technologien zu vermeiden.

Die richtige Priorisierung ist dabei sicherlich eines der schwierigsten Probleme, weil Lösungen und Ansätze aus anderen Wissensdomänen mitunter ein Potenzial besitzen können, aber aus einer gewissen Betriebsblindheit heraus nicht erkannt werden. Insofern ist es auch angebracht, die strukturierte und zielorientierte Vorgehensweise innerhalb gewisser Grenzen aufzuweichen und auch Zeit in Themen zu investieren, die nicht notwendigerweise direkte Relevanz zu haben scheinen. Abbildung 3.2 zeigt illustrativ ein Beispiel für die Beobachtung von Technologietrends – ein so genanntes Technologie-Radar.

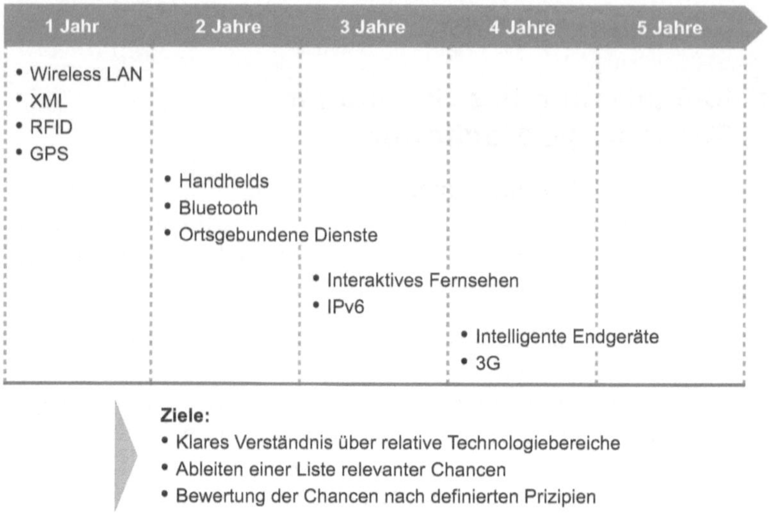

Abb. 3.2 Technologie-Radar zur Beobachtung von Trends

3.3.2 Sehen was wichtig ist: IT-Vision

Um bei der Beurteilung der Relevanz von Innovationen nicht in jedem Einzelfall einen langen Abwägungsprozess durchlaufen zu müssen, sollte die Beobachtung von Technologietrends nicht nur kontinuierlich, sondern auch systematisch angegangen werden. Voraussetzung hierfür ist jedoch eine klar definierte Zielsetzung in Form einer IT-Vision: Eine auf der Grundlage des Geschäftsmodells und der strategischen Unternehmensziele formulierte Beschreibung der langfristig anvisierten Entwicklung mit dem Ziel, die Geschäftsprozesse und die Wertschöpfung optimal zu unterstützen, oder – in den Worten von Broadbent und Kitzis[30] – eine Vorstellung dessen, wie sich das Unternehmen verbessern oder sogar revolutionieren ließe, wenn Technologien und Informationen im bestmöglichen Sinne eingesetzt würden. Die IT-Vision ist damit ein wesentliches Bindeglied zwischen der IT und dem zukünftigen Unternehmenserfolg.

Auf dieser Analyse aufbauend, können die als relevant erkannten neuen Technologien weiter priorisiert und nach ihrer Verfügbarkeit bzw. Marktreife geordnet werden (beispielsweise aktuell, in ein bis zwei Jahren oder in zwei bis fünf Jahren einsetzbar). Auf diese Weise lässt sich ein „Technologie-Radar" als eine Art Frühwarnsystem entwerfen und technische Entwicklungen in einem strukturierten Prozess auf ihre Bedeutung für das Unternehmen abschätzen. Auch wenn das Monitoring der Technologie-

---

[30] Broadbent M, Kitzis ES (2003) The new CIO leader: setting the agenda and delivering results. McGraw-Hill, New York

entwicklung in einem strukturierten Prozess organisiert wird, bleibt die Einschätzung ihrer Bedeutung für das Unternehmen eine anspruchsvolle Aufgabe. Beispielsweise ist die richtige Einschätzung der Marktreife von Innovationen für den Zeitpunkt ihrer strategischen Adaption von großer Bedeutung. Daneben müssen bei neuen Technologien stets die geschäftlichen Auswirkungen gegen die technologische Reife abgewogen werden, um das Potenzial sichtbar zu machen.

Ferner sollten für eine effiziente Beobachtung von Technologietrends geeignete Kriterien entwickelt (und später auch aktualisiert) werden, um aus der Fülle neuer Möglichkeiten die relevanten herausfiltern zu können und den Suchaufwand gering zu halten. Neben dem allgemeinen Orientierungsrahmen zur strategischen Ausrichtung der IT liefert die IT-Vision auch Hinweise, wie unternehmensrelevante Technologietrends identifiziert werden können: Indem diese nämlich auf ihren Beitrag überprüft werden, den sie leisten, um die aktuelle IT der IT-Vision näher zu bringen und damit auch die strategischen Unternehmensziele zu erreichen. Damit eröffnet die IT-Vision dem CIO die Möglichkeit, sich auf einer an der Gesamtstrategie des Unternehmens angepassten Weise neuen technologischen Entwicklungen zu nähern und aktiv die zukünftige IT-Landschaft zu gestalten.

Wie auch bei Identifikation des Suchraums sei angemerkt, dass bei ihrer Formulierung sorgfältig zwischen Offenheit und Präzision abzuwägen ist: Einerseits sollte die IT-Vision so weit gefasst sein, dass das Potenzial von möglicherweise erst auf den zweiten Blick interessanten Neuentwicklungen nicht zu früh ausgeschlossen wird; andererseits muss sie aber doch so präzise sein, dass sie einen differenzierenden Blick durch die Linse der strategischen Unternehmensziele und grundlegenden geschäftlichen Anforderungen möglich macht und dadurch auch eine vertiefende Betrachtung strategisch relevanter Innovationen erlaubt. Die IT-Vision wird zu einem unternehmensspezifischen Filter, durch den neue Technologien betrachtet und dabei auf ihren Nutzen geprüft werden können.

3.3.3 Die richtigen Schritte zum richtigen Zeitpunkt zu wählen

Es ist meist alles andere als einfach, die richtigen Zeitpunkte für konkrete Technologieentscheidungen zu finden. Grundsätzlich ist dabei zu unterscheiden, ob neue Technologien auf vertrautem Geschäftsumfeld eingesetzt werden sollen, oder ob ein neues Terrain beschritten werden soll. Neue Technologien in einem vertrauten Geschäftsumfeld einzusetzen, ähnelt einem Schachspiel: Die meisten Elemente sind bekannt und das wesentliche Problem ist, die nächsten strategischen Schritte zu identifizieren.

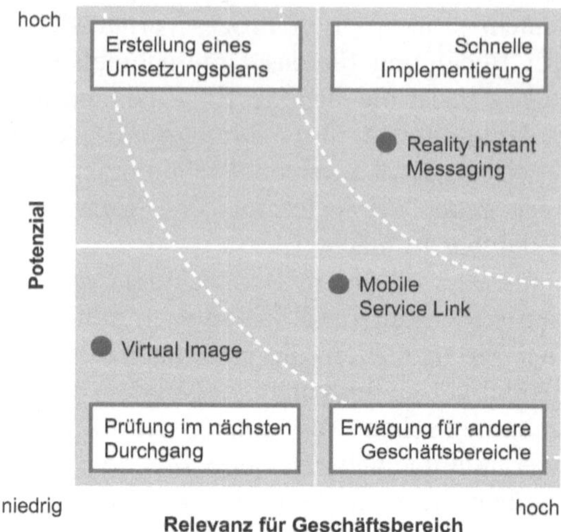

Abb. 3.3 Zeitliche Priorisierung von Technologieentscheidungen

Wenn es allerdings darum geht, neues Geschäft mit neuen Technologien zu unterstützen, steht das Unternehmen eher vor der Situation eines Pokerspiels, bei dem der Einsatz erhöht werden muss, um die nächste Karte zu sehen. Nicht selten zählen Intuition und Glück hier mehr als strategische Analysen[31]. Erschwerend kommt hinzu, dass für die richtigen zeitlichen Entscheidungen grundsätzliche unternehmerische Strategiebeschlüsse in Betracht gezogen werden müssen, die so explizit oft nicht definiert sind (beispielsweise ist das Unternehmen ein Innovator oder ein Fast Follower? Welche neuen Geschäftssegmente würde das Unternehmen betreten wollen?). Abbildung 3.3 verbindet eine zeitliche Entscheidung mit den beiden wichtigen Bewertungsdimensionen Potenzial und Relevanz.

3.3.4 Aus neuen Technologien Wert schaffen

Auch die Wertschöpfung aus neuen Technologien ist ein schwieriges Unterfangen, zum einen weil bei neuen Technologien naturgemäß der erforderliche Reifegrad für eine solide Beurteilung und stringente Vorgehensweise fehlt (nicht selten ist „Learning-by-Doing" die einzige Möglichkeit), zum andern auch weil regelmäßig das erforderliche Verständnis für Potenziale und Grenzen fehlt und teilweise auch das Umfeld, in das die Technologie eingebettet werden soll Grenzen setzt (beispielsweise erfordert der Einsatz von RFID häufig Infrastrukturinvestitionen, die wirtschaftlich

---

[31] Ähnlich argumentiert Chesbrough HW (2003) Open innovation. Harvard Business School Press, Boston

schwierig darstellbar sind). Neue Technologien kommen selten auf eine grüne Wiese; man sollte sie dementsprechend auch nicht initiieren. Das fängt bereits bei einem Pilotprojekt an, das nicht unter zu stark vereinfachten Bedingungen absolviert werden sollte, weil sonst die Aussagefähigkeit gering ist, was wiederum leicht zu Fehlentscheidungen verleitet.

Der CIO kann hier weniger versuchen, das Risiko des Scheitern zu minimieren als vielmehr die Kosten des Scheiterns – dies muss eben auch den Geschäftsverantwortlichen und Sponsoren für ein Pilotprojekt klar sein. Diese Art von realistischer Einschätzung erfordert einen entsprechend unterschiedlichen Blickwinkel auf neue Technologien und entsprechenden Pilotprojekte. Ein Pilotprojekt darf nicht zum Erfolg verurteilt sein, sondern muss Klarheit bringen. Erfolg in diesem Sinne ist nicht, dass man dem Pilot erfolgreiche Ergebnisse abgerungen hat, sondern dass man weiß ob und unter welchen Voraussetzungen die neue Technologie funktioniert.

Entscheidend ist daran, dass dies ganz klar den Mut einschließt, nach einem Pilotprojekt die dafür getätigten Investitionen evtl. auch als Totalabschreibung zu betrachten, nämlich dann, wenn das Ergebnis des Pilotprojekts klar zeigt, dass der eingeschlagene Weg nicht richtig ist. So einleuchtend das klingen mag, so problematisch ist es häufig, dies in der Praxis zu realisieren, weil Karrieren nach wie vor eher auf erfolgreichen (oder zumindest als erfolgreich wahrgenommenen) Projekten aufgebaut werden denn auf klar analysierten Irrwegen die mit verlorenen Budgets verbunden sind – auch wenn letztere nicht selten wesentlich mehr Wert zum Unternehmen beitragen als erstere.

3.3.5 Neue Technologien ins Portfolio integrieren

Neue Technologien passen nicht notwendigerweise in das Technologieportfolio des Unternehmens. Dabei treten in der Regel zwei Probleme auf. Zum einen hat der CIO das Problem, neue Technologien in die Unternehmensarchitektur zu integrieren, speziell wenn diese stark von der etablierten Architektur abweichen. In diesem Fall liegt die Herausforderung darin, dass eine sauber strukturierte und konsistente Architektur durch neue Technologien evtl. zu Kompromissen gezwungen wird und damit an Kohärenz verliert. Auch wenn solche Kompromisse vorübergehend erforderlich sind, sollten neue Technologien in ein konsistentes Technologieportfolio integriert werden. Dazu könnten Standards entwickelt werden, die den Einsatz und die konkrete Implementierung der Technologie steuern. Ein anderes, zweites Problem kann dadurch entstehen, dass neue Technologien neue Prozesse, Fähigkeiten und Expertise in der CIO Organisation erfordern. Mitunter können die erforderlichen Investitionen erheblich sein und müssen daher auch in den entsprechenden Business Cases enthalten sein.

3.4 Zusammenfassung

- IT-Innovation ist ein wichtiger Einflussfaktor für die Arbeit des CIO, d. h. informationstechnische Neuerungen.
- Unternehmen benötigen die Fähigkeit, IT-Innovationsprozesse zu beherrschen und gezielt umzusetzen; Technologie alleine ist nicht ausreichend.
- „Moores Gesetz", „Gilders Gesetz" und „Metcalfs Gesetz" werden häufig zur Beschreibung und Erklärung der kurzen IT-Innovationszyklen herangezogen.
- Innovation zeigt sich ebenfalls in neuen Paradigmen des Informationsmanagements und der Nutzung von neuen Medien.
- Sie findet zunehmend in Netzwerken statt, die Unternehmen mit verschiedenen Kompetenzen und Schwerpunkten bilden.
- Es lassen sich drei Innovationstypen unterscheiden: 1. Prozessinnovationen; 2. Produktinnovationen; 3. Geschäftsmodellinnovationen.
- Technologie-Monitoring beschreibt die Beobachtung von potenziell relevanten technischen Entwicklungen.
- Eine IT-Vision hilft, den Suchraum adäquat zu bemessen, um keine falschen Prioritäten zu setzen.
- Für die Wahl der richtigen Zeitpunkte für Technologieentscheidungen und eine realistische Einschätzung der potenziellen Wertschöpfung benötigen CIOs oft ein Maß an Intuition.
- Neue Technologien müssen gezielt in das Technologieportfolio/die Unternehmensarchitektur integriert werden.

4 Eingebettete IT-Systeme oder die neue Verantwortung für das Produkt

Ein vierter bedeutender Einflussfaktor auf das Aufgabengebiet des CIOs geht von der zunehmenden Einbindung von distinkten IT-Systemen in Dienstleistungen und Produkte aus. Anstatt wie bisher lediglich die klassische IT-Funktion der Geschäftsprozessunterstützung wahrzunehmen, muss der CIO mehr Verantwortung für in Produkte und Dienstleistungen eingebettete IT-Systeme („Embedded IT Systems") übernehmen. Die Eigenschaften solcher Systeme und die Unterschiede zur traditionellen IT ergeben neue Aufgaben für den CIO und stellen ihn vor neue Herausforderungen hinsichtlich Kosten, Zeit und Qualität. Dieses Kapitel geht zunächst auf die wachsende Bedeutung eingebetteter Systeme ein, stellt daraufhin die neuen Aufgaben für den CIO heraus, begründet diese anhand der Unterschiede zur traditionellen IT und beschreibt die darin immanenten Herausforderungen.

4.1 „Embedded IT Systems" – eingebettete Systeme

Die fortschreitende Miniaturisierung der Computertechnologie bei gleichzeitig steigender Leistungsfähigkeit erlaubt eine immer weiter reichende und differenziertere Verwendung von IT-Systemen in Produkten aller Art. Ursprünglich waren diese „Embbeded IT Systems" oder eingebetteten Systeme in der Regel auf eine oder wenige Funktionen spezialisierte Bestandteile eines Geräts. Für den Benutzer zumeist nicht wahrnehmbar eingebaut, waren sie durch Sensoren und Aktuatoren auf die Interaktion mit ihrer Umgebung ausgerichtet und übernahmen dabei überwiegend Überwachungs- und Steuerungsaufgaben. Ein bekanntes Beispiel sind Motorsteuerungssysteme in Fahrzeugen, etwa das Anti-Blockier-System (ABS) oder die elektronische Motorzündung: Im letzteren Fall initiiert das Drehen des Zündschlüssels oder das Drücken des Startknopfs einen vom Benutzer eigentlich nicht bemerkten informationstechnischen Prozess, an dessen Ende das physische Anlassen eines Motors steht[32].

---

[32] Nauth P, Hoppe B (2007) Embedded intelligent systems. Oldenbourg, München

Im Vergleich zu den Anfängen ist die Zahl der Anwendungen und vor allem der Einsatzbereich von eingebetteten Systemen inzwischen erheblich größer geworden. Entsprechend wurden auch verschiedene Ansätze zu ihrer Klassifikation entwickelt, die eingebettete Systeme anhand von Kriterien – wie Massenproduktion vs. Einzelfertigung – oder nach ihrer Verwendung in Investitionsgütern oder Konsumgütern klassifizieren. Vor allem aber haben eingebettete Systeme in den letzten Jahren zunehmend an Komplexität gewonnen und sich in Richtung integrierter Computer bis hin zu lernfähigen „Embedded Intelligent Systems" weiterentwickelt. Hintergrund dieser Entwicklung sind fünf wichtige Trends, deren Zusammenwirken eine grundlegend neue Situation herbeiführt:

1. Die Implementierung immer komplexerer Funktionsprofile (beispielsweise anspruchsvolle Navigations- oder Bordcomputersysteme in Fahrzeugen oder Unterhaltungssysteme in Flugzeugen) verschiebt den Fokus von der Hardware- zur Softwareentwicklung. Sichtbares Zeichen dieser Entwicklung sind nicht zuletzt die wesentlich höheren Wachstumsraten in der Softwareentwicklung für eingebettete Systeme (im Vergleich zur entsprechenden Hardwareentwicklung).
2. Eingebettete Systeme nutzen zunehmend standardisierte Betriebssysteme und stützen sich auf bewährte Prinzipien der Softwareentwicklung (beispielsweise modulare, geschichtete Architekturen). Damit bewegen sie sich von speziell auf ein Produkt abgestimmten, monolithisch aufgebauten Komponenten hin zu konfigurierbarer modularer Software, für deren Entwicklung, Test und Wartung das Expertenwissen von Softwareingenieuren von erheblicher Bedeutung ist. Hoch spezialisierte „Embbeded IT"-Anwendungen wie Avioniksysteme bedürfen jedoch weiterhin des speziellen Know-hows der Produktentwicklung und werden dementsprechend von Produktentwicklungsingenieuren nach sehr spezifischen Kriterien entwickelt und gewartet. Eine Zusammenfassung der Merkmale dieser Klasse von Systemen bietet Lee[33].
3. Die Programme, die in eingebetteten Systemen gespeichert sind, werden immer umfangreicher. Beispielsweise umfasst die Software in digitalen Kameras zwischen ca. 20.000 und 100.000 Zeilen Code.
4. Die Leistungsfähigkeit der Prozessoren für eingebettete Systeme steigt stark an. Während Mobiltelefone der ersten Generation in den achtziger Jahren etwa 5 MIPS (Million Instructions per Second, d. h. die Einheit mit der die Rechenleistung eines Prozessors angegeben wird) leisteten, kommen heutige 3G-Mobiltelefone auf über 1.000 MIPS. Damit lassen sich immer vielschichtigere Anwendungen realisieren, was wiederum die Notwendigkeit einer strukturierten Softwareentwicklung verstärkt.

---

[33] Lee EA (2002) Embedded software. In: Advances in computers (Ed. Zelkowitz, M.). Academic Press, London

5. Der Markt für Prozessoren für eingebettete Systeme ist inzwischen wesentlich größer als der Markt für herkömmliche Computerprozessoren und wächst auch wesentlich schneller. So wurden weniger als 2% der neun Milliarden im Jahre 2005 gebauten Prozessoren in klassische Computer (PCs, Macs, Unix Workstations) eingebaut; der weitaus größte Teil war für eingebettete Systeme bestimmt.

Das wohl bekannteste Beispiel für diese Entwicklung ist die Konvergenz von Mobiltelefonen und PDAs zu leistungsfähigen, mobilen Endgeräten, die über die bekannten Basisfunktionen wie Telefonieren, Email und Kalender hinaus weitere Anwendungsmöglichkeiten bieten, auf die sich eine Vielzahl unterschiedlicher Programme installieren lassen und bei denen eine Netzwerkverbindung zu drahtlosen WAN- und LAN-Diensten mittlerweile Standard ist. Neben der steigenden Komplexität und Leistungsfähigkeit führt insbesondere die steigende Interaktivität eingebetteter Systeme zu gänzlich neuen Möglichkeiten. Softwarekomponenten in Mobiltelefonen bieten dem Endkunden bereits jetzt umfangreiche, backend-gestützte Services, moderne Telematiksysteme bieten spezifische IT-basierte Services in und um das Fahrzeug[34].

Es erfordert wenig Phantasie, weitere Möglichkeiten aus den IT-Erweiterungen von Produkten abzuleiten – bis hin zur Aufzeichnung und Übertragung von Produktnutzungsprofilen, aus denen sich (das Einverständnis der Kunden und die rechtliche Unbedenklichkeit vorausgesetzt) für die Planung neuer Produkte wertvolle Hinweise ableiten lassen. Nach dem Grad der Interaktivität lassen sich dabei drei verschiedene Klassen von eingebetteten Systemen unterscheiden:

1. Eingebettete Systeme, die im Produkt verbaut sind aber keine weitere Interaktivität mit anderen Systemen vorsehen.
2. Eingebettete Systeme, die Interaktivität in spezifisch definierten Situationen ermöglichen, wie beispielsweise On-Board Diagnosesysteme in Fahrzeugen (in Europa seit 2001 für Benzinfahrzeuge und seit 2004 für Dieselfahrzeuge Pflicht). Derartige Systeme können einerseits aufgezeichnete Daten bereitstellen, andererseits können neue Daten (beispielsweise Softwareupdates) eingespielt werden.
3. Eingebettete Systeme, die über eigenständige Kommunikationsfunktionen verfügen und damit in der Lage sind, Daten eigenständig und gegebenenfalls auch mobil weiterzugeben (beispielsweise mtrack für die Lokalisierung von gestohlenen Fahrzeugen).

---

[34] Ein Beispiel für den ersten Bereich ist die Kooperation zwischen Apple und T-Mobile, für den zweiten Breich stehen BMW Assist, das OnStar System von GM oder TeleAid von Daimler; diese Telematiksysteme benutzen Mobilkommunikation und GPS, um Dienste wie Navigationsunterstützung online, Ferndiagnose oder das Absetzen eines Notfallsignals anzubieten.

	Hardwareorientiert	Softwareorientiert
Keine Interaktion	Microcontroller • Prozessunterstützung	Digitalkameras • Entwicklungsumgebungen

Interaktion zu unregelmäßigen Zeitpunkten	On-Board Diagnosesysteme
	• Backend-Systeme für
	  Auswertung der Daten
		Navigationssysteme
		• Produktentwicklung,
		  Anwendungslebenszyklus,
		  Backend-Systeme

Permanente Interaktion	Industrielle Überwachung
	• Backend-Systeme für
	  Auswertung der Daten
		Mobiltelefone, PDAs
		• Produktentwicklung,
		  Anwendungslebenszyklus,
		  Backend-Systeme

Abb. 4.1 Klassifizierung eingebetteter IT-Systeme

Abbildung 4.1 verdeutlicht diese Klassifizierung und stellt heraus, welche Herausforderungen durch die Interaktion an die eingebetteten Systeme gestellt werden. Der Grad der Interaktion bestimmt deutlich die Anzahl und Komplexität der Herausforderungen. Gerade die permanente Interaktion bedarf einer hohen Abstimmung des eingebetteten Systems mit anderen Komponenten. Entscheidend an der Interaktion ist, dass eingebettete Systeme auch über die Produktlebenszeit hinweg durch entsprechende Unternehmensinfrastrukturen unterstützt werden müssen, sei es um Daten auszutauschen, oder um die eingebetteten Systeme zu warten.

Es ist offensichtlich, dass die zunehmende Einbindung der IT in die auf dem Markt angebotenen Produkte und Dienstleistungen in Zukunft die CIOs vor neue Herausforderungen stellen werden. Diese sind jedoch nicht allein technischer Art. Fragestellungen, wie derartige Systeme organisatorisch verankert werden müssen und wie sich ihre Entwicklung und Verwendung steuern lassen, weisen auch über sein ureigenes Aufgabenfeld, die „klassische" innerbetriebliche IT, hinaus.

4.2 Neue Aufgaben für den CIO

Die Hauptverantwortung für eingebettete IT-Systeme – insbesondere für spezielle und kritische Überwachungs- und Steuerungsaufgaben mit hohen Anforderungen an Performance, Verfügbarkeit und Ausfallsicherheit – ist traditionell in der Produktentwicklung angesiedelt. Das liegt nicht zuletzt daran, dass für die Konzipierung der Systeme das spezifische Kontextwissen der Entwicklungsingenieure für sehr spezialisierte Anwendungen von größter Bedeutung ist. Die Aufgabe des CIOs beschränkte sich hier bisher im Wesentlichen darauf, Systeme zur Unterstützung des Produktentwicklungsprozesses sowie leistungsfähige Dokumentationssysteme zur Verfügung zu stellen, die eine Rückverfolgung der in den Produkten verbauten, eingebetteten IT-Komponenten gestattete (beispielsweise die Identifikation von Herkunft und Verwendung elektronischer Subkomponenten eines Steuergeräts für ein Antiblockiersystem). Die Ziele dabei waren in erster Linie eine Absicherung gegen Ansprüche aus dem Produkthaftungsgesetz und eine effiziente Durchführung von eventuell notwendigen Rückrufen[35].

Bislang hatte der CIO also vor allem Daten über Produkte und Dienstleistungen zu verwalten und zu verarbeiten, aber nicht Daten, die von diesen Produkte und Dienstleistungen gewonnen oder erzeugt wurden, bzw. zu ihrem Betrieb erforderlich sind. Die generell wachsende Bedeutung eingebetteter Systeme und speziell die oben genannten Trends verschieben die Verantwortungen inzwischen jedoch in Richtung CIO. Dies liegt zum einen daran, dass von seiner Seite immer umfassendere Systeme zur Unterstützung des Entwicklungszyklus bereitzustellen sind, die dem zunehmend komplexen Entwicklungsprozess für die „Embedded IT Systems" Rechnung tragen müssen. Dies umfasst Aufgaben von der Bereitstellung von Software-Entwicklungsumgebungen und Softwarebibliotheken über die Einrichtung von Download-Sites für Software bis zum Unterhalt der Infrastruktur für den Softwaresupport sowie der Systeme, die gegebenenfalls die Interaktion mit den eingebetteten Systemen ermöglichen.

Zum anderen hängt diese Verschiebung in Richtung CIO auch damit zusammen, dass sich dieser zunehmend mit der Verantwortung für den Lebenszyklus der eingebetteten Systeme konfrontiert sieht. Während sich die Aufgaben im ersten Fall noch im (allerdings beträchtlich vergrößerten) Rahmen der klassischen IT-Funktion, nämlich der Geschäftsprozessunterstützung bewegen, kann sich durch die neuen Verantwortlichkeiten auch das Aufgabenspektrum für den CIO erweitern. Denn selbst wenn Unternehmen je nach spezifischer Ausprägung und Geschäftsmodell die Verantwortung und organisatorische Verankerung für die Softwareentwicklung unterschiedlich handhaben werden, ist zumindest fraglich, ob etwa Service und Kundendienst tatsächlich umfangreiche Kompetenzen in der Anpassung und Wartung von Softwaresystemen und damit verbundenen Services aufbauen wollen oder sollten. Stattdessen kann der CIO hier die in seiner Organisation bereits vorhandene Kompetenz für das Lebenszyklusmanagement von Applikationen einbringen.

---

[35] Des Weiteren sind gesetzliche Vorschriften wie die REACH-Initiative der Europäischen Union (Registration, Evaluation, Authorisation and Restriction of Chemicals) oder die Elektronikschrottverordnung WEEE (Waste Electrical and Electronic Equipment), zu beachten, die ebenfalls eine umfangreiche und langfristige Dokumentation von Produktdaten erforderlich machen.

Das hat allerdings gewichtige Konsequenzen: Bislang hatte der CIO nur in seltenen Fällen einen größeren Einfluss auf die in Produkten eingebetteten Systeme. Entscheidungen über die verwendeten Technologien wurden überwiegend in den Bereichen Forschung und Entwicklung sowie Produktentwicklung getroffen. Der CIO kam erst dann mit ihnen in Berührung, wenn das Design der Produkte und Dienstleistungen bereits weitgehend abgeschlossen war, d. h. dann, wenn er – in seiner Rolle als Verantwortlicher für die Unterstützung der Geschäftsprozesse – mit den Konsequenzen dieser Entscheidung konfrontiert war. Solange dies den CIO nur bei „passiven", d. h. nicht unmittelbar an die Funktion oder den Zweck des Produkts gebundenen Systemen wie die genannten Dokumentationssysteme betraf, war dies weitgehend unproblematisch.

Mit der zunehmenden Komplexität eingebetteter Systeme wird der CIO jedoch auch Verantwortung für den Betrieb und die Weiterentwicklung von Systemen übernehmen müssen, die das Funktionieren, bzw. spezifische einzelne Funktionalitäten der „Embedded IT Systems" unterstützten – beispielsweise bei der Service-Infrastruktur oder den Softwarebibliotheken für Mobiltelefone ist dies bereits heute der Fall. Eingebettete Systeme lassen sich also nicht mehr als separate Inseln ansehen, die den CIO nicht betreffen. Stattdessen müssen sie Eingang in die Enterprise-Architektur des Unternehmens finden und mit Gesamtbezug gestaltet werden.

Ohne eine ganzheitliche Betrachtung der IT-Architektur über alle Produktlebensphasen – also von der Entstehung über den Betrieb bis hin zur Einstellung der Produktunterstützung – werden Technologieentscheidungen weiter von Seiten der Produktentwicklung getroffen, die zwar den Arbeitsbereich des CIO betreffen, von diesem aber kaum gesteuert werden

Art des Systems	Herausforderungen durch Interaktion
Keine Interaktion Produkte ohne Dienst, kein Rückkanal (z.B. einfache Elektroartikel, Spielzeug)	• Keine
Interaktion zu unregelmäßigen Zeitpunkten Interaktion nur bei Zugang zum Produkt (z.B. KFZ Fehlercode-Diagnose, Navigationssysteme)	• Zustimmung des Benutzers erforderlich • Abruf der Daten nur durch berechtigte Personen • Auswertung der Daten vor Ort
Permanente Interaktion Regelmäßige oder permanente Kommunikation mit eingebetteten Systemen (z.B. Mobiltelefone, industrielle Systeme)	• Regelmäßige oder permanente Verbindung • Identifizierbarkeit des Geräts • Zustimmung des Benutzers erforderlich • Regelmäßiger Empfang der Daten nur durch berechtigte Personen • Zeitnahe Reaktion auf zeitkritische Anfragen • Datenaustausch ohne Systemstabilität zu gefährden

Abb. 4.2 Beispiele eingebetteter Systeme und Auswirkungen

können. Damit wird dieser jedoch schwerlich in der Lage sein, Elemente seines Aufgabenbereichs (Applikationsportfolio, IT-Organisation, Qualifikationsprofile, etc.) zu optimieren. Eine derartige Einschränkung seines Bewegungsspielraums kann ein CIO kaum hinnehmen. Konsequenterweise muss die Frage gestellt werden, wie die zukünftige Beteiligung des CIO am Lebenszyklus eingebetteter Systeme aussehen wird.

Um nicht mit einer in viele Einzelsysteme zersplitternden, heterogenen Systemlandschaft konfrontiert zu werden, sollte sich der CIO um eine frühe Einbindung in die Entwicklung von eingebetteten Systemen bemühen und eine strukturierte und integrierende Entwicklung der „Embedded IT" und der sie betreffenden Fähigkeiten und Kompetenzen bemühen. Abbildung 4.2 fasst dies nach dem Grad der Interaktion noch einmal zusammen: Sowohl auf Hardware- als auch auf Softwareseite sind verschiedene Aufgabenbereiche an Hand von Beispielen identifizierbar.

4.3 Unterschiede zwischen traditioneller IT und eingebetteten Systemen

Mit ihrem Potenzial speziell für die Entwicklung neuer Produkte eröffnen eingebettete Systeme dem CIO also ein zusätzliches weites Aufgabenfeld. Allerdings sind damit auch neue Herausforderungen und Risiken verbunden. Dies wird anhand des folgenden Vergleichs zwischen eingebetteten Systemen und traditioneller IT deutlich. Auch wenn sich die technischen Notwendigkeiten für eingebettete Systeme und traditionelle IT auf den ersten Blick zumindest in Teilen decken, führen die unterschiedlichen Aufgaben dieser Systeme auch zu unterschiedlichen Anforderungsprofilen. So bedeutet die Integration der IT in Produkte und Dienstleistungen nicht nur, dass sie eine spezialisierte Form von Hard- und Software ist, die beispielsweise in einem definierten Prozess eine Funktion übernimmt. Als eingebettete IT ist sie insbesondere auch ein integraler Bestandteil in einem Produkt- oder Dienstleistungsangebot, das vom Kunden als Ganzes wahrgenommen wird und vor allen Dingen außerhalb des relativ gut kontrollierbaren Unternehmenskontexts zum Einsatz kommt.

Eingebettete Systeme werden nicht nur durch interne, von fachlich-technischer Seite dominierte Anforderungen definiert, sondern vor allem auch durch die Anforderungen und Ansprüche des Marktes und der externen Kunden. Durch die Einbettung in ein Produkt tritt die IT also auch immer mehr in eine Verantwortung für das Produkt ein, da Qualitätsmängel bei den eingebetteten Systemen (die nicht nur in der Entwicklung sondern auch durch Wartungs- oder Servicemängel hervorgerufen werden können) die Funktionalität des eigentlichen Produkts und damit den Nutzen für den

Konsumenten beeinträchtigen können. Daher unterscheiden sich traditionelle und eingebettete IT-Systemen in Lebenszyklusphasen.

Während bei der Konzeption und Entwicklung von traditioneller IT die effiziente Verarbeitung von Daten im Vordergrund steht, eine enge Anbindung an die eigene Organisation und ihre Gegebenheiten erforderlich ist und diese regelmäßig für bekannte Nutzer entworfen wird (die Mitarbeiter in den jeweiligen Fachbereichen), steht bei den „Embedded IT Systems" eine tatsächliche Funktion im Vordergrund, die meist konkrete und fassbare physische Auswirkung hat. Das eingebettete System muss sich vor allem am Produkt und seinem Nutzen orientieren und wird entweder nicht für einen menschlichen Nutzer entworfen, der direkt mit ihr in Kontakt tritt (d. h. kein Benutzerinterface, sondern nur maschinelles Interface) oder für mehr oder minder anonyme, unbekannte Nutzer (mit entsprechenden Herausforderungen an die Gestaltung eines Benutzerinterfaces).

Design, Aufbau und Test von betrieblicher IT wird in der Regel von Software-Ingenieuren in einer standardisierten Software-Umgebung vorgenommen, in der das Wissen zwar fachspezifisch, aber doch allgemein vorhanden und nicht personengebunden ist. Zudem besteht in der Testphase eine gewisse Fehlertoleranz, die kleinere „Bugs" in Kauf nimmt, um das Gesamtsystem dann zu optimieren. Bei eingebetteten Systemen haben in der Design-, Aufbau- und Testphase meist die Spezialisten für die jeweilige Applikation die Verantwortung und bringen ihr Fachwissen in einer hoch spezialisierten Software-Umgebung ein, um möglichst genau die Produktanforderungen abzudecken. Dementsprechend ist die Fehlertoleranz an dieser Stelle sehr niedrig, da ansonsten die erwünschten Produkteigenschaften in Frage stehen könnten und potenziell gravierende Auswirkungen durch negative Reaktionen von Seiten der Kunden bzw. des Marktes zu erwarten sind.

Die Implementierung betrieblicher IT findet regelmäßig in einer gut bekannten Umgebung für eine genau definierte Gruppe von Nutzern statt. Ihre Auslieferung und Nutzung lässt sich sowohl zeitlich genau festlegen als auch inhaltlich im Sinne von verschiedenen Releases abstufen; sie ist also ein insgesamt sehr gut planbares Unterfangen, das einem klar strukturierten und definierten Prozess folgt. Die Implementierung und Auslieferung von „Embedded IT Systems" ist demgegenüber meist das genaue Gegenteil: Nicht nur sind Benutzergruppen teilweise nur unscharf definiert, eine eigentliche Implementierung im Sinne der Durchsetzung bestimmter Releaseständen ist häufig gar nicht möglich, da der Durchgriff auf Nutzer oder Systeme nicht gegeben ist. Eingebettete Systeme bieten meist nur wenige Möglichkeiten, den tatsächlichen Gebrauch oder die Verwendung bestimmter Releases zu beeinflussen, womit sich für Betrieb und Service weitere Herausforderungen ergeben.

Auch dort bestehen für die betriebliche IT erhebliche Einflussmöglichkeiten, was eine Definition und Standardisierung der Prozesse betrifft; sie behält letztlich weitgehend die Kontrolle und den Überblick über den Einsatz und kann die Wartungsintervalle und -intensität wesentlich mitbestimmen. Im Fall der „Embedded IT Systems" sind Betrieb und Service dagegen wieder weitgehend dem Einflussbereich der IT entzogen. Wartungsarbeiten sind abhängig von der Möglichkeit, Zugang zu dem Endprodukt zu erhalten, und zeitlich oft nicht genau planbar; zudem können im Endkundenbereich Wartungsarbeiten als Manko empfunden werden und sich entsprechend negativ auswirken. Problematisch ist daran, dass potenziell alle Versionen und Kombinationen von eingebetteten Systemen, die in den Markt gebracht worden sind, weiterhin unterstützt werden müssen und entsprechende Kompatibilitätstests und Kundensupportsysteme erforderlich werden.

Beispielsweise werden PDA-Betriebssysteme weiterentwickelt, sind dabei aber nur teilweise mit älteren Betriebssystemständen kompatibel, was wiederum die Lauffähigkeit von Applikationen beeinträchtigen kann und die Bereitstellung und Aktualisierung von Dokumentation und Software erfordern kann. Sofern gewünscht, lässt sich die Produktunterstützung betrieblicher IT ebenfalls in einem strukturierten und organisierten Prozess einstellen und durch die Einführung eines Ersatzes systematisch und punktgenau ersetzen; damit kann auch die Dauer des Supports festgelegt werden. Im Fall eingebetteter Systeme, deren Kontrolle ja schon nach ihrer Auslieferung kaum noch möglich ist, scheint eine planbare und systemati-

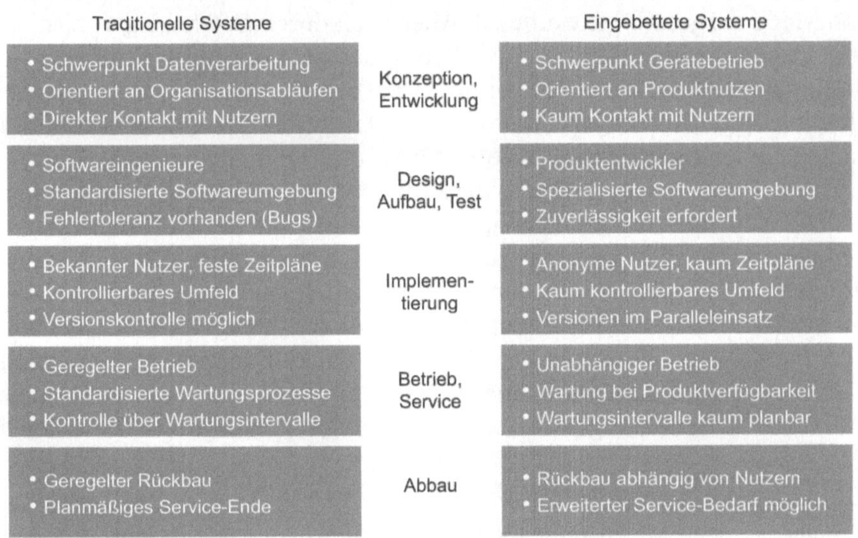

Abb. 4.3 Unterschiede zwischen traditionellen und eingebetteten Systemen

sche Einstellung nur schwer organisierbar; das Auslaufen muss sich an der Zahl der noch aktiven Nutzer des Produktes richten, dementsprechend lang kann auch der Bedarf an Support bestehen. Abbildung 4.3 stellt die Unterschiede zwischen traditionellen und eingebetteten Systemen über den gesamten Lebenszyklus im Überblick dar.

4.4 Auswirkungen der eingebetteten Systeme

Auch wenn sich im Markt für eingebettete Systeme ein Trend zur Übernahme von Ansätzen und Lösungen aus der traditionellen IT beobachten lässt, bleibt der oben dargestellte wesentliche Unterschied zwischen eingebetteter und traditioneller IT bestehen: Die steigende „Produktverantwortung" der IT. Zur leichteren Orientierung lässt sich dieser Unterschied anhand der Dimensionen Kosten, Zeit und Qualität unterscheiden.

4.4.1 Kosten

Dass immer komplexer werdende eingebettete Systeme auch zu steigenden Produktentwicklungskosten beitragen, liegt auf der Hand. Ebenso offensichtlich ist daher die Forderung, den Kostenanteil der eingebetteten Systeme an den gesamten Produktentwicklungs- und Betriebskosten möglichst niedrig zu halten. Dafür stehen bei den „Embedded IT Systems" mittlerweile schon viele der Kostensenkungsmöglichkeiten der traditionellen IT zur Verfügung, auch wenn die Kostensenkungspotenziale durch die Industrialisierung bei der Softwareentwicklung für eingebettete Systeme erst in geringem Maße ausgeschöpft werden[36]. Aber auch durch Offshoring von (nichtstrategischen) Entwicklungsaktivitäten lassen sich die Entwicklungskosten für eingebettete Systeme und vor allem Software reduzieren. Dies erfordert allerdings gute Koordination, eine klare Definition der Verantwortlichkeiten und ein leistungsfähiges Anforderungs- und Testmanagement.

Speziell die Koordinationserfordernisse werden jedoch häufig unterschätzt, weil das Augenmerk vielfach zunächst auf die Beherrschung der komplexen Technik gerichtet ist, nicht auf die der komplexen Prozesse. Ein weiterer möglicher Grund für den hohen Kostenanteil der eingebetteten Systeme bei der Produktentwicklung ist die mangelnde organisatorische Integration der IT in die Produktentwicklung bzw. unzureichende Abstimmung und Kommunikation. Dies kann beispielsweise durch unabgestimmte Entscheidungen in der Entwicklung im Nachgang für die IT-Or-

---

[36] Buggé V, Pegg M, Piyarali A (2006) Embedded software: industrializing the high performance. New York

ganisation zu erhöhtem Aufwand führen, um heterogene Systeme und Technologiegenerationen zu betreiben.

4.4.2 Zeit

Eine weitere und zumindest teilweise neue Herausforderung, die sich für CIOs durch den zunehmenden Einsatz von eingebetteten Systemen ergibt, liegt im Faktor Zeit begründet, einerseits im Sinne der Zeitspanne, bis ein Produkt Marktreife erlangt („Time-to-Market"), andererseits in den immer kürzeren Lebenszyklen der Produkte. Denn er wird nicht nur mitverantwortlich sein für die Effizienz und Geschwindigkeit, mit der das eingebettete System im Produkt arbeitet, sondern zumindest teilweise auch für die Effizienz und Geschwindigkeit, bis das eingebettete System einsatz- und damit marktfähig ist.

Da die Entwicklung eingebetteter Systeme die Produkteinführung nicht verzögern sollte und beschleunigten Produktlebenszyklen Rechnung tragen muss, wird die Verkürzung von Entwicklungszyklen eine zentrale Herausforderung für CIOs sein. Eine Möglichkeit, dies zu erreichen, ist der Einsatz bereits vorhandener Software und Systeme und die Wiederverwendung bewährter Module und Komponenten. Das ist bislang jedoch nur in den seltensten Fällen die Praxis. Stattdessen erschweren mangelnde Transparenz und abteilungsgebundene Entwicklung – mit Folgen wie der unterschiedlichen Klassifikation von Komponenten in den verschiedenen Produkt- und Softwareentwicklungsprozessen – das Auffinden zur Wiederverwendung geeigneter Komponenten und sorgen oftmals für parallele Entwicklungsprozesse.

4.4.3 Qualität

Qualitätsmängel in der „Embedded IT" können die Funktionalität eines Produkts und damit seinen Nutzen für den Konsumenten beeinträchtigen. Daher stellen die Qualität, die Sicherheit und die Zuverlässigkeit der eingebetteten Systeme eine weitere große Herausforderung für CIOs dar – und sie wird mit der weiteren Verbreitung der eingebetteten Systeme noch wachsen. Hohe Qualitätsforderungen machen nicht zuletzt umfangreiche und gründliche Tests notwendig. Diese sind für die Entwicklung eingebetteter Systeme jedoch oft schwerer zu realisieren als in der traditionellen Softwareentwicklung. Während Tests für eingebettete Systeme vielfach spezifische Vorgehensweisen erfordern, für die jedoch keine entsprechend ausgereiften Tools verfügbar sind, hat das Lebenszyklusmanagement von Applikationen der traditionellen IT inzwischen einen hohen Reifegrad erreicht – und zu Testzwecken stehen vielfältige Tools zur Verfügung. Auch die Verfahren zur Wartung von eingebetteten Systemen sind noch nicht annähernd so ausgereift wie in der traditionellen IT.

4.4.4 Fazit

Der verstärkte Einzug eingebetteter Systeme in Produkte und Dienstleistungen wird ein strategisches Thema für den CIO, das er aktiv und gestalterisch angehen muss. Künftig wird er eine wichtige Rolle im Produktentstehungs- und -supportprozess spielen und dabei in seiner Organisation neue Prozesse, Techniken und Kompetenzen herausbilden müssen, um dieser Rolle gerecht zu werden. Abbildung 4.4 zeigt die wesentlichen Elemente noch einmal im Überblick. Wie weit die IT-Organisation in die eigentliche Entwicklung bzw. Weiterentwicklung von Systemen eingebunden ist, wird sicherlich von Unternehmen zu Unternehmen unterschiedlich sein; zumindest die Verantwortung für laufende Systeme zur Unterstützung der Kunden dürfte aber mit hoher Wahrscheinlichkeit bei ihm liegen. Es ist daher im besten Interesse des CIOs, in enger Zusammenarbeit mit der Produktentwicklung und den Kundendienst- und Servicebereichen des Unternehmens Antworten auf diese neuen Herausforderungen zu finden und zügig umzusetzen.

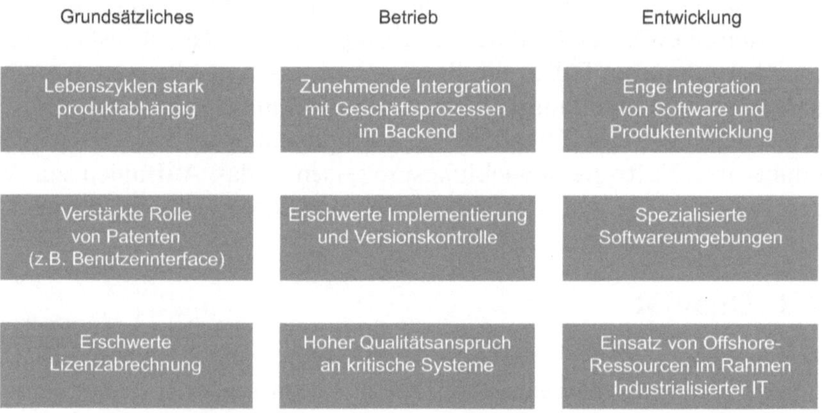

Abb. 4.4 Herausforderungen für den CIO

4.5 Zusammenfassung

Eingebettete IT-Systeme („Embedded IT Systems") gewinnen zunehmende Bedeutung durch zunehmende Möglichkeiten auf Grund wachsender Komplexität und Leistungsfähigkeit.

- Die Interaktivität mit bestehenden Systemen – besonders mit den Backendsystemen zum permanenten Datenaustausch – steigt stetig.
- Durch diese zunehmenden Anforderungen verschiebt sich die Produktverantwortung von der Produktentwicklungsabteilung zum CIO und er-

weitert damit sein bisheriges Aufgabengebiet um den Betrieb und die Weiterentwicklung von eingebetteten Systemen.

- Eine ganzheitliche Betrachtung der IT-Architektur über alle Produktlebensphasen ermöglicht dem CIO Einflussnahme.
- Als integraler Bestandteil in einem Produkt- oder Dienstleistungsangebot und mit dem Einsatz außerhalb des kontrollierbaren Unternehmenskontexts unterscheidet sich eingebettete IT signifikant von traditioneller IT in allen Lebenszyklusphasen.
- Der verstärkte Einzug eingebetteter Systeme in Produkt und Dienstleistungen wirft die Frage auf, inwieweit die Organisation in die Produktentwicklung eingebunden werden muss.
- Die steigende Produktverantwortung der IT birgt neue Herausforderungen bezüglich Kosten, Zeit und Qualität.
- Die Industrialisierung der Softwareentwicklung und die organisatorische Integration der IT in die Produktentwicklung bieten hohe Kostensenkungspotenziale.
- Durch die Wiederverwendung vorhandener Software und bewährter Module können Entwicklungszyklen eingebetteter Software verkürzt werden.
- Qualität, Sicherheit und Zuverlässigkeit erfordern umfangreiche, gründliche Tests, die in eingebetteten Systemen meist schwerer zu realisieren sind als in der traditionellen Softwareentwicklung.

5 Multiprojektmanagement

Den fünften und letzten maßgeblichen Einflussfaktor auf die Arbeit des CIO haben wir unter dem Schlagwort Multiprojektmanagement adressiert. Multiprojektmanagement wird hier als allgemeiner Oberbegriff für verschiedene Formen des Managements einer Gruppe von Projekten verwendet und umfasst unterschiedliche Methoden in IT-Vorhaben. Portfolio-, Programm- und Projektmanagement gewannen in den letzten Jahren zunehmend an Bedeutung – sowohl durch eine steigende Komplexität, als auch durch eine zunehmende Anzahl von Projekten, die durch den CIO und die IT-Organisation bewältigt werden müssen. Dieses Kapitel bietet eine Definition und Einordnung der Methoden des Multiprojektmanagements in den Kontext der IT und legt die daraus resultierenden Herausforderungen dar, denen sich Projekt-, Programm- und Portfoliomanager, sowie schlussendlich auch der CIO stellen müssen.

5.1 Multiprojektmanagement im Kontext

5.1.1 Begriffsabgrenzungen

Mit IT-Projekten ist jeder CIO vertraut: Das Management zeitlich befristeter und streng budgetierter Vorhaben zur Einführung neuer IT-Produkte, zur Entwicklung neuer IT-Services oder zur Erreichung einer bestimmten Verbesserung von Abläufen und Prozessen gehört zweifellos zu den zentralen Aufgaben von IT-Organisationen. Und vielleicht ist gerade die IT mit ihrer Eigenschaft, quer durch alle Unternehmensbereiche Verwendung zu finden und dabei vollkommen unterschiedliche Aufgaben und Funktionen wahrzunehmen, sowie mit ihrer besonderen Nähe zu Innovationen für die Projektarbeit prädestiniert. Fast schon unausweichlich haben sich die zugehörigen Methoden des Multiprojektmanagements – Projektportfolio-, Programm- und Projektmanagement – über die Jahre aus den Anforderungen an das Management von Projekten ergeben und finden in der ein oder anderen Form in den meisten IT-Organisationen explizit oder implizit ihre Anwendung.

Von daher können sich CIOs über zu wenig Erfahrung mit einer Vielzahl von Projekten sicher kaum beklagen. Ist dann aber für Praktiker ein

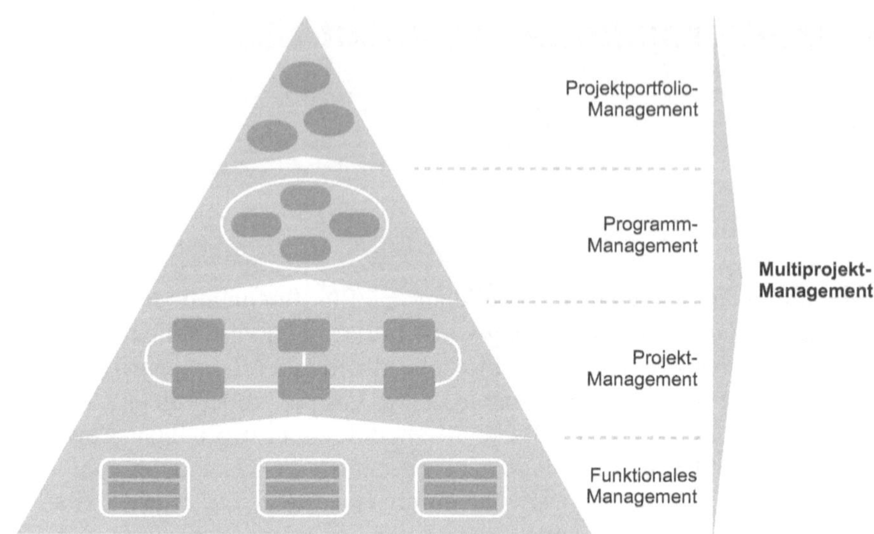

Abb. 5.1 Begriffsabgrenzung Multiprojektmanagement

Kapitel über Projektmanagement nicht überflüssig? Aufgrund der fehlenden Abgrenzung der einzelnen Methoden zueinander und der unten vorgestellten Rahmenbedingungen des Multiprojektmanagements im Kontext der IT ist dies jedoch zu verneinen.

Multiprojektmanagement stellt keine Methode zur Abwicklung von mehreren, gegebenenfalls verknüpften Projekten dar. Vielmehr ist Multiprojektmanagement ein Oberbegriff für ein Set an Methoden und organisatorischen Einrichtungen: Neben den in Abb. 5.1 dargestellten und weit verbreiteten Methoden von Projekt-, Programm- und Projektportfoliomanagement umfasst es auch zentrale Koordinationsstellen wie das Project Management Office (PMO). Diese Auffassung deckt sich mit Definitionen aus der Wissenschaft: „Multiprojektmanagement ist der summarische Überbegriff eines ganzheitlichen Managements einer Projektlandschaft durch entsprechende Organisationsstrukturen, Methoden, Prozesse und Anreizsysteme"[37]. Die Methoden des Multiprojektmanagements sind immanenter Bestandteil und finden in Multiprojektumgebungen explizit oder implizit Anwendung. Die meisten dieser Methoden gehen jedoch von einer gemeinsamen Nutzung an Ressourcen aus.

Die wohl bekannteste und am weitesten verbreitete Methode in einer solchen Umgebung ist sicherlich das Projektmanagement. Wie eingangs bereits erwähnt ist die Erbringung eines a-priori definierten Ziels unter

---

[37] Dammer H, Gemünden HG (2007) 3. Benchmarking-Studie zum Multiprojektmanagement. Berlin

Einhaltung strenger Zeit- und Budgetrestriktionen fester Bestandteil der täglichen Arbeit von IT-Organisationen. Die meist fix geplante Abwicklung von Projekten beinhaltet auch eine feste Zuteilung von Ressourcen, die es vom Projektmanagement im Rahmen der zu erbringenden Leistungen zu koordinieren gilt. Abhängigkeiten zwischen Ressourcen sind überschaubar und können auf granularem Projektlevel effizient und effektiv gesteuert werden. Dies charakterisiert den Aufgabenbereich des Projektmanagements und unterscheidet es damit signifikant von den anderen Methoden des Multiprojektmanagements.

Besonders deutlich wird dies im Programmmanagement: Das Programmmanagement koordiniert verschiedene Projekte – von denen jedes für sich nicht den gleichen Nutzen schaffen könnte wie im Programmverbund unter einem gemeinsamen Ziel – und sieht damit jedes dieser Projekte im Kontext zueinander. Ressourcen müssen daher unter Beachtung von Abhängigkeiten zwischen Projekten zugeordnet werden. Durch diesen Unterschied zum Projektmanagement wird auch die verbreitete Annahme obsolet, das Programmmanagement umfasse lediglich aggregierte Projektmanagementtätigkeiten. Ferner kann diese Unterscheidung auch an der explizit definierten Vision, den dedizierten Zielen und dem inhärenten Bezug zur Unternehmensstrategie festgemacht werden, den das Management von meist großen, komplexen Programmen verfolgt. Eine reduzierte Managementkomplexität, sowie eine enge Koordinierung und Integration von Projekten belegen den Mehrwert des Programmmanagements und rechtfertigen die zusätzlichen Managementkapazitäten.

Dem Projektportfoliomanagement kommt als übergeordneter Entscheidungsinstanz für die strategische Auswahl von Projekten, die Projektkategorisierung, die Projektpriorisierung und Ressourcenallokation eine unverzichtbare Rolle zu. Basierend auf strategischen Überlegungen, sowie dem Bezug zur Unternehmensstrategie und IT-Architektur werden Entscheidungen über Projekt-/Programmimplementierungen oder -stopps getroffen. Dieselben Entscheidungskriterien kommen bei der Kategorisierung und Priorisierung zum Einsatz, welche wiederum bei der Entscheidung zur Allokation und zum Austarieren von verfügbaren Ressourcen herangezogen werden[38]. Das Multiprojektmanagement und dessen spezifische Ausgestaltung erlangt in Unternehmen – vor allem aber auch für die IT-Organisationen und deren CIOs – zunehmende Bedeutung. Die speziellen Kontextfaktoren und Treiber, die hierzu führen, sollen nun in den folgenden Abschnitten genauer beleuchtet werden.

---

[38] Cooper R, Edgett S, Kleinschmidt E (1999) New product portfolio management: practices and performance. In: Journal of Product Innovation Management, 16 (4), p 333–351

5.1.2 Steigende Anzahl von IT-Projekten

Projekte ohne IT-Einbindung sind heute kaum noch denkbar. Dies wurde an unerwarteter Stelle deutlich, als Bundesinnenminister Schäuble im März 2007 in seiner Eröffnungsrede zur Konferenz „Advancing eGovernment" feststellte: „Fast jedes politische Projekt enthält oder verursacht heute auch ein IT-Projekt. Ich habe das in Deutschland in den letzten Jahren intensiv verfolgt. Ob Sie eine Arbeitsmarktreform auf den Weg bringen, oder Straßenbenutzungsgebühren für Lkw einführen oder das Gesundheitswesen modernisieren wollen: Für die Umsetzung der Projekte sind IT-Vorhaben unentbehrlich und damit auch erfolgskritisch"[39].

Was für die Politik gilt, ist in der Wirtschaft nicht anders[40]: Auch unternehmensintern wächst die Zahl der Projekte mit IT-Einbindung – zusätzlich zu den eigentlichen IT-Projekten, die ohnehin in die Verantwortung des CIOs fallen. Die Gründe dafür sind vielfältig. Neben der zunehmenden Bedeutung der IT für alle Unternehmensbereiche können dies neue Vorschriften für börsennotierte Unternehmen sein oder Gesetze zum Schutz von Investoren. Seit dem Jahr 2002 müssen an US-Börsen gelistete Unternehmen den Sarbanes-Oxley Act befolgen. Ziel dieses Gesetzes ist es, die Transparenz des internen Kontrollsystems und die Zuverlässigkeit der Finanzberichterstattung von Unternehmen zu stärken. Da primär Prozesse und Methoden geregelt werden, ist die IT zwar nicht direkt betroffen, dennoch unterliegt sie den Veränderungen, da sie als Grundlage für sämtliche Geschäftsprozesse dient. Werden die erforderlichen IT-Projekte effektiv durchgeführt, können häufig Kosten-, Zeit- und Risikosenkungen realisiert werden.

Grundsätzlich eignen sich gerade Projekte dazu, den Wissenserwerb oder die Einführung von Neuheiten und Veränderungen zu gestalten. Ein Projekt, also der Versuch, eine spezifische Aufgabe unter bestimmten finanziellen und zeitlichen Vorgaben durch eine ebenfalls vorab definierte Projektorganisation zu lösen, ist schon in seinem Ansatz auf Effizienz, Flexibilität und Funktionalität ausgelegt und kommt so den Bedürfnissen von Unternehmen entgegen. In einem stark wettbewerbsorientierten Umfeld – wie der globalisierten Wirtschaft von heute – ist daher die stete Zu-

---

[39] Schäuble W (2007) Fast jedes politische Vorhaben ist heute auch ein IT-Projekt: Rede von Bundesminister Dr. Wolfgang Schäuble bei der Eröffnung der Konferenz Advancing eGovernment. Bundesministerium des Inneren, 01.03.2007

[40] Statistisch belegt wird dies von KPMG (2005) Global IT project management survey. Hong Kong. Gegenüber der vorangegangenen Studie 2002/03 haben in 81% der befragten Organisationen die Zahl der Projekte, in 88% die Komplexität der Projekte und in 79% die Gesamtbudgets zugenommen.

nahme von Projekten beinahe eine Notwendigkeit. Mit zunehmender Globalisierung und dem schnellen Wachstum von eCommerce, Voice-over-IP (VoIP) und anderen Internet-Anwendungen verändert sich auch die Form der projektbezogenen Zusammenarbeit hin zu weltweit verteilten Teams, die nur über ein effizientes Projektmanagement erfolgreich zusammenarbeiten können.

Da heute nahezu jedes Projekt – sei es zur Einführung neuer Produkte, Services oder Prozesse – unter Einbindung der IT erfolgt, verschärft sich speziell für CIOs die Problematik einer effizienten Projektsteuerung. Schließlich steigt damit nicht nur die Zahl seiner eigenen IT-Projekte. Zudem ist in einem dynamischen Umfeld auch von einer häufigen Veränderung und Adaption der Projektbedingungen, -umstände und -ziele auszugehen, die wiederum Rückkoppelungen auf eine Vielzahl von unterschiedlichen Vorhaben verursachen und damit noch mehr Aufmerksamkeit binden. Aus diesen Gründen werden CIOs immer weniger Zeit für die Steuerung einzelner Projekte aufbringen können. Stattdessen wird ihr Hauptaugenmerk vermehrt auf dem projektübergreifenden Management einer Vielzahl von simultan ablaufenden Projekten liegen müssen. Dies erfordert jedoch einen anderen Ansatz: weg vom Fokus auf das Einzelprojekt und hin zum Management mehrerer paralleler Projekte, zum Multiprojektmanagement[41].

5.1.3 Zunehmende Projektkomplexität und Vernetzung

In Leitungsfunktionen, zumal in großen komplexen Unternehmen, lässt die Praxis nur selten eine isolierte Betrachtung von Einzelprojekten zu: Eine Vielzahl von verschiedenen, oft aber auch sachlich oder personell miteinander verknüpften Projekten fordern Zeit und Aufmerksamkeit des Managements. Deswegen – aber auch aus Effizienzgründen und um Synergien zu erzielen – werden von Unternehmen Programme aufgelegt, in denen viele Einzelprojekte miteinander verknüpft und auf ein verbindendes (und auch verbindliches) Ziel hin ausgerichtet werden[42]. Diese Programme können von ganz unterschiedlicher Größe und Gestalt sein und sich bis über die gesamte Struktur eines Konzerns erstrecken. So hat etwa Siemens 2007 das Programm Fit[4]2010 aufgelegt, das die zukünftigen Herausforderungen in den vier Bereichen Corporate Governance, Compliance, Klimaschutz und Corporate Citizenship gebündelt behandeln und für eine nachhaltige Unternehmensentwicklung sorgen soll.

---

[41] Campana C, Schott E, Gemünden HG, Dammer H (2005) Die gelebte Projektorganisation: Das Management von Projektelandschaften. projektmanagement aktuell, 6(2), S 16–23

[42] Light M, Rossner B, Hayward S (2005) Realizing the benefits of project and portfolio management. Stamford

Die nicht zuletzt aus solchen Programmen und strategischen Vorhaben resultierende zunehmende Vernetzung von Projekten ist eine zweite Herausforderung für die CIOs und deren IT-Organisationen. Sie erhöht sowohl die Komplexität als auch die Anforderungen an das Management[43]. Dies belegt auch eine 2007 veröffentlichte Studie[44], in der 52% von 447 befragten Unternehmen angab, dass aufgrund der Vielfalt und des Umfangs der Maßnahmen die Anforderungen an das Projektmanagement stark gestiegen seien. Dies, so die weiteren Ergebnisse, führe nicht nur zu einem überproportional zur Komplexität steigenden Erfolgsrisiko für das einzelne Projekt: Bei fehlender Aufklärung der Vernetzung von Projekten und ausreichender Information der Beteiligten würden zudem potenzielle Synergien nicht voll ausgeschöpft und mögliche Konflikte zwischen Projekten nicht berücksichtigt. Damit besteht die Gefahr, dass aufgrund von Parallelarbeiten zusätzlicher Aufwand entsteht und – aus Sicht des Gesamtunternehmens – nur suboptimale Ergebnisse erzielt werden.

Light et al.[45] vergleichen das Management von IT-Projekten mit der Arbeit des Luftraumkontrollzentrums eines Flughafens. Wie Flüge haben Projekte einen bestimmten Startzeitpunkt und ein festgelegtes Ende, sowie im Voraus definierte Ergebnisse. Piloten werden mit Projektmanagern verglichen, die für einen termingerechten Projektabschluss sorgen, ohne sich um den breiteren Aufgabenbereich der Flugsicherung kümmern zu müssen. Auch hier entstehen Management-Aufgaben die über das Ausmaß eines jeden Einzelprojekts hinausreichen, sobald mehrere Projekte gleichzeitig ablaufen.

Zunehmende Komplexität und Vernetzung von Projekten verlangen also ebenfalls Änderungen im Projektmanagement. So benötigen Projektverantwortliche auch Informationen über die einfache Projektperspektive hinaus, um Vorhaben auch in komplexen Zusammenhängen kontextualisieren zu können und den Erfolg vernetzter Projekte sicherzustellen. Dies bedeutet jedoch nicht nur eine zusätzliche Aufgabe, sondern auch eine Chance zur Nutzung von Synergien und zur Generierung von Effizienz. Dazu ist jedoch ein Ansatz im Projektmanagement notwendig, der nicht das einzelne Vorhaben, sondern das Projekt in seinem Kontext fokussiert – ein Multiprojektmanagement.

---

[43] Engwall M (2003) No project is an island: linking projects to history and context. In: Research Policy, 32(5), p 789–808

[44] O.V. (2007) Ropardo-Erhebung: Deutliche Defizite beim Multiprojektmanagement. Ropardo, 09.05.2007

[45] Light M, Hotle M, Stang DB, Heine J (2005) Project management office: the IT control tower. Stamford

5.1.4 Wachsende Gefahr des Scheiterns von Projekten

Projekte können scheitern – nicht nur weil sie zunächst nur ein Versuch sind, eine Aufgabe zu lösen, sondern auch weil dies unter bestimmten, genau festgelegten Bedingungen zu geschehen hat. Und dass Projekte häufig auch scheitern, wurde unter anderem von einem Report der Standish Group für IT-Projekte in aller Deutlichkeit bestätigt: Danach werden nur 16% aller Projekte „On-time and On-budget" und mit sämtlichen geplanten Features und Funktionalitäten beendet; 53% können nur durch das Überziehen von Budget oder Zeitrahmen oder nicht in geplanten Umfang abgeschlossen werden; 31% Prozent werden vorzeitig abgebrochen. Aber auch wenn nicht die traditionellen Kriterien „On-time" und „On-budget" als allein maßgeblich für den Projekterfolg genommen werden, sondern die Erfüllung der vorgegebenen Aufgabe Vorrang erhält, bleibt die Bewertung des Projektergebnisses immer noch eine Frage der Interpretation.

Obwohl die Möglichkeit des Scheiterns bei einem Projekt also immer gegeben ist, gibt es im Projektgeschäft (und nicht nur in der IT-Organisation) selten eine Alternative zum Erfolg. Dabei führt die Praxis, einen anderen Ausgang als einen Erfolg nicht zuzulassen, häufig dazu, dass Projekte um einen hohen Preis zu einem vermeintlich erfolgreichen Ende gebracht werden – auch wenn durch den rechtzeitigen Projektabbruch ein aus Sicht des Gesamtunternehmens besseres Ergebnis erzielt worden wäre. Doch von dem in die Projektarbeit eingebundenen Management kann meist nicht erfasst werden, ob und wann sich im Verlauf eines Projektes die externen Bedingungen, Anforderungen oder Ziele ändern und damit das ganze Projekt problematisch oder obsolet wird.

Stattdessen ist es vor allem in erster Linie darauf beschränkt, für einen optimalen Projektverlauf zu sorgen und mögliche Gründe für ein Scheitern zu vermeiden. Dies ist natürlich richtig und wichtig, zumal bei immer komplexeren und enger vernetzten Projekten auch die Kosten des Scheiterns in die Höhe schnellen. Da sich aber die Problematik redundanter Projektarbeiten durch die wachsende Komplexität und Vernetzung vieler Projekte noch weiter verschärfen wird, ist neben dem projektspezifischen Monitoring auch ein Überblick über die Einzelprojekte im Kontext zu ermöglichen, der Projektstatus bzw. Erfolgsaussichten kontinuierlich überprüft und eventuell auch notwendige „Exit"-Strategien zum rechtzeitigen Abbruch von Projekten initiiert, deren Erfolg sich nicht oder nicht im geplanten Ausmaß realisieren lässt. Zusätzlich zum „normalen" Projektmanagement ist also ein übergeordnetes Management von Projektrisiken gefordert: um nicht nur die Projekte richtig, sondern auch die richtigen Projekte durchzuführen[46].

---

[46] McFarlan FW (1981) Portfolio approach to information systems. In: Harvard Business Review, 59(5), p 142–150

Ein bekanntes Projektphänomen ist die Verselbständigung der Projektarbeit: Einmal aufgesetzt, entwickeln Projekte eine Eigendynamik, die von dem im Projekt Tätigen oft gar nicht wahrgenommen und daher auch nicht kontrolliert werden kann. Dies muss nicht zwangsläufig zu schlechteren Ergebnissen oder gar zum Scheitern von Projekten führen. Dennoch steigt damit die Gefahr, dass der Aufwand für Zeit und Personal sowie das geplante Budget erheblich überschritten werden, weil aus der individuellen Projektsicht die größeren organisatorischen und gesamtbetrieblichen Zusammenhänge nicht erfasst werden können. Projekte sind in der Regel erst aus der Betrachtung des gesamten Unternehmenskontexts entstanden und wirken mit ihren Ergebnissen auch auf diesen zurück.

5.2 Herausforderungen des Multiprojektmanagements

5.2.1 Qualitätsdimensionen des Multiprojektmanagements

Die zunehmende Bedeutung des Multiprojektmanagements für Unternehmen als Ganzes – und somit auch für IT-Organisationen und deren CIOs – ist kaum von der Hand zu weisen, betrachtet man die bereits dargestellten Kontextfaktoren und Treiber. In diesem Kontext müssen CIOs einige Herausforderungen bewältigen, um den Erfolg und die gewünschte Wirkung des Multiprojektmanagements für ihre IT-Organisation sicher zu stellen. Eine Studie der Technischen Universität Berlin[47] belegt den Einfluss verschiedener Faktoren auf den Erfolg des Multiprojektmanagements, die auch die allgemeine Meinung der Literatur widerspiegeln. Wie in Abb. 5.2 dargestellt, haben die Faktoren „Allokationsqualität", „Informationsqualität" und „Reagibilität" maßgeblichen Einfluss auf den Erfolg eines Multiprojektmanagements.

Hieraus lassen sich die im Anschluss genauer betrachteten konkreten Herausforderungen für den CIO und seine IT-Organisation ableiten: Um die Allokationsqualität der begrenzten Ressourcen sicher zu stellen, bedarf es einer Projektauswahl und -priorisierung ausgerichtet an der Unternehmensstrategie. Die Schaffung von Entscheidungstransparenz trägt maßgeblich zur Informationsqualität bei, was vor allem durch die Komplexität der Projektlandschaft durch die zunehmende Vernetztheit an Bedeutung gewinnt. Ein standardisiertes Controlling der Projektaktivitäten trägt der Rea-

---

[47] Gemünden HG, Dammer H (2005) Studie zum Multiprojekt-Management 2005 – Zur Beurteilung des Einflusses der IT auf den Projektportfolioerfolg. Berlin

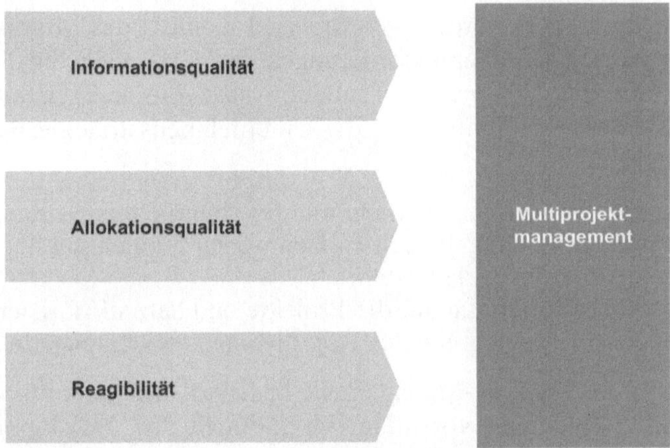

Abb. 5.2 Qualitätsdimensionen des Multiprojektmanagements

gibilität bzw. der ausreichenden Flexibilität in einem sich ständig wandelnden Umfeld Rechnung, wie im Folgenden genauer betrachtet.

5.2.2 Bezug zur Unternehmensstrategie

Obwohl die meisten der oben skizzierten Kontextfaktoren und Treiber eines integrierten Multiprojektmanagements im Unternehmen und bei CIOs bekannt sind, fühlen sich die einzelnen Anspruchsgruppen immer noch schlecht informiert. Beispielsweise wissen die Mitglieder der Unternehmensleitung und von Steuerungsgremien oftmals nicht, über welche Initiativen, Budgets und Ressourcen entschieden werden muss. Und wie viele unterschiedliche Portfolien soll ein Unternehmen überhaupt verwalten? Die Fülle der potenziellen Projekte übersteigt zum einen bei weitem das, was für das Unternehmen sinnvoll erscheint, zum anderen aber auch die finanziellen und personellen Kapazitäten. Aus diesem Grund ist sowohl die Entscheidung über die Aufnahme von Projekten in ein Projektportfolio zu treffen, als auch eine Priorisierung der Projekte vorzunehmen. Dies macht deutlich, dass eine Ausrichtung des Projektportfolios (oder der Projektportfolien) eines Unternehmens an dessen Strategie unerlässlich ist.

Die Unternehmensstrategie – und oft auch die IT-Architektur – stellen eine Leitlinie dar, an der sich die Entscheidung über die Aufnahme und die Priorisierung von Projekten orientieren sollte. Daher gilt: „Sollen Projekte dazu beitragen, die Leistungsfähigkeit einer Unternehmung insgesamt zu erhöhen, ist eine primäre Ausrichtung an deren strategischen Leitlinien und Zielsetzungen unerlässlich"[48]. Soll nun die IT als echter Wertschöpfer im

---

[48] Glaschak SA (2006) Strategiebasiertes Multiprojektmanagement. Konzept – Unternehmensbefragung – Gestaltungsempfehlungen. Hampp, Mering, München

Unternehmen etabliert werden, gehört es im Kontext des Multiprojektmanagements zu den Kernherausforderungen des CIO auch die IT-Projektlandschaft auf die Unternehmensstrategie abzustimmen. Hierzu müssen drei Aspekte der Abstimmung auf die Unternehmensstrategie Berücksichtigung finden[49]:

- Alle Projekte müssen im Einklang mit der Unternehmensstrategie sein;
- Alle Projekte müssen einen echten Beitrag zur Erreichung der durch die Strategie definierten Ziele leisten;
- Die Ressourcenverteilung auf die Projekte und deren Priorisierung muss die strategische Ausrichtung des Unternehmens widerspiegeln.

Für den CIO und das IT-Management bedeutet das konkret, dass diese strategische Ausrichtung vor allem im Rahmen des Projektportfoliomanagements geschehen muss. Nur das Projektportfoliomanagement hat die Möglichkeit, die Fülle aller Projekte zu überblicken und diese ganzheitlich zu bewerten, zu priorisieren und letztendlich über deren Aufnahme in das Projektportfolio zu entscheiden. Für das Programmmanagement gibt der Bezug zur Unternehmensstrategie Mission, Vision und Ziele vor, die die Grundlage zur weiteren Programmsteuerung und Ressourcenverteilung innerhalb des Programms bilden. Vor allem vor dem Hintergrund knapper Projektressourcen stehen die einzelnen Projekte oft in starker Konkurrenz zueinander. Aus Sicht des Projektmanagers zum Beispiel hat sein eigenes Projekt sehr wahrscheinlich eine höhere Priorität, als das vom Programm- oder Portfoliomanagement eingeschätzt wird.

Diese Konkurrenz führt häufig dazu, dass das Projektportfoliomanagement hauptsächlich mit der Bearbeitung von Eskalationen aus dem Projekt- oder Programmmanagement bezüglich vermeintlicher Ressourcenansprüche der einzelnen Projekte beschäftigt ist[50]. Dieses kurzfristig orientierte Problemlösungsverhalten blockiert das Projektportfoliomanagement in seiner eigentlichen Aufgabe, nämlich der Ausrichtung des Projektportfolios an der Unternehmensstrategie. Oft liegt die Ursache in der mangelnden Entscheidungstransparenz innerhalb des Multiprojektmanagements.

5.2.3 Entscheidungstransparenz

Nicht zuletzt um eine ganzheitliche strategische Ausrichtung des Multiprojektmanagements zu erreichen und durchzusetzen, ist es von maßgeblicher Bedeutung, dass es den CIOs gelingt, Entscheidungstransparenz bezüglich

---

[49] Cooper R, Edgett S, Kleinschmidt E (2001) Portfoliomanagement for new products. New York

[50] Engwall M, Jerbrant A (2003) The resource allocation syndrome: the prime challenge of multi-project management? In: International Journal of Project Management, 21, p 403–409

der Aufnahme und Priorisierung von Projekten zu schaffen. Oftmals ist nicht klar definiert, auf welchen Grundlagen Entscheidungsvorlagen zu vorgeschlagenen Initiativen beruhen und welche Entscheidungsgremien mit spezifischen Vorschlägen adressiert werden sollen. Zum einen bedarf es der Transparenz bezüglich einzelner Projekte, Programme und Portfolien, zum anderen muss auch die erhöhte Vernetzung in Form der Interdependenzen der Projekte transparent gemacht werden.

Für den CIO und das IT-Management besteht die Herausforderung darin, anstehende Entscheidungen vorzubereiten und transparent zu gestalten. Hierzu gehören objektive, nachvollziehbare und standardisierte Entscheidungskriterien, die konsequent angewandt werden müssen. Oftmals besteht die Schwierigkeit darin, die Entscheidungskriterien so zu gestalten, dass eine einfache Handhabung sowie eine leichte Nachvollziehbarkeit gewährleistet sind. In der bereits angeführten Studie von Cooper et al. konnte nachgewiesen werden, dass in der Realität Entscheidungskriterien weder klar definiert noch leicht zu handhaben sind, weshalb Entscheidungen weniger auf standardisierten Kriterien als auf dem Bauchgefühl der Entscheider basieren. So getroffene Entscheidungen sind nicht objektiv nachvollziehbar und im Unternehmenskontext – vor allem im Hinblick auf die Ausrichtung auf Unternehmensstrategie und IT-Architektur – nicht unbedingt optimal.

Wie bereits im vorangegangenen Abschnitt erläutert, stehen die Projekte in scharfer Konkurrenz um die knappen finanziellen und personellen Mittel, was durch eine intransparente und nicht auf objektiven Kriterien basierte Entscheidungsfindung bezüglich der Priorisierung durchaus noch verstärkt werden kann. Besonders deutlich wird der Effekt einer wenig transparenten – und somit objektiven – Entscheidungsfindung bei der Betrachtung der Inderdependenzen zwischen den einzelnen Projekte und ihrer Transparenz. Die Schaffung von Transparenz bezüglich der Vernetztheit der einzelnen Projekte ermöglicht zum einen die Aufdeckung von Synergieeffekten und hilft zum anderen Doppelarbeiten zu vermeiden. Zudem können Engpässe bei der Ressourcenplanung identifiziert und inhaltliche Abhängigkeiten zwischen einzelnen Projekten aufgedeckt werden[51].

Liegen diese Informationen dem Entscheider nicht in klarer Form vor, so können die Interdependenzen innerhalb der Projektportfolien bei der Entscheidungsfindung nicht ausreichend berücksichtigt werden, was zwangsläufig zu suboptimalen Entscheidungen führt. In der Realität können oft die benötigten Informationen nicht in der gewünschten Qualität geliefert werden, die für eine adäquate Entscheidungsfindung notwendig wären. So feh-

---

[51] Hirzel M, Kühn F, Wollmann P (2006) Projektportfolio-Management: Strategisches und operatives Multi-Projektmanagement in der Praxis. Gabler, Wiesbaden

len zum Beispiel häufig die benötigten technischen Bewertungen. Dies führt dazu, dass nicht unbedingt immer die richtigen Projekte in das Portfolio aufgenommen werden und die Priorisierung nicht dem Optimum entspricht.

5.2.4 Standardisiertes Controlling

Um ein Scheitern zu vermeiden und ein optimales Multiprojektmanagement zu gewährleisten, müssen alle parallelen und vernetzten Vorhaben überwacht und koordiniert werden. Trotz aller Standardisierungsbemühungen sollten sich IT-Organisationen immer die Möglichkeit erhalten, schnell auf wechselnde Rahmenbedingungen reagieren zu können. Programm- und Projektleiter benötigen Mechanismen und Kennzahlen, um Programme und Projekte effizient überwachen zu können. Das Controlling der einzelnen Ebenen des Multiprojektmanagements darf allerdings nicht als schlichte Aggregation der jeweils unteren Ebene gesehen werden. Jede Ebene benötigt eigene Mechanismen und Kennzahlen, um eine möglichst hohe Flexibilität und effiziente Überwachung zu gewährleisten – und dies zu jeder Zeit.

Für das Projektmanagement steht zum Beispiel das einzelne Projekt im Fokus, worauf sich auch die Controllinginstrumente ausrichten sollten. Das Programmmanagement hat hingegen schon die Möglichkeit, auch die Interdependenzen zwischen einzelnen Projekten innerhalb des Programms zu überblicken, woran sich auch die Kennzahlen und Mechanismen zur Überwachung orientieren sollten. Oft ist jedoch die durch das Programmmanagement ausgeübte Kontrolle zu intensiv und strahlt in den Aufgabenbereich des Projektmanagements ab, was zu einem hohen Detaillevel führt. Dieses wiederum erhöht die Controllingkomplexität für das Programmmanagement erheblich, was letztendlich zu einer massiven Minderung der eigentlich gewünschten Flexibilität führen kann[52]. Hieraus wird die Bedeutung von standardisierten und auf die jeweilige Ebene angepassten Controllinginstrumenten deutlich.

Besonders klar lässt sich dies auch am Beispiel des Projektportfoliomanagements illustrieren. Aufgabe des Projektportfoliomanagements ist vor allem die Ausrichtung der Projektportfolien an Unternehmensstrategie und IT-Architektur durch entsprechende Aufnahme- und Priorisierungsentscheidungen. Genau diese müssen in regelmäßigen Abständen überprüft und gegebenenfalls angepasst werden. Das Projektportfoliomanagement benötigt also Controllinginstrumente, die – wie in Abb. 5.3 dargestellt – eine erneute Bewertung der Projekte bezüglich ihres strategischen und wirtschaftlichen Nutzens zulassen. So kann es sein, dass Projekte, die zwar

---

[52] Lycett M, Rassau A, Danson J (2004) Programme management: a critical review. In: International Journal of Project Management, 22, p 289–299

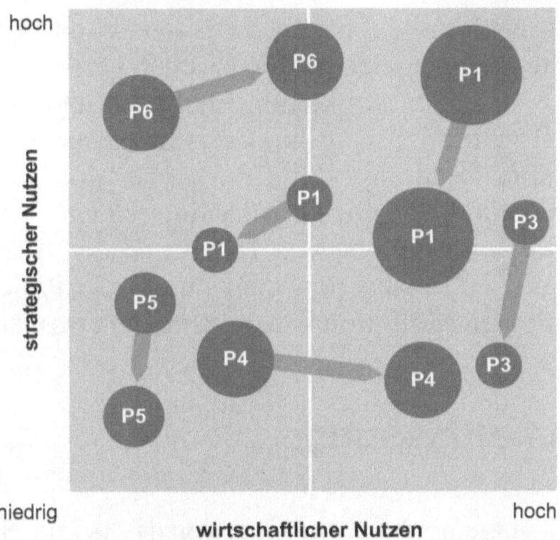

Abb. 5.3 Controlling auf Projektportfoliomanagement-Ebene

aus Projektsicht die Sach-, Kosten- und Zeitziele erfüllen, trotzdem hinfällig werden, da sie ihren strategischen Nutzen verloren haben. Würde sich das Projektportfoliomanagement nun auch auf Kennzahlen des Projektmanagements konzentrieren, könnte es bezüglich solcher Projekte nicht zu einer eindeutigen Entscheidung gelangen[53].

5.2.5 Resultierende Legitimation des Multiprojektmanagements

Diesen drei Herausforderungen – die Multiprojektmanagemententscheidungen in Bezug zur Unternehmensstrategie zu setzen, sie transparent zu gestalten, sowie das Projektportfolio standardisiert, konsequent und multidimensional zu überwachen – ließen sich durchaus weitere hinzufügen, wie beispielsweise die Problematik von Auswertung und Weitergabe von Projektwissen und -erfahrung bei komplexen Projekten mit sehr vielen Beteiligten. Dennoch zeigt sich hier bereits der aktuelle und in Zukunft sicher wachsende Bedarf nach einer Integration und Systematisierung des Projektmanagements auf einer höheren Ebene. Nicht zuletzt als eine Maßnahme, die operative Seite enger an die Strategie und die Geschäftsziele anzuschließen, wird ein übergeordneter Methodenbausatz mehr und mehr zum unverzichtbaren Bestandteil moderner Managementsysteme.

---

[53] Hirzel M, Kühn F, Wollmann P (2006) Projektportfoliomanagement – strategisches und operatives Multi-Projektmanagement in der Praxis. Gabler, Wiesbaden

Ein derartiges Multiprojektmanagement – also das ganzheitliche Management zur Steuerung vieler paralleler oder vernetzter Projekte durch entsprechende Organisationsstrukturen, Methoden und Prozesse – ist speziell für die IT-Organisation und ihre CIOs nicht nur in organisatorischer Hinsicht eine Herausforderung. Denn für sie ist Multiprojektmanagement nicht nur in Bezug auf die eigene Organisation relevant: Mit der Erfassung, Aufbereitung und Bereitstellung von Daten und der Auswertung von Informationen wird die IT wiederum quer durch alle Projekte, Programme und Portfolios mit dem Multiprojektmanagement befasst sein.

5.3 Zusammenfassung

- Multiprojektmanagement ist ein Oberbegriff für ein Set an Methoden und organisatorischen Einrichtungen.
- Multiprojektmanagement umfasst Projektmanagement, Programmmanagement und Portfoliomanagement.
- Die steigende Anzahl von IT-Projekten und Projekten mit IT-Einbindung stellt neue Herausforderungen an eine effiziente Projektsteuerung.
- IT-Projekte sind zunehmend vernetzt, was ein Multiprojektmanagement notwendig macht, um der steigenden Komplexität gerecht zu werden.
- Durch die zunehmende Komplexität und Vernetzung vieler Projekte ist ein übergeordnetes Management von Projektrisiken gefordert, um die Gefahr des Scheiterns zu vermindern.
- Die Erfolgsfaktoren für ein Multiprojektmanagement sind Informationsqualität, Allokationsqualität und Reagibilität.
- Aus den Erfolgsfaktoren ergeben sich die Herausforderungen für CIOs bezüglich des Abgleichs von Projekten mit Unternehmensstrategie und IT-Architektur, des Schaffens von Entscheidungstransparenz und der Einrichtung eines standardisierten Controllings.
- Vor allem das Projektportfoliomanagement muss bei der Auswahl und Priorisierung von Projekten den Bezug zur Unternehmensstrategie herstellen.
- CIOs müssen für eine transparente und nachvollziehbare Vor- bzw. Aufbereitung von Entscheidungen sorgen.
- Für größtmögliche Effizienz und Flexibilität ist ein standardisiertes und auf die einzelnen Bestandteile des Multiprojektmanagements angepasstes Controlling notwendig.

6 Entwicklung einer wertorientierten IT-Strategie

In den meisten Unternehmen findet heutzutage eine strategische Planung auf oberster Unternehmensebene statt, die als Gesamtkonzept zusammen mit Mission und Vision den Zielzustand des Unternehmens und den Weg dorthin vorgibt, sowie den praktischen Handlungsrahmen für grundlegende Entscheidungen setzt. Was auf Gesamtunternehmensebene wichtig ist, ist auch für Geschäftseinheiten und Abteilungen wie die IT-Organisation von Relevanz. Gerade die IT und damit der CIO, die einen entscheidenden Wertbeitrag zum Unternehmenserfolg leisten können (vgl. Kap. 1), sind auf Grund des Kostendrucks und des Wertschöpfungsbedarfs gefordert, sich an der Unternehmensstrategie und an wertorientierten Zielen auszurichten. Von daher muss eine strenge Wertorientierung in die Entwicklung einer IT-Strategie einfließen und in der Planung – von der Geschäfts- und IT-Analyse, über die Architekturplanung, bis hin zur Kosten- und Nutzenrechnung und Vorgehensweise – omnipräsent sein.

6.1 IT-Strategie als Handlungsrahmen

Vor dem Hintergrund der vielfältigen Anforderungen an die IT ist die Entwicklung eines Gesamtkonzepts eine wesentliche Aufgabe für den CIO. Ein solches Gesamtkonzept muss Antworten auf die im ersten Teil skizzierten, vielschichtigen Trends geben und kann sich nicht auf die Abarbeitung oder flüchtige Koordination mehr oder minder unabhängig voneinander definierter Einzelmaßnahmen beschränken, deren Prioritäten zudem in erster Linie auf externen Druck fixiert werden. Angesichts der Bedeutung der IT für das Geschäft muss der CIO Treiber und Architekt des Wandels sein, nicht Getriebener. Er muss den Wandel aktiv gestalten, anstatt lediglich dort auf Veränderungen zu reagieren, wo der Druck am höchsten ist. Ein „re-aktives Management" – das nur noch den immer neuen, von außen herangetragenen Anforderungen an die IT hinterherläuft – sollte sich zu einem „pro-aktiven" IT-Management wandeln, das die Kunden und die Geschäftsleitung aus sich heraus und in kontinuierlicher Ausrichtung auf die aktuelle Unternehmensentwicklung unterstützt.

Eine IT-Strategie definiert ein Gesamtkonzept und gibt einen praktischen Handlungsrahmen für den CIO vor. Allerdings gehen die Vorstellungen davon, was genau eine IT-Strategie ist, weit auseinander, was angesichts der großen Bandbreite von Einflussfaktoren und Herausforderungen wiederum wenig überrascht. Häufig dominiert bei der Vorstellung, was eine IT-Strategie beinhalten soll, die Innensicht der IT-Organisation, so dass sich das Augenmerk vor allem auf eher technische Elemente wie Applikationen und Infrastruktur, sowie die Beschaffung von IT-Services und Produkten richtet. Das ist auch verständlich, weil die Leistungen des CIOs bis heute in erster Linie über Kennzahlen wie die Erfüllung von Service Level Agreements (SLAs), IT-Budgets, Projekterfolg und dergleichen gemessen werden.

Dadurch verengt sich jedoch der strategische Fokus und bietet wenig Anreize für die IT-Organisation, den Beitrag zum Unternehmenserfolg auch in unmittelbar für das Geschäft relevanten Größen zu messen, wie beispielsweise die Agilität bei der Umsetzung neuer Geschäftsanforderungen oder die aktive Konzeption und Bereitstellung innovativer Lösungen für Geschäftsprobleme. Eine zeitgemäße und den veränderten Anforderungen gewachsene IT-Strategie muss daher die IT konzeptionell enger an die Geschäftsseite und deren Ziele, Strategien und Prozesse binden; in diesem Zusammenhang fordern etwa Brenner und Witte[54] „einen gemeinsamen Kulturraum mit dem Business [zu] schaffen". Diese Forderung ist heute sowohl auf der Geschäfts- als auch auf der IT-Seite – soweit überhaupt akzeptiert – nach wie vor eher theoretischer Natur.

Entsprechend ist für den CIO die Definition einer konsequent auf die Geschäftsziele ausgerichteten, wertorientierten IT-Strategie von höchster Priorität. Selbstverständlich verlieren dabei die „traditionellen" Elemente der IT-Strategie (also beispielsweise Technologie- und Beschaffungsstrategie) nicht an Bedeutung; sie stehen aber mehr denn je in einem breiten Zusammenhang und müssen sich in der Schaffung von Wert für das Geschäft bewähren. Konkret heißt das beispielsweise, dass eine Architekturstrategie sich nicht nur auf die Reduktion von Komplexität in der IT fokussieren kann, sondern auch auf die Agilität des Unternehmens im Sinne seiner Anpassungsfähigkeit, um somit die schnelle Umsetzung neuer Geschäftsanforderungen und -modelle zu ermöglichen. Ganz offensichtlich erfordert die Definition einer so verstandenen IT-Strategie eine breitere Perspektive und damit auch ein entsprechendes Vorgehensmodell für ihre Definition.

---

[54] Brenner W, Witte C (2007) Erfolgsrezepte für CIOs. Was gute Informationsmanager ausmacht. Hanser Verlag, München

6.2 Grundelemente einer IT-Strategie

6.2.1 Mission und Vision als Grundlagen der IT-Strategie

Strategieentwicklung erfordert immer auch einen klar verstandenen Kontext, auf den sich der längerfristig avisierte Zielzustand bezieht. Dieser Kontext wird durch die Mission (also den Auftrag oder die Aufgabe) eines Unternehmens definiert, der Zielzustand wird in einer Vision definiert. Beide sollten als kurze, klar verständliche und einprägsame Aussagen formuliert werden, die gemeinsam das Leitbild („Mission Statement") – im Sinne eines „realistischen Idealbildes"[55] – einer Organisation formulieren. Mission und Vision liefern also eine prägnante Charakterisierung des Unternehmens und seiner zentralen Charakteristika und Werte.

Sie zeigen gemeinsam das Unternehmensleitbild auf, fokussieren dabei aber auf zwei unterschiedliche Aspekte: Als die Formulierung des Zwecks eines Unternehmens legt die Mission dar, was das Unternehmen als seine übergeordnete Aufgabe ansieht bzw. warum es hier und heute mit seinen Mitarbeitern, Produkten und Services existiert. Die Vision hingegen beschreibt die Richtung, in die sich ein Unternehmen entwickeln will und soll, und welche langfristigen Ziele es anstrebt. Sie entwirft folglich ein Bild der zukünftig angestrebten Zielsituation des Unternehmens. Damit entsteht auch ein Anspruch bzw. Maßstab für das Unternehmen und sein Handeln.

Die Bedeutung einer klaren Mission und Vision für die grundlegende Ausrichtung einer Organisation (wie auch einer Abteilung im Unternehmen, also beispielsweise der IT-Organisation) sollte nicht unterschätzt werden. Durch den Bezug auf einen grundlegenden Zweck und die Ausrichtung auf die Zukunft liefern sie einen Orientierungsrahmen für das Handeln und schaffen damit die Grundlage für die Entwicklung der Strategie mit einer klaren und messbaren Zielsetzung, den daraus abgeleiteten Handlungen, sowie den Faktoren und Kriterien zur Bewertung des Erfolgs. Es empfiehlt sich, bei der Formulierung einer knappen und präzisen IT-Mission und -Vision auch den aktiven Austausch mit den Geschäftsbereichen zu suchen. Eine sehr generische und rein aus der Innensicht der IT-Organisation definierte Mission und Vision läuft leicht Gefahr, als Ansammlung von mehr oder minder selbstverständlichen Allgemeinplätzen faktisch bedeutungslos und konsequenterweise wenig ernst genommen zu werden. Eine wohl definierte Mission und Vision bieten dagegen den folgenden Nutzen:

---

[55] Bleicher K (2004) Das Konzept Integriertes Management: Visionen – Missionen – Programme, (7. Aufl.). Campus, Frankfurt

- Strategische Orientierung auf das Geschäft: Eine grundlegende Wirkung von IT-Mission und -Vision ist, dass sie die bewusste Ausrichtung der IT auf die Unternehmensziele und -strategie forcieren. Das bedeutet insbesondere, dass sie mit der übergeordneten Mission und Vision des Gesamtunternehmens harmonieren und sich auch im Zusammenhang mit diesen weiterentwickeln muss. Wenn beispielsweise aus der Mission des Unternehmens zu entnehmen ist, dass sie sich sehr stark auf unterschiedliche und kurzfristig eingesteuerte Kunden- und Partnerbedürfnisse einstellen muss, kann daraus beispielsweise die Notwendigkeit einer hochgradig agilen IT abgeleitet werden.
- Organisationsentwicklung und Bewertungsmaßstab für die IT: Indem sie als Orientierungsrahmen die Grundlagen für eine objektive Messung der eigenen Leistung schaffen, ermöglichen es IT-Mission und -Vision, die eigene Zielerreichung klar zu beurteilen. Auf diese Weise kann die Entwicklung der IT-Organisation aus sich selbst heraus und im Hinblick auf die eigenen strategischen Anforderungen und Ziele erfolgen und wird nicht nur von externen Faktoren getrieben.
- Orientierung und Identifikation: Ein unmittelbarer Nutzen der Entwicklung von IT-Mission und -Vision sind die Konsensfindung innerhalb der IT und die verbindliche Klärung der Positionen. IT-Mission und -Vision sind Teil eines Leitbildes, das die IT strategisch ausrichtet, die unterschiedlichen Aufgaben und Ansprüche an die IT ausbalanciert und in Abstimmung mit der Unternehmensstrategie priorisiert. Damit geben IT-Mission und -Vision allen IT-Mitarbeitern eine einheitliche Orientierung und unterstützen sie bei der Identifikation sowohl mit der eigenen Organisation, als auch mit den strategischen Zielen des Unternehmens. Zudem schaffen IT-Mission und Vision so eine engere Verbindung von Geschäftsseite und IT-Management. IT-Mission und -Vision bilden ein Leitsystem, an dem sich alles Handeln orientieren kann – und an dem sich – wenn es gelebt wird – auch alle Mitarbeiter orientieren.
- Selbstreflexion: Auch wenn IT-Mission und -Vision im Tagesgeschäft für den Einzelnen nur wenig präsent scheinen, so liefern sie doch stets die Möglichkeit, Aufgaben jenseits ihrer augenblicklichen Dringlichkeit nach strategischer Relevanz zu priorisieren. Dies beinhaltet auch, dass die Frage nach der aktuellen Problemlösung („Wie machen wir etwas richtig?") grundsätzlich in Richtung Problemstellung („Tun wir die richtigen Dinge?") hinterfragt werden kann.

Insbesondere vor dem Hintergrund der geforderten Neuausrichtung und der sich wandelnden Rolle des CIO ist die Entwicklung einer IT-Mission und -Vision für die IT-Organisation eine dringliche Aufgabe. Dabei sind IT-Mission und -Vision nicht nur die Grundlage, um die IT in ihrer neuen Rolle zu definieren und damit auch allen IT-Mitarbeitern das Selbstbewusstsein zu geben, ihre Aufgaben als Partner der Geschäftsseite erfolgreich zu erfüllen. Als konzentrierte Formulierungen der wesentlichen Aufgaben und Ziele der IT bilden Mission und Vision auch den Ausgangspunkt, an dem die Entwicklung einer an der Unternehmensstrategie und damit an den zentralen Bedürfnissen der Geschäftsseite orientierten IT-Strategie ansetzen kann.

6.2.2 Das Kreislaufmodell der IT-Strategie

Basierend auf der Mission und Vision lassen sich wesentliche Elemente einer IT-Strategie definieren. Eine IT-Strategie sollte auf einen längerfristigen Planungshorizont ausgerichtet sein, dennoch bedarf sie permanenter Prüfung und Anpassung an neue Gegebenheiten (rollierende Planung), die sich aus der stetigen Weiterentwicklung des Geschäfts ergeben. Diese Vorstellung wird im Kreislaufmodell der IT-Strategie deutlich, nach dem einerseits Geschäftsstrategien die IT treiben, andererseits aber die IT die treibende Kraft ist, die diese Geschäftsstrategien erst ermöglicht. Innerhalb dieses Kreislaufmodells muss eine IT-Strategie drei zentrale Dimensionen beschreiben, die auch in Abb. 6.1 dargestellt sind: die Ausrichtung der IT auf das Geschäft („Alignment"), die erforderlichen Investitionen in Assets und Ressourcen, und ihr Verwendungszusammenhang im Sinne der Ermöglichung der Geschäftsstrategien („Enablement").

Eine klare Vorstellung, wie die IT auf das Unternehmen und seine Geschäftsstrategie ausgerichtet wird – d. h. „Alignment" – ist eine zentrale Dimension für eine Priorisierung der IT-Aktivitäten und insbesondere der entsprechenden Investitionen. Typischerweise werden dabei aus der Unternehmensstrategie grundlegende Leitlinien und Prinzipien für die IT

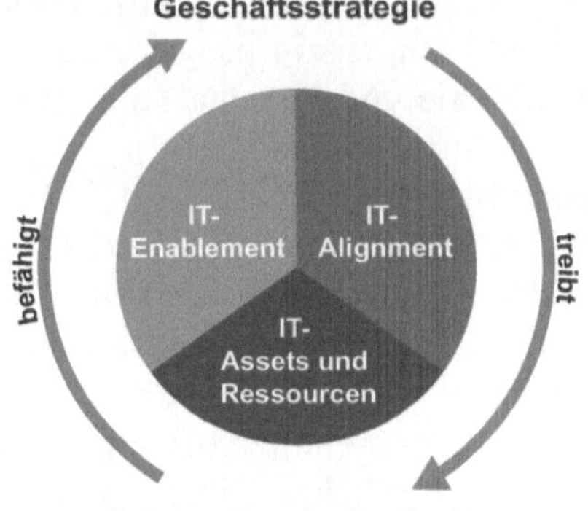

Abb. 6.1 Ableitung von IT-Prinzipien

abgeleitet, die dann in konkreten Entscheidungssituationen Anwendung finden können. Beispielsweise sollten derartige Leitlinien Aussagen hinsichtlich des Verhältnisses von Eigenentwicklung zu Fremdbezug von Technologien geben. Diese können sich etwa aus der Bedeutung der Technologie als ein Differenzierungsmerkmal für spezifische Prozesse, Produkte und Dienstleistungen ergeben. Hierbei ist es besonders wichtig zu verstehen, welche funktionalen und technischen IT-Imperative sich aus der Unternehmensstrategie ergeben. Ein Beispiel ist bei einer anorganischen Wachstumsstrategie, die IT-Fähigkeit neu akquirierter Geschäftseinheiten schnell zu integrieren.

Des Weiteren sollte auch definiert werden, ob sich eine Organisation vorwiegend eigener Ressourcen bedient („In-House"), oder auf Outsourcing Partner zurückgreift, die unternehmensnah („Nearshoring") oder fern („Offshoring") Ressourcen und/oder Dienstleistungen bereitstellen. Viele Unternehmen definieren auch, ob sie sich eines Bündels von Hardware- und Softwareprodukten bedienen, die jeweils die optimale Lösung eines konkreten Einsatzproblems darstellen („Best-of-Breed"), oder ob man sich im Sinne einer unternehmensweiten Optimierung eher auf wenige Standardprodukte beschränkt („Best-of-Suite"), d. h. einen hohen Standardisierungsgrad verfolgt. Entscheidend ist, dass die Leitlinien konsequent aus dem Kontext des Geschäfts heraus abgeleitet und dabei auch mit den Geschäftsbereichen und Fachabteilungen abgestimmt werden, weil sie Erwartungen, die an die IT gelegt werden, wesentlich determinieren.

Aus dem „Alignment" ergeben sich dann als weitere zentrale Dimension konkrete Vorgaben für Investitionen in Technologien und Ressourcen. Im Kern ist das Ziel hier, deren Einsatz so zu planen und zu gestalten, dass die Geschäftsziele optimal erreicht werden. Praktisch wird damit der Rahmen für eine systematische und langfristig ausgerichtete Entwicklung von IT-Ressourcen (d. h. Technologie und Personal) abgesteckt. Dieser kann dann über ein systematisches Portfoliomanagement, sowie durch Personalentwicklungsmaßnahmen umgesetzt werden.

Die dritte und letzte zentrale Dimension bezieht sich auf den Verwendungszusammenhang der IT im Sinne der Umsetzung – bzw. „Enablement" – von Geschäftsstrategien. Hier sind speziell der technologische Fortschritt und neu entstehende Möglichkeiten von Bedeutung. Die IT wirkt hier faktisch auf die Unternehmensstrategie zurück, in dem sie technologische Neuerungen im Hinblick auf ihre Auswirkungen auf die Unternehmensstrategie und die Erschließung neuer Geschäftsmöglichkeiten evaluiert und konkrete Vorschläge für das Geschäft ausarbeitet (IT Enablement). Durch eine Rückkoppelung mit der Unternehmensstrategie trägt die IT mit dazu bei, dass der technische Fortschritt für das Unternehmen zur Bewahrung und Verbesserung der Wettbewerbsfähigkeit, sowie zur Steigerung der Wertschöpfung genutzt wird: Dadurch können Unternehmen auf die Zukunft ausgerichtet werden. Mit dem Schließen des strategischen Zirkels werden die IT und der CIO tatsächlich zum strategischen Partner der Geschäftseinheiten.

6.2.3 Wertorientierung der IT-Strategie

In der Theorie ist das Wertpotenzial der IT längst anerkannt worden, wenngleich diese Vorstellung in der Praxis noch nicht überall geteilt wird. So sieht etwa Venkatraman[56] die IT als „Value Center", das ein Unternehmen zu besseren und auch neuen Leistungen befähigen kann. Auch im oben eingeführten Kreislaufmodell ist diese Vorstellung implizit durch den gegenseitigen Rückkoppelungsmechanismus zwischen Geschäft und IT verankert, jedoch auf einem reichlich abstrakten Niveau, aus dem sich so noch keine weiteren Handlungsempfehlungen ableiten lassen. Das Wertpotenzial der IT lässt sich greifbarer entlang der drei in Abb. 6.2 dargestellten Stufen darstellen, wobei sowohl der Schwierigkeitsgrad der Realisierung als auch der zu erwartende Wertbeitrag ansteigt, je mehr sich die entsprechenden Initiativen auf das Geschäftsumfeld auswirken und je mehr man versucht, den heutigen Wertbeitrag zu steigern.

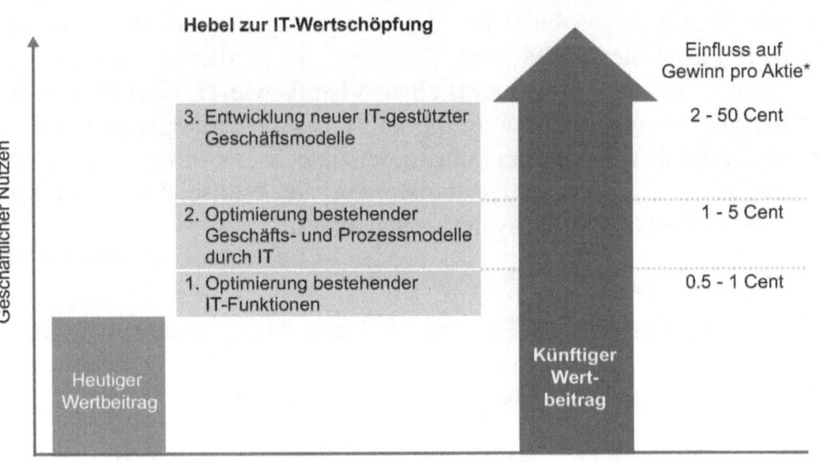

Abb. 6.2 Stufen zur Steigerung des IT-Wertpotenzials

---

[56] Venkatraman N (1997) Beyond outsourcing: managing IT as a value center. In: Sloan Management Review, 38(3), p 51–64

Die Optimierung der bestehenden IT-Funktion durch Änderungen in der Technologiebasis (beispielsweise Virtualisierung der Infrastruktur) bzw. des IT-Organisationsmodells (beispielsweise „Outsourcing") fällt in den Aufgabenbereich der IT-Organisation. Dies reduziert die IT-Kosten und trägt durch eine höhere Reaktionsfähigkeit zur Schaffung von Werten bei, die sich konkret im Geschäftsergebnis niederschlagen. Auf einer zweiten Stufe ist die Realisierung von Wertpotenzialen durch die Optimierung der bestehenden Geschäftsprozesse möglich. Beispielsweise kann aufgrund der schnelleren Verfügbarkeit und Auswertung präziserer und fokussierter Daten eine gezielte Bearbeitung der Märkte des Unternehmens und damit eine nachhaltige Stärkung des Geschäftsergebnisses möglich werden – was sich allerdings erst durch die entsprechende Anpassung der markt- und kundenorientierten Prozesse erschließen lässt, und beispielsweise nicht durch ein hochentwickeltes Data Warehouse.

Schließlich besteht auf der dritten Stufe ein erhebliches Wertpotenzial in der potenziellen Schaffung gänzlich neuer, IT-getriebener Geschäftsmodelle. Die historischen Paradebeispiele von Internetunternehmen sind altbekannt und müssen hier nicht mehr wiederholt werden; für die Zukunft bestehen zumindest schon hohe Erwartungshaltungen an die nächste Generation von Internetunternehmen („Web 2.0"). Empirische Forschungen haben den langfristigen Vorteil bestätigt, den Unternehmen mit einer auf Wertschöpfung ausgerichteten IT gegenüber Wettbewerbern haben[57]. In gewisser Weise lässt sich daher die Steigerung des Wertbeitrags der IT selbst als ein strategisches Ziel verstehen. So plädieren etwa Broadbent und Kitzis[58] für die Entwicklung einer Vision, wie IT Geschäftseinheiten verbessern, oder gar revolutionieren kann. Die IT-Strategie darf sich nicht nur auf IT-interne Kostensenkungspotenziale fokussieren, sondern sollte eine umfassendere Perspektive annehmen, die Wertschöpfungspotenziale mit den Geschäftseinheiten systematisch angeht.

6.3 Vorgehensweise der IT-Strategieentwicklung

6.3.1 Strategie und langfristige Planung

Die Definition einer IT-Mission und zugehörigen Vision stellt einen wichtigen Ausgangspunkt dar, der aber ohne entsprechende weitere Aktivitäten zur Realisierung bedeutungslos ist. Die Schritte zur Umsetzung einer Vision in strategisch relevante Maßnahmen unterscheiden sich allerdings

---

[57] Holtschke B, Pfeifer A (2003) Unternehmenserfolg durch IT. München
[58] Broadbent M, Kitzis ES (2005) The new CIO leader: setting the agenda and delivering results. Harvard Business School Press, Boston

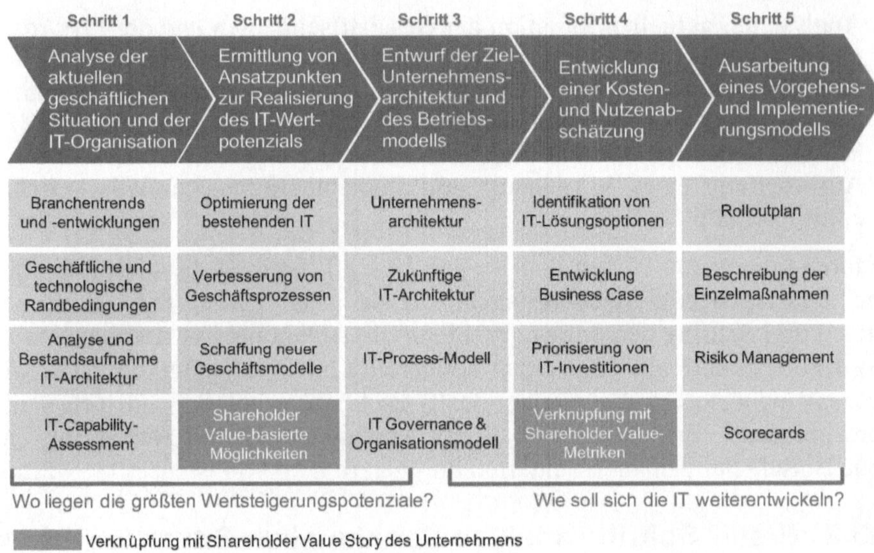

Abb. 6.3 Phasenplan für IT-Strategieentwicklung

grundsätzlich von der üblichen Jahresplanung. Im Unterschied zu konkreten, innerhalb einer Planungsperiode ablaufenden Initiativen haben die zur Umsetzung einer Strategie anstehenden Themen und Projekte mittel- bis langfristigen Charakter (d. h. einen zwei bis vierjährigen Planungshorizont) und sind dadurch nicht nur mit höherer Planungsunsicherheit belegt, sondern insbesondere auch noch nicht so konkret ausformuliert, dass sie in eine Feinplanung eingestellt und eng mit anderen parallel laufenden Initiativen abgestimmt werden könnten.

Dazu kommt, dass es für derartige Initiativen meist noch keine detaillierte Anforderungsdefinition aus dem Geschäft gibt, und die notwendigen Diskussionen mit den Fachbereichen daher zum Teil eher abstrakter und unverbindlicher Natur sind. Auch das Umfeld des Unternehmens ändert sich häufig im o.a. Zeitraum von zwei bis vier Jahren, so dass eine permanente Anpassung an neue Fakten und Einschätzungen unerlässlich ist. Natürlich sollte sich im Zuge dieser Anpassung die IT-Strategie nicht jedes Mal von Grund auf verändern, denn dann wäre zu hinterfragen, ob die definierte Strategie auf dem richtigen organisatorischen Fundament aufbaut und auf belastbaren Voraussetzungen basiert. Damit stellt sich aber die Frage nach einem Vorgehensmodell, mit dem sich eine solide IT-Strategie entwickeln und umsetzen lässt. Dies wird im Folgenden in einem praktischen Ansatz skizziert. Besondere Berücksichtigung findet dabei das IT-Wertpotenzial – daher auch die Bezeichnung wertorientierte IT-Strategie. Die in Abb. 6.3 dargestellten Schritte zu ihrer Entwicklung sind:

1. Analyse der aktuellen Situation der Geschäftseinheiten und der IT-Organisation;
2. Ermittlung von Ansatzpunkten zur Realisierung des IT-Wertpotenzials;
3. Entwurf der Ziel-Unternehmensarchitektur und des Betriebsmodells;
4. Entwicklung einer Kosten- und Nutzenabschätzung;
5. Ausarbeitung eines Vorgehens- und Implementierungsmodells – bzw. eines Rolloutplans.

Während die ersten beiden Schritte im Wesentlichen auf die Identifikation und Analyse der Wertschöpfungspotenziale ausgerichtet sind, legen die letzten drei Schritte den Schwerpunkt auf die Ableitung von Aussagen, wie diese Potenziale realisiert werden können. Es bleibt anzumerken, dass der Prozess nicht notwendigerweise idealtypisch linear abläuft und insbesondere aufgrund der Notwendigkeit der Aktualisierung und Anpassung an neue Entwicklungen auch Schleifen durchläuft.

6.3.2 Erster Schritt: Analyse der aktuellen Situation der Geschäftseinheiten und der IT-Organisation

Ausgangspunkt der IT-Strategiedefinition sollte eine klare Analyse der aktuellen Situation des Unternehmens sein, und zwar nicht nur im Hinblick auf die IT, sondern insbesondere auch im Hinblick auf den Kontext des Geschäfts und des Marktumfelds. Der Blick auf Geschäft und Marktumfeld mag auf den ersten Blick überraschen, da diese Bereiche eher in der allgemeinen Strategiedefinition und damit im Bereich der Unternehmensentwicklung zu erwarten wären. Das Ziel ist hier aber nicht, eine allgemeine Unternehmensstrategie zu entwerfen oder neu zu definieren, sondern IT-Imperative des Unternehmens (beispielsweise eine enge Integration mit Geschäftspartnern in der Produktentwicklung), bzw. des Marktes (beispielsweise Verschiebung von Produkt- zu Servicegeschäft) zu verstehen und in die Strategiedefinition für die IT-Organisation einzuarbeiten.

Zwei Ansatzpunkte für die IT-Strategie gilt es in diesem Schritt herauszuarbeiten: Zum einen die wichtigsten Quellen der Wertschöpfung im Unternehmen, zum anderen das Leistungsvermögen der IT im Hinblick auf die Unterstützung von Kernkompetenzen über die sich die Wertschöpfung vollzieht. Dadurch wird einerseits der Fokus auf die relevanten Geschäftsaktivitäten gelenkt und andererseits der Beitrag der IT zur Unterstützung dieser Geschäftsaktivitäten evaluiert. Die Untersuchung der Wertschöpfung im Unternehmen dient in der Entwicklung einer wertorientierten IT-Strategie vor allem der Beantwortung der Frage, an welcher Stelle und an welchen Hebeln die IT ansetzen soll, um den Wertbeitrag zu maximieren. Wie bereits in Kap. 1 angeführt, erfreut sich das IT-Benchmarking seit längerem steigender Beliebtheit. Es kann ein wichtiger Ansatzpunkt sein, um das Leistungsvermögen der IT anhand von Vergleichdaten zu überprüfen, CIOs sollten aber nicht den Fehler begehen, sich mit Hilfe eines monetären Benchmarks auf eine Kostenoptimierung zu reduzieren.

Erste Anhaltspunkte dazu lassen sich aus dem Wertprofil eines Unternehmens ableiten. Ein anlagenintensives Geschäft unterscheidet sich in seiner Wertschöpfungscharakteristik sehr stark von einem wissensintensiven Geschäft. Wo physische Anlagen – insbesondere Produktionsstätten und die damit verbundenen Prozesse und Fähigkeiten (beispielsweise in der Schwerindustrie, Auftragsfertigung, Transportwesen) zum Einsatz kommen – ist es in der Regel die Expertise in der Beherrschung der physischen Prozesse, in der sich die Wertschöpfung abspielt. Beispiele sind Fertigungsflexibilität, spezifisches Prozesswissen und eine Beherrschung der Logistikkette. Dagegen sind es in wissensintensiven Industrien (beispielsweise Medien, Pharma, Software) eher die kreativen Prozesse und partnerschaftliche Netzwerke, in denen sich die Wertschöpfung vollzieht.

Eine tiefer gehende Ermittlung der Werthebel kann über den formalisierten Weg der Analyse von Unternehmenskennzahlen beschritten werden. Eine umfassende Darstellung dieses Verfahrens würde hier zu weit führen. Knapp zusammengefasst lässt sich aber sagen, dass hier betriebswirtschaftliche Kennzahlen ausgewertet sowie Schwachstellen und potenzielle Strategien zur Behebung identifiziert und priorisiert werden. Beispielsweise lassen sich aus Größen wie Kostenstrukturen, Lagerbeständen und Umschlaghäufigkeiten Hinweise auf Probleme in bestimmten Bereichen ableiten und diese dann einer Lösung zuführen. Es ist generell zu beachten, dass die IT hier nicht als ein Allheilmittel gesehen werden sollte, mit dem die Lösung organisatorischer Probleme versucht wird, sondern immer nur als ein Mittel zum Zweck, das die organisatorische Problemlösung durch die Verarbeitung und Bereitstellung der richtigen Informationen unterstützt, oder überhaupt erst ermöglicht.

Die Beurteilung des IT-Leistungsvermögens im Hinblick auf die Unterstützung von relevanten (d. h. wertsteigernden) Kernkompetenzen zeigt auf, inwieweit die IT-Organisation das Wertschöpfungspotenzial realisiert hat und an welchen Stellen Ansatzpunkte zur Optimierung bestehen. Dies erfordert zunächst eine Grundvorstellung darüber, wie die optimale Unterstützung in den jeweiligen Themengebieten aussehen sollte („Best Practice"). Diese Grundvorstellung kann durch die Analyse vergleichbarer Ansätze erfolgreicher Unternehmen und aus der Literatur ermittelt werden. Als Bewertungsmaßstab reicht dabei eine einfache qualitative Skalierung (beispielsweise in den Abstufungen „nicht vorhanden", „elementar", „effizient", „führend", „weltklasse") aus; der Aufbau komplexer Scoringmodelle bringt dagegen kaum noch weitere Erkenntnisse. Im Anschluss an die Analyse von Geschäft und IT sollten als wichtigste Ergebnisse des ersten Strategieentwicklungsschrittes vorliegen:

- Eine klare Analyse der Wertpotenziale des Unternehmens in ihrem spezifischen Geschäfts- und Marktumfeld;
- Eine klare Analyse des Leistungsvermögens der IT im Hinblick auf die Unterstützung von Kernkompetenzen, über die sich diese Wertschöpfung vollzieht.

6.3.3 Zweiter Schritt: Ermittlung von Ansatzpunkten zur Realisierung des IT-Wertpotenzials

Ziel des zweiten Schritts ist die Ermittlung von konkreten Ansatzpunkten und Aktivitäten zur Erschließung der im ersten Schritt identifizierten Wertschöpfungspotenziale. Dabei ist über die Realisierung von „Best Practices" hinaus insbesondere die Rolle technologischer Innovation von erheblicher Bedeutung, weil sie dem Unternehmen das Potenzial bieten, mit Hilfe der IT eine Spitzenstellung zu erreichen. Die Ansatzpunkte, die von derartigen Innovationen ausgehen, lassen sich in die Optimierung der bestehenden IT, die Optimierung gelebter Geschäftsprozesse und -modelle, sowie die Schaffung neuer Geschäftsmodelle und Möglichkeiten untergliedern. Abbildung 6.4 zeigt beispielhaft, wie der IT-Wertbeitrag an sechs Ansatzpunkten gesteigert werden kann.

Durch die Optimierung der bestehenden IT kann der Wertbeitrag in Maßen gesteigert werden. Klassische Beispiele sind etwa das „Nearshoring" und „Offshoring" von Applikationsentwicklungen, um die Prozesskosten zu senken. Ein in den letzten Jahren immer stärker diskutiertes Beispiel ist der Trend hin zu „Software-as-a-Service" (SaaS), bzw. inzwischen auch

IT-gestützte Geschäftsaktivitäten		Kernfragen
SS	Self-Service	Wie kann durch Einsatz von Customer-Self-Service Technologien Kostensenkung im Servicebetrieb erreicht werden? (z.B. eCRM)
PA	Prozessautomation und Integration	Wie können durch Einsatz von neuen Technologien manuelle Prozesse im Betrieb automatisiert und damit Kostensenkung erzielt werden?
ES	Skaleneffekte	Wie können Firmen ihre IT-Kosten durch Konsolidierung der Systemlandschaft und Schaffung von Shared-Infrastructure senken? (z.B. vereinheitlichte Rechnungsstellung)
CI	Auswertung von Kundeninformationen	Wie können Vertriebsergebnisse, Servicekosten und Management der Firma durch bessere Datenanalyse optimiert werden? (z.B. 360 Grad-Kundenperspektive)
LO	Standort-Optimierung	Wie können Abwicklungs- und Wartungsaufgaben nach Offshore verlagert werden, um dadurch Kostensenkungseffekte zu erzielen?
KM	Wissensmanagement	Wie kann durch den Einsatz von Wissensmanagement-Technologien die Produktivität der Mitarbeiter erhöht und Schulungskosten gesenkt werden?

Abb. 6.4 Beispielhafte Ansatzpunkte zur Steigerung des IT-Wertpotenzials

„Platform-as-a-Service" (PaaS). Unternehmen können die Integrations-
und Wartungskosten für Software senken, indem sie als Dienstleistung
bezogen und nicht als Eigentum erworben wird. Der Ansatz, durch neue
Technologien die bestehende IT zu optimieren, wird bei vielen Unternehmen forciert, was einerseits daran liegen dürfte, dass er innerhalb der IT-
Organisation umgesetzt werden kann und damit nur unwesentlich zu Ab-
stimmungsproblemen mit den Geschäftseinheiten führt, andererseits aber
auch darin begründet ist, dass sich dieser Ansatz auf relativ sicherem Terrain bewegt. Wo neue Technologien auf bekanntes Geschäft treffen ist der
Nutzen prinzipiell gut abschätzbar und die Risiken gut steuerbar.

Allerdings ist das Wertschöpfungspotenzial damit auch eher beschränkt,
da die Bemühungen hier meist auf die Effizienzsteigerung von IT-Prozessen bzw. die Steigerung der IT-Performance beschränkt bleiben, ohne dass
dabei weitergehende Möglichkeiten in Betracht gezogen werden. Wesentlich weiter als die interne Optimierung der IT-Organisation gehen Ansätze,
die auf die Optimierung der Geschäftsprozesse und -modelle durch die IT
fokussieren. Beispiele hierfür sind etwa die in den letzten Jahren umfassend diskutierte Verbesserung von Logistik- und Distributionsprozessen
durch den Einsatz von RFID Tags (d. h. Etiketten, die eine eindeutige Identifikation einzelner Objekte, sowie die Speicherung von Daten auf diesen
Etiketten durch Funktechnik und damit ohne physischen Kontakt erlauben). Ein weiteres, derzeit viel diskutiertes Beispiel ist die in Kap. 3 und 8
behandelte SOA.

Die Optimierung von Geschäftsprozessen ist weitaus schwieriger umzusetzen als die oben genannte Optimierung von IT-Prozessen, nicht nur weil
sie in der Umsetzung eine sehr enge Abstimmung mit den Geschäft erfordert (deren Prozesse verändert werden), sondern insbesondere auch, weil
die Beurteilung der Relevanz einer neuen Technologie für das Geschäft ein
Verständnis des Unternehmenskontexts erfordert. Für den CIO bedeutet
dies einmal mehr, dass er nicht nur technisch, sondern auch geschäftlich
sachkundig sein und zudem ein Maß an Diplomatie mitbringen muss, um
von den Fachabteilungen als gleichberechtigter und hilfreicher Gesprächs-
partner bei der Gestaltung von Geschäftsprozessen akzeptiert zu werden.

Das größte Potenzial zur Steigerung des Wertbeitrags liegt in der Schaffung neuer Geschäftsmodelle. Die klassischen Beispiele dafür sind die
frühen Interneterfolge; IT-basierte Geschäftsmodelle haben Unternehmen
wie Amazon, Ebay und Google in außerordentlich kurzer Zeit bis in die
vordersten Ränge der Weltkonzerne katapultiert. Eine ganze Reihe neuer
Unternehmen positionieren sich im Rahmen der Euphorie, die das Web 2.0
umgibt, allerdings ist es derzeit noch zu früh, die langfristigen Erfolgsaussichten dieser Unternehmen zu beurteilen. Tatsächlich bauen aber auch
viele etablierte Unternehmen – die nicht primär dem Internet zuzuordnen

sind – neue Geschäftsmodelle auf, etwa indem sie sich aus dem klassischen Produktgeschäft zunehmend in das Dienstleistungsgeschäft bewegen und dabei gänzlich neue Strukturen brauchen, die zu einem erheblichen Teil durch IT ermöglicht werden.

Neue, IT-basierte Geschäftsmodelle zu definieren und deren Aufbau anzutreiben ist in jedweder Hinsicht eine schwierige Herausforderung – die Risiken sind hoch, ebenso wie auch der erforderliche Einsatz, um das Geschäft aufzubauen und im Markt zu etablieren. Für den CIO erweitert sich das Aufgabenfeld hier auch erheblich vom Technologie- zum Innovationsmanagement. Eine regelmäßige Beobachtung von Technologietrends – beispielsweise mittels des in Kap. 3 dargestellten Technologie-Radars – hilft, um aus der Fülle technischer Neuerungen die relevanten herausfiltern zu können. Es gilt, eine Vielzahl von potenziellen technischen Innovationen zu beobachten, diese in Hinblick auf ihre Möglichkeiten und Grenzen zu beurteilen, sowie den richtigen Einsatzzeitpunkt zu finden.

Es sind außerdem organisatorische Kompetenzen erforderlich, beispielsweise im Hinblick auf die Gestaltung vollständig neuer Geschäftsprozesse mit gänzlich neuem Anforderungsprofil, die Implementierung neuer Technologien, sowie die Unterstützung neuer Nutzergruppen, die bislang noch nicht von der IT-Organisation versorgt wurden. Accentures IT Commoditization Modell – das bereits im zweiten Kapitel erläutert wurde – bietet eine gute Hilfestellung, den IT-Kernbereich oder sogenannte „Core Capabilities" zu identifizieren, in dem die Ansatzpunkte zur Realisierung strategischer Initiativen liegen sollte. In diesem erfolgskritischen Kernbereich ist häufig eine möglichst nah an den spezifischen Anforderungen ausgerichtete IT eine bessere Lösung als der Einsatz von Standardlösungen, oder IT „Commodities". Im Anschluss an diese Betrachtung der Ansatzpunkte zur Realisierung des IT-Wertpotenzials sollten als wichtigste Ergebnisse vorliegen:

- Eine Beschreibung der identifizierten Ansatzpunkte zur Wertsteigerung und Abschätzung ihres Potenzials;
- Eine Beschreibung und Priorisierung potenzieller Initiativen zur Umsetzung der identifizierten Ansatzpunkte.

6.3.4 Dritter Schritt: Entwurf der Ziel-Unternehmensarchitektur und des Betriebsmodells

Im dritten Schritt muss die Ziel-Unternehmensarchitektur, sowie das zugehörige Betriebsmodell definiert werden, wie sie im Rahmen der Umsetzung der im zweiten Schritt identifizierten Initiativen entstehen soll. Von erheblicher Bedeutung ist dabei, dass die Konsistenz der bestehenden Unternehmensarchitektur nicht beeinträchtigt wird, bzw. diese gezielt weiterentwickelt wird (falls eine derartige Architekturdefinition schon existiert und nicht erst als eine der identifizierten Initiativen zur Umsetzung geplant ist). Neue Technologien in bestehende Architekturen zu integrieren kann eine nicht zu unterschätzende Herausforderung bedeuten, da sie nicht notwendigerweise auf definierten und etablierten Standards beruhen, potenziell mit grundlegenden Architekturphilosophien des Unternehmens inkompatibel sind und je nach Reifegrad noch in erheblicher Bewegung sein und häufige Nachbesserungen erfordern können.

Wenn Technologien zudem Querschnittscharakter haben, wie das beispielsweise bei SOA der Fall ist, sind die Auswirkungen auf die Unternehmensarchitektur äußerst umfassend und lassen sich nur über mehrere definierte Zwischenschritte erreichen, für die im Vorgehensmodell und Rolloutplan ein entsprechender Migrationsansatz gefunden werden muss. Die Definition der Unternehmensarchitektur wäre ohne eine entsprechende Beschreibung des Betriebsmodells unvollständig. Hier sind die IT-Organisation und das darunter liegende Prozessmodel, sowie Teilbereiche der IT Governance zu definieren.

Während IT-Organisation und Prozessmodell weitestgehend innerhalb der IT-Organisation definiert werden können (dabei aber der Fokus auf die effektive und effiziente Bereitstellung von Services für die Organisation nicht verloren gehen sollte) erfordert die Realisierung einer funktionierenden IT Governance die enge Abstimmung mit den Geschäftsverantwortlichen. Wie in Kap. 11 dargestellt, ist IT Governance ohne den Einbezug von Anspruchsgruppen außerhalb der IT-Organisation nicht denkbar, bzw. sondern sollte vielmehr als IT-Management bezeichnet werden. Im Anschluss an den Entwurf der Ziel-Unternehmensarchitektur und des Betriebsmodells sollte als wichtigste Ergebnisse vorliegen:

- Ein Entwurf der zukünftigen IT-Architektur, gegebenenfalls in mehrere Migrationsschritte aufgeteilt;
- Ein IT-Betriebsmodell, welches Prozessmodell, architekturbezogene IT-Governancebereiche und Organisationsmodell enthält.

6.3.5 Vierter Schritt: Entwicklung einer Kosten- und Nutzenabschätzung

Eine erste Abschätzung des Nutzenpotenzials strategischer Initiativen wird bereits im zweiten Schritt geleistet. Auf die Ausarbeitung einer umfassenderen Kosten- und Nutzenabschätzung kann dennoch nicht verzichtet werden, schon allein deshalb, weil die einzustellenden Budgets genauer beziffert werden müssen und Entscheidungsvorlagen zur Begründung von Investitionen eine klare und zumindest teilweise quantifizierbare Aussage über die zu erwartenden Nutzenpotenziale bieten müssen. Zudem hat eine detaillierte Kosten- und Nutzenabschätzung den Vorteil, dass die getroffenen Annahmen expliziert werden und damit während und nach der Umsetzung kritisch hinterfragt werden können. Nicht um im Falle einer Fehleinschätzung Schuldige zu finden, sondern vielmehr um eine permanente Projektsteuerung und frühe Reaktion auf Probleme zu ermöglichen, Lehren für künftige Kosten- und Nutzenanschätzungen zu ziehen und Fehleinschätzungen zu minimieren.

Im Sinne einer „Total Cost of Ownership" (TCO)-Betrachtung strategischer Initiativen sollten Projekt- und Betriebskosten gesamthaft erfasst werden. Als Projektkosten fallen üblicherweise Planungs-, Hardware- und Softwarekosten, sowie Implementierungsaufwände an. Als Betriebskosten sollten insbesondere Personalkosten für Betrieb und Wartung, Prozesskosten, Ausgaben für Gebäude und Infrastruktur, sowie Abschreibungen mit einbezogen werden. Die Nutzenpotenziale erschließen sich analog zu den Innovationstypen, die bereits im zweiten Schritt dargestellt wurden: interne Optimierung der IT, Optimierung von Geschäftsprozessen, Schaffung eines neuen Geschäftsmodells. Bei den ersten beiden Innovationstypen besteht der Nutzen meist in einer Reduktion von Personal-, Hardware- und Softwarekosten, d. h. in einer Effizienzsteigerung. Nur beim letzten Innovationstyp kann es auch zu einer Umsatzausweitung, d. h. einer Effektivitätssteigerung kommen.

Besonders die drei in Kap. 1 erläuterten Werthebel der IT sollten eine genaue Betrachtung erfahren: Effizienz beim Kapitaleinsatz, Effizienz im Betrieb und Effektivität. Durch die richtige Auswahl strategischer Initiativen können Kapitelkosten gesenkt – bzw. die Kapitalproduktivität erhöht werden – und operative kosten in der IP Organisation und auftraggebenden Geschäftseinheiten gesenkt werden. Der letzte und dritte Innovationstyp sollte jedoch auf Effektivitätssteigerungen abzielen, d. h. das unternehmerische Reaktionsvermögen verbessern und die Erlösposition steigern. In diesem Schritt bestehen erhebliche Interdependenzen mit dem in Kap. 5 erläuterten Projektportfoliomanagement. Neben der Kosten- und Nutzenbetrachtung sollte der Bezug zur Unternehmensstrategie und Zielarchitektur in die Auswahl einfließen, d. h. die Ressourcenverteilung auf die Projekte und deren Priorisierung muss die strategische Ausrichtung des Unternehmens widerspiegeln. Im Anschluss an die Kosten- und Nutzenabschätzung sollten als wichtigste Ergebnisse des vierten Schritts vorliegen:

- Eine Kosten- und Nutzenabschätzung für die Initiativen mit hoher Priorität;
- Ein Überblick über erforderliche Budgets per Initiative, aufgeteilt in die einmaligen Projektkosten und die fortlaufenden Betriebskosten;
- Eine priorisierte Projektlandschaft, oder Projektportfolio.

6.3.6 Schritt 5: Ausarbeitung eines Vorgehens- und Implementierungsmodells

Im letzten Schritt der Strategieentwicklung wird ein Vorgehens- und Implementierungsmodell erstellt. Die Schwierigkeit liegt an dieser Stelle insbesondere darin, dass geplante Aktivitäten auf eine Unternehmensarchitektur abgestimmt werden müssen, die in dem gewünschten Detailgrad häufig (noch) nicht verfügbar sind. Speziell wenn bereits parallele Projekte zur Rationalisierung der Architektur laufen, sind neue Initiativen häufig schwer in dieses bewegliche Ziel einzuarbeiten und führen entsprechend leicht zu Konflikten. Im Übrigen müssen hier auch Kompromisse gefunden werden, was die Verteilung knapper Ressourcen (Budgets und Mitarbeiter) anbelangt.

Im Einzelnen sollte der Rolloutplan eine detaillierte Beschreibung der einzelnen interdependenten strategischen Initiativen beinhalten, sowie deren zeitlichen Ablauf. Die IT-Organisation sollte prüfen, ob genügend interne Ressourcen (Mitarbeiter und Budgets) vorhanden sind und ob ggf. zusätzliche externe Ressourcen eingesetzt werden sollen. Im Zweifelsfall müssen weitere Budgets beantragt werden – oder an andere Geschäftseinheiten weiter verrechnet werden. Detaillierte Metriken zur Verfolgung der im vierten Schritt bestimmten Kosten, Nutzen und Projektrisiken sind unabdingbar erforderlich. Es ist empfehlenswert, so genannte Scorecards mit den Projektsponsoren und -auftraggebern abzustimmen, und diese im Sinne einer TCO-Betrachtung über einen zwei- bis vierjährigen Implementierungszeitraum zu verfolgen. Im Anschluss an die Ausarbeitung eines Vorgehens- und Implementierungsplans sollten als wichtigste Ergebnisse des fünften und letzten Schritts der Strategieentwicklung vorliegen:

- Ein Entwurf des Implementierungsmodells, das einen Rolloutplan für die zu schaffenden IT-Fähigkeiten mit Zeit- und Ressourcenbedarf beinhaltet.

6.4 Zusammenfassung

- Als Treiber und Architekt des Wandels gehört es zur wesentlichen Aufgabe des CIOs, eine wertorientierte Strategie für die IT zu entwickeln und diese an die Anforderungen der Geschäftseinheiten zu binden.
- Mission und Vision beschreiben den aktuellen Kontext und Zielzustand eines Unternehmens; sie liefern damit einen Orientierungsrahmen für Strategieentwicklung und Handeln in IT-Organisationen.
- Das Kreislaufmodell der IT-Strategie beschreibt die permanente Prüfung und Anpassung an neue Gelegenheiten anhand von drei zentralen Dimensionen.

- Das Wertpotenzial der IT liegt in der Optimierung bestehender IT-Funktionen, der Optimierung von bestehenden Geschäftsprozessen, sowie der Schaffung gänzlich neuer, IT-getriebener Geschäftsmodelle.
- Durch ihren langfristigen Charakter, große Planungsunsicherheit und hohen Abstraktionsgrad verlangt die Planung und Umsetzung von Themen der IT-Strategie nach einem Vorgehensmodell.
- In einem nicht-linearen Vorgehensmodell zur IT-Strategieentwicklung stellt die Analyse der aktuellen Unternehmenssituation hinsichtlich IT, Geschäftskontext und Marktumfeld den ersten Schritt dar.
- In einem zweiten Schritt werden Ansatzpunkte zur Schaffung eines IT-Wertbeitrages identifiziert, beschrieben und priorisiert.
- Der dritte Schritt beinhaltet den Entwurf einer Ziel-Unternehmensarchitektur und eines Betriebsmodells bestehend aus IT-Organisations- und Governancemodell.
- Im vierten Schritt werden Kosten und Nutzen von strategischen Initiativen abgeschätzt.
- Der fünfte Schritt erarbeitet eine Implementierungsmodell – oder Rolloutplan – mit Zeit- und Ressourcenplanung, Scorecards und Risikomanagement.

7 Die Zukunft der IT-Organisation

Geschäftsprozesse sind in Unternehmen heute ohne IT-Unterstützung nicht mehr möglich. Allerdings wird dabei häufig nicht ausreichend berücksichtigt, dass die IT die Geschäftsprozesse nicht nur „am Laufen" halten, sondern aktiv mitgestalten sollte. Tatsächlich sind IT-Organisationen jedoch zu oft auf Betrieb und Technik fokussiert. Vor dem Hintergrund der neuen Geschäftsanforderungen ist diese Situation für eine moderne IT-Organisation nicht mehr akzeptabel. Vielmehr muss diese als integraler Bestandteil und pro-aktiver Partner der Geschäftsseite aufgebaut und organisiert sein. Die generelle Zielsetzung der IT-Organisation muss dabei sein, einen möglichst großen Wertbeitrag zum Unternehmenserfolg beizusteuern. Das wiederum führt zu der Erfordernis, die IT-Organisationsstrukturen und Organisationsprozesse neu auszurichten. Die IT-Organisation muss Stand und Status der Techniktruppe überwinden und in der Organisation als verlässlicher und wertvoller Partner des Geschäfts wahrgenommen werden.

7.1 IT-Organisationsmodelle

7.1.1 IT-Prinzipien – Treiber für die IT-Organisation

Analog zur Organisation der Geschäftseinheiten sollte die IT-Organisation auf der Basis einer klar definierten Strategie und nachvollziehbaren Kriterien und Prinzipien entwickelt werden, die im Einklang mit den Geschäftsanforderungen stehen. Diese Leitlinien und Prinzipien müssen den Entwurf, die Umsetzung und die permanente Weiterentwicklung der IT-Organisation leiten. Entscheidend ist insbesondere auch die Einführung von geeigneten Messgrößen, mit deren Hilfe sichergestellt wird, dass der gewünschte Wertbeitrag geleistet wird und sich in die richtige Richtung entwickelt. Nur was gemessen werden kann, kann auch verbessert werden. Ein adäquates Kennzahlensystem ist damit ein wichtiges Instrument der Organisationsentwicklung.

Für CIOs stellt sich heute mehr denn je die Herausforderung, die IT-Organisation zukunftsfähig zu gestalten. Auch wenn heutige IT-Aktivitäten – wie etwa die Entwicklung der technischen Architektur oder das Service Management (vgl. Kap. 8 und 9) – auch in Zukunft einen wesentlichen

Bestandteil des Leistungsprofils einer IT-Organisation ausmachen werden, führt die gestiegene Bedeutung des Wertbeitrags der IT und der zunehmende Kostenfokus zu einem entsprechenden Anpassungsbedarf in den IT-Organisationen. Was dies aber konkret für die einzelne IT-Organisation bedeutet, ist nicht immer ohne weiteres ersichtlich. Nicht selten werden bei der Anpassung und Ausgestaltung einer IT-Organisation mehr oder minder pragmatische Wege eingeschlagen, die nicht notwendigerweise geeignet sind, die erwünschten Ergebnisse zu liefern. Angesichts der Bedeutung der adäquaten und zielgerichteten Ausgestaltung der IT-Organisation für den Erfolg des CIOs ist hier ein methodisches Vorgehen dem pragmatischen Ansatz auf jeden Fall vorzuziehen.

Eine systematische Ausgestaltung einer IT-Organisation sollte über grundlegende Prinzipien erfolgen, die sich aus IT-Mission und -Vision ableiten lassen und im Einklang mit den Geschäftsanforderungen und der generellen Unternehmensstrategie stehen. IT-Prinzipien sind knapp formulierte, allgemeine Aussagen, wie IT in einem Unternehmen eingesetzt werden soll. Sie liefern jedoch weder eine detaillierte Anleitung für den IT-Betrieb noch konkrete Handlungsanweisungen, sondern geben der IT ihre generelle Ausrichtung vor. Indem die IT-Prinzipien die für ein Unternehmen relevanten IT-Dimensionen strukturieren, werten und hierarchisieren, schaffen sie einen praktischen Orientierungsrahmen für alle weiteren Entscheidungen und Maßnahmen, die die IT betreffen. Zusätzlich sind die ausformulierten IT-Prinzipien ein nützliches Informationsinstrument, um die grundsätzliche und strategische Orientierung der IT klar und transparent zu kommunizieren.

In der Praxis sind die meistverbreiteten IT-Dimensionen – über die hinweg sich IT-Prinzipien aus IT-Mission und -Vision ableiten lassen – IT-Finanzen, IT-Leistungsfähigkeit, Sourcing-Strategie, Einbindung in Geschäftsprozesse, Mitarbeitermanagement, IT Governance, sowie Architektur und Technologiestandards. Abbildung 7.1 zeigt schematisch, wie IT-Prinzipien aus der IT-Strategie beispielhaft abgeleitet werden. Dabei werden die Dimensionen Kosten und Leistungsfähigkeit gemeinsam behandelt:

- IT-Finanzen: Der Kostenaspekt spielt in der IT erfahrungsgemäß eine bedeutende Rolle. Hierbei ist es für die IT-Organisation von entscheidender Bedeutung, zwischen Betriebskosten und Investitionen zu unterscheiden, wie bereits in Kap. 1 detailliert dargestellt. Hinsichtlich der Betriebskosten muss der Fokus auf der Minimierung der Kosten bei gleichzeitiger Optimierung des Betriebs liegen, was oft nach einer Vereinfachung und Standardisierung der IT verlangt. Bei den IT-Investitionen liegt dagegen der Fokus auf der Steigerung des Unternehmenswerts im Einklang mit Geschäftsanforderungen und strategischen Prioritäten.

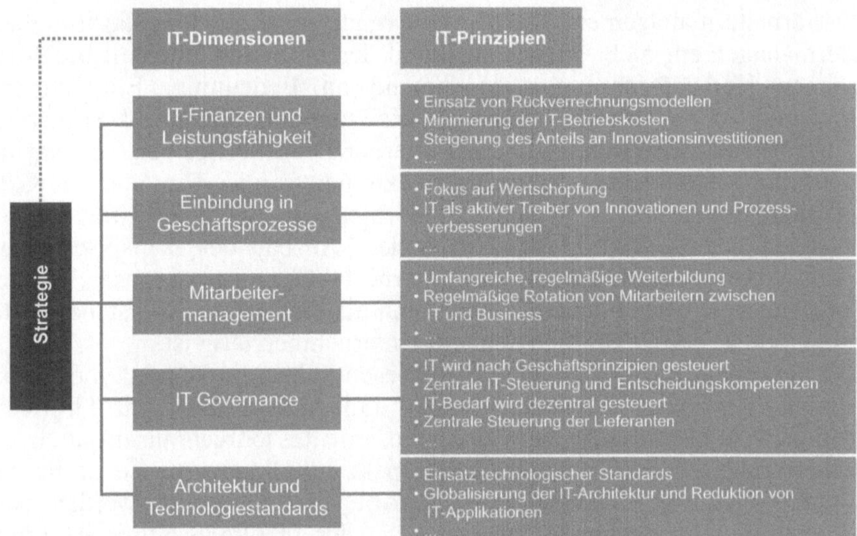

Abb. 7.1 Ableitung von IT-Prinzipien

- IT-Leistungsfähigkeit: Sie wird im Wesentlichen durch die verfügbaren Ressourcen und die bestehenden Fähigkeiten innerhalb der IT-Organisation determiniert. Dazu zählen nicht nur alle Elemente der Architektur (Hardware, Software, etc.) sondern insbesondere auch die Mitarbeiter und deren Expertise – nicht nur technischer sondern auch inhaltlicher Natur bezogen auf die Geschäftsprozesse. Hinsichtlich der IT-Organisation ist hier entscheidend, welche Funktionen die IT mit den ihr zur Verfügung stehenden Mitteln bereit stellen kann und nicht zuletzt, zu welchen Kosten diese Funktionen erbracht werden können.
- Sourcing-Strategie: Die Bandbreite der Fertigungstiefe in IT-Organisationen kann von Inhouse-Lösungen – bei denen IT-Leistungen überwiegend von der internen IT-Organisation erbracht werden – über ein selektives Sourcing, bzw. den Fremdbezug einzelner Leistungen, bis zum möglichst vollständigen Outsourcing der IT reichen. Jede dieser Möglichkeiten birgt Vor- und Nachteile hinsichtlich Kosten, organisatorischer Flexibilität, Sicherheit und Individualisierung der IT-Leistungen. Kap. 10 stellt die zur Verfügung stehenden Sourcingoptionen in größerer Detailtiefe dar.
- Einbindung in Geschäftsprozesse: Ein weiterer Aspekt für die Entwicklung der IT-Organisation ist der Grad der gewünschten Einbindung der IT in die Geschäftsprozesse. Betrachtet man die beiden Extrempunkte, so kann die IT im einen Extrem auf eine reine Supportfunktion beschränkt sein, im anderen Extrem Teil des Produkts und damit des Geschäftsmodells sein.

- Mitarbeitermanagement: In der IT-Organisation gewinnt das Mitabeitermanagement nicht zuletzt aufgrund der im ersten Buchteil beschriebenen Herausforderungen zunehmend an Bedeutung. Ein Extrembeispiel ist sicherlich, wenn sich eine an detaillierten IT-Prinzipien ausgerichtete IT-Organisation als interner Dienstleister versteht und im Zusammenhang mit Outsourcing zu externen Service-Providern in Konkurrenz treten soll. Entscheidend ist hier vor allem der Umgang mit Wissen und Weiterbildung. Neben dem Ausbau des fachspezifischen Know-hows bieten sich für eine interne IT-Organisation zusätzlich der Aufbau von betrieblichen Prozesskenntnissen und von Verständnis für den Industriekontext an, in dem ein Unternehmen tätig ist.
- IT Governance: Sie bezeichnet im Wesentlichen ein Bündel von Strukturen, Verfahrens-/Verhaltensregeln und Messgrößen, um IT-Investitionen zu beantragen, zu priorisieren, mit Ressourcen auszustatten, zu überwachen, und zu steuern. Hauptaspekt der IT Governance ist die Art und Weise, wie Entscheidungen getroffen und umgesetzt werden, was wiederum entsprechende Strukturen in der IT-Organisation erfordert. Kap. 11 erläutert das Zusammenspiel aus IT Governance-Strukturen, Prozessen und Applikationen im Detail.
- Architektur und Technologiestandards: Neben der zum Teil auch von der IT Governance abhängigen Entscheidung für eine einheitliche und globale IT-Architektur oder für dezentrale lokale Systeme muss insbesondere geregelt werden, welchen Applikationen und Systemen prinzipiell Vorrang eingeräumt wird: Standardapplikationen oder Eigenentwicklungen. Bei der generellen Bevorzugung von Standards ist wiederum zu unterscheiden zwischen optimaler Leistungsfähigkeit („Best-of-Breed") und der Option, möglichst alles aus einer Hand („Best-of-Suite") zu beziehen.

7.1.2 IT-Aufbauorganisation: Grundlegende Modelle

Ausgehend von den abgeleiteten IT-Prinzipien kann die Anpassung, bzw. der Entwurf der konkreten IT-Organisation erfolgen. Hierbei beschreibt das IT-Organisationsmodell, wie die Aufbauorganisation strukturiert und aus welchen Funktionen sie aufgebaut werden soll. Die eindeutige Definition dieser Strukturen und Funktionen ist die Vorraussetzung für eine klare Zuordnung von Verantwortlichkeiten zu den Prozessen und damit auch Voraussetzung für den reibungslosen Arbeitsablauf innerhalb der IT-Organisation. Zudem sind klar definierte Strukturen und Funktionen in der IT-Organisation eine bedeutende Grundlage für die spätere objektive Analyse und Evaluierung der erbrachten Leistungen.

Die IT-Aufbauorganisation, oder Struktur, hängt stark von ihrem organisatorischen Umfeld ab, in das sie eingebettet ist. So wie die IT als Unternehmensteil mittels IT-Mission und -Vision die Unternehmensziele in Form der IT-Strategie auf den eigenen Zuständigkeitsbereich herunter bricht, sollte sich die IT-Organisation vor allem auch an der Unternehmensstruktur – beispielsweise am Grad der Zentralisierung, an der Anzahl der Mitarbeiter, an der Heterogenität von Geschäftseinheiten und Prozessen, und der Unternehmenskultur – ausrichten. Zudem sind eine Vielzahl externer Faktoren zu beachten, unter anderem rechtliche Regelungen, das soziale Umfeld, technologische Entwicklungen. Schließlich nimmt – da die Gestaltung einer IT-Organisation selten einen Neuaufbau von Grund auf darstellt – auch die bestehende IT entscheidenden Einfluss auf die adäquate Aus- bzw. Neugestaltung der IT-Organisation (beispielsweise durch die vorhandene Sourcing-Strategie, die Leistungsfähigkeit und das Mitarbeiter Know-how).

Speziell in divisional organisierten Konzernstrukturen sind bei der Gestaltung einer IT-Organisation der Grad der Verschiedenheit und der Grad der Unabhängigkeit der Geschäftseinheiten von entscheidender Bedeutung, da diese letztlich die Ausrichtung der IT-Organisation im Gesamtunternehmen determinieren. Auch wenn diese Feststellung wenig überraschend sein dürfte, manifestieren sich in der Praxis an dieser Stelle immer wieder erhebliche Probleme. Nicht selten wird beispielsweise aus Kostenreduktionsüberlegungen heraus versucht, zentrale Ansätze zu implementieren, die jedoch bei näherer Betrachtung des Unternehmens von vornherein nur sehr wenig Aussicht auf Erfolg haben. Es ist daher hilfreich, die vier grundsätzlichen IT-Organisationsmodelle zu betrachten, die sich entlang der Dimensionen „Grad der Verschiedenheit" und „Grad der Unabhängigkeit" ergeben und Überlegungen zur grundsätzlichen Ausrichtung der IT anzustellen. Abbildung 7.2 bietet einen Überblick über die vier sich aufgrund der genannten Dimensionen ergebenden Organisationsmodelle.

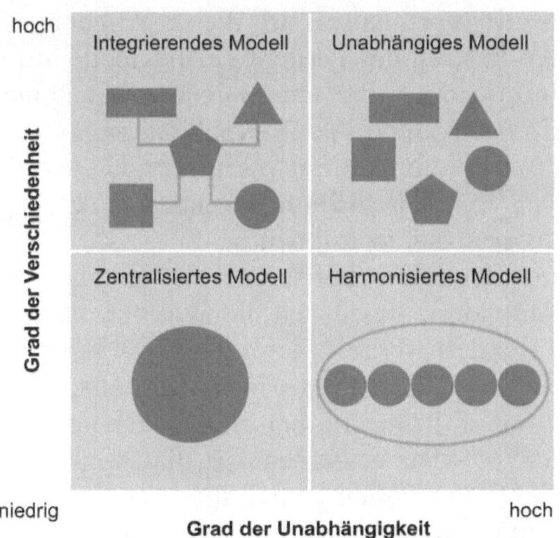

Abb. 7.2 Vier grundlegende IT-Organisationsmodelle

Ein zentralisiertes Modell verfügt über eine zentrale Führung und ist meist in Unternehmen anwendbar, deren generelle Organisationsstruktur ebenfalls zentral aufgebaut ist. Zumeist sind diese zentralisierten Organisationen zum einen durch eine ähnliche Struktur der Prozesse in den Geschäftseinheiten gekennzeichnet, zum anderen durch eine geringe Autonomie der Geschäftseinheiten selbst. Um der zentralisierten Organisation auf der Geschäftsseite gerecht zu werden, sollte auch die IT-Organisation über das gesamte Unternehmen hinweg zentralisiert aufgestellt werden. Dafür ist eine starke zentrale IT-Führung erforderlich, die eine entsprechend umfangreiche Entscheidungsbefugnis besitzt. Da sich die Abläufe in den Geschäftseinheiten ähneln, ist eine gemeinsame Nutzung von IT-Applikationen und Infrastruktur möglich und sinnvoll.

In Unternehmen wiederum, deren Geschäftseinheiten vergleichsweise unterschiedlich sind und weitgehend autonom operieren, ist eine unabhängig arbeitende IT-Organisation mit dezentraler Führung von Vorteil – ein unabhängiges Modell. Die verschiedenartigen Geschäftsprozesse und lokalen Gegebenheiten erfordern unterschiedliche, zum Teil auch maßgeschneiderte IT-Applikationen. Ferner erhöht die stark dezentrale Geschäftsorganisation die Wahrscheinlichkeit zukünftiger Ausgliederungen oder Veräußerungen. Die Entscheidungsbefugnis bezüglich der IT sollte in diesen Unternehmen auf der Ebene der Geschäftseinheiten liegen.

Hingegen empfiehlt sich ein integrierendes Modell für Unternehmen, deren Geschäftseinheiten wenig autonom agieren, jedoch sehr unterschiedliche Geschäftsabläufe aufweisen. Unter Berücksichtigung der spezifischen IT-Bedürfnisse erlaubt ein integriertes IT-Organisationsmodell eine Konsolidierung von IT-Lösungen innerhalb der unterstützenden Prozesse (etwa im Finanz- oder Personalwesen), die im Allgemeinen auch über die Geschäftseinheiten hinweg nur geringe Unterschiede aufweisen. Gleiches gilt für die IT-Infrastruktur, die unternehmensweit keine nennenswerten Unterschiede aufweisen sollte. Für IT-Applikationen mit einem Fokus auf unterstützende Prozesses und Infrastrukturservices lassen sich zum Beispiel durch Bildung von Shared-Service-Zentren Effizienzgewinne erzielen und der Standardisierungsgrad erhöhen.

In Unternehmen, deren Geschäftseinheiten ähnliche Abläufe aufweisen, aber eine hohe Autonomie innehaben, können nur dann Effizienzgewinne im Bereich der IT erzielt werden, wenn die IT-Organisation über alle Geschäftseinheiten hinweg abgestimmt bzw. harmonisiert ist. In einem so harmonisierten Modell liegt die Entscheidungskompetenz der IT zwar großteils dezentral bei den einzelnen Geschäftseinheiten, global gültige Standards und Richtlinien sollen jedoch die Erzielung von Synergieeffekten ermöglichen und unterstützen. Erworbene Qualifikationen und IT-Lösungen sollen allen Geschäftseinheiten standardisiert zur Verfügung ge-

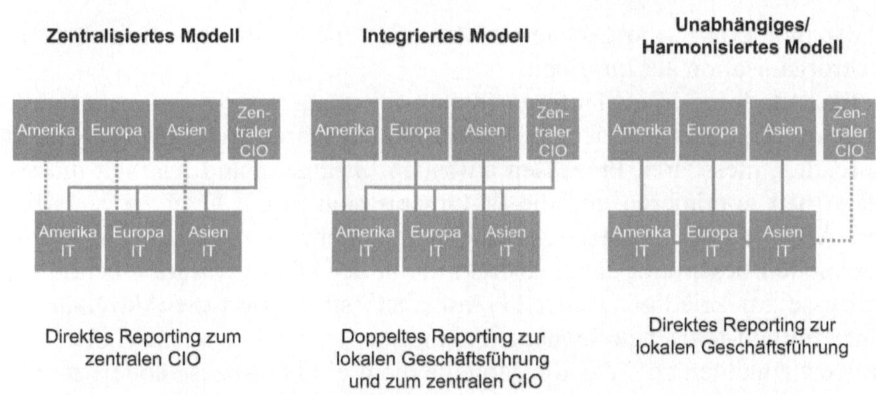

Abb. 7.3 Beispielhafte Implementierung der IT-Organisationsmodelle

stellt werden. Abbildung 7.3 stellt exemplarisch dar, wie die verschiedenen IT-Organisationsmodelle implementiert werden können.

7.1.3 IT-Ablauforganisation: Prozessmodell, Rollen und Verantwortlichkeiten

Neben der Wahl der geeigneten IT-Aufbauorganisation ist auch die adäquate Definition der IT-Prozesse, Rollen und Verantwortlichkeiten, sowie die Gestaltung eines passenden IT-Prozessmodells innerhalb der IT-Organisation für den zukünftigen Erfolg des CIOs von großer Bedeutung. In manchen IT-Organisationen lässt sich auch heute noch ein hemdsärmeliger Pragmatismus beobachten, bei dem bedenkenlose Ausführung auf Zuruf – d. h. das bereits im ersten Buchteil beschriebene re-aktive Management – mit der Vermeidung von bürokratisch überladenen Strukturen verwechselt wird. Ein derartig passives Management ist heute jedoch noch weniger akzeptabel als je zuvor. Angesichts der Trends wie der Industrialisierung der IT oder der Verschärfung rechtlicher Rahmenbedingungen werden Prozessmodelle für IT-Organisationen – d. h. die Ablauforganisation – künftig eine immer wichtigere Rolle spielen.

Es überrascht dabei kaum, dass Anwender, die es bislang gewohnt waren, auf Zuruf bedient zu werden und dabei auch durchaus problematische Anforderungen durchsetzen zu können, einer stärkeren Strukturierung von IT-Prozessen wenig Positives abgewinnen können. Dennoch gibt es keine Alternative zur Versachlichung von IT-Prozessen, denn nachlässige Prozesse sind letztlich nicht nur sehr viel teurer sondern insbesondere auch wesentlich riskanter – beispielsweise durch unerkannte oder stillschweigend akzeptierte Sicherheitslücken. Der CIO muss an dieser Stelle einmal mehr ein hohes Maß an Überzeugungskraft und Diplomatie aufbringen, um bestehende Missstände zu beheben. Entscheidend ist, den Teufel eines undisziplinierten, unorganisierten Zustands nicht mit dem Belzebub der Überorganisation auszutreiben.

Eine moderne IT-Ablauforganisation muss auf effizienten, mit vorhersagbaren Ergebnissen wiederholbaren und auf klaren Verantwortungen basierenden, messbaren Prozessen aufbauen. Stringenz und Klarheit müssen die Arbeit dominieren und die IT-Organisation in die Lage zu versetzen, ihre Arbeit im besten Interesse des Unternehmens auszuführen. Ein IT-Prozessmodell beschreibt dabei abstrakt die in der IT-Organisation benötigten Prozesse zur Erledigung aller IT-Aufgaben, strukturiert die Aktivitäten in einer zeitlich-logischen Sequenz und ordnet den einzelnen Aktivitäten Verantwortlichkeiten zu. Wie alle Modelle dient ein IT-Prozessmodell zur Gestaltung, Analyse und Dokumentation konkreter IT-Prozesse sowie zur Unterstützung der prozessbezogenen Kommunikation. Als eindeutige Definition der Vorgehensweise dient ein IT-Prozessmodell allen Prozessbeteiligten auch als Leitfaden und beschreibt die für ihre Tätigkeit notwendigen Aktivitäten, Rollen und Verantwortlichkeiten.

Es klärt also systematisch, wer in der IT-Organisation was zu tun hat, was gerade bei umfangreichen Prozessen mit vielen Beteiligten von großer Bedeutung ist. Die Hauptfunktionen eines IT-Prozessmodells lassen sich folgendermaßen zusammenfassen:

- Komplexitätsbeherrschung;
- Aufgabenverteilung;
- Definition von Verantwortlichkeiten;
- Prozessgestaltung und -verbesserung;
- Transparenz;
- Leistungskontrolle.

Es existiert eine Reihe unterschiedlicher Standard-Referenzmodelle bzw. Frameworks für IT-Prozesse, die für die Gestaltung eines firmeneigenen Prozessmodells zur Verfügung stehen und die verschiedene Schwerpunkte setzen. Die derzeit wohl bekanntesten sind ITIL (IT Infrastructure Library), CObIT (Control Objectives for Information and related Technology) und CMMI (Capability Maturity Model Integration). ITIL ist im Vergleich zu CObIT und CMMI am weitesten verbreitet und dem Bereich IT-Service und Support zuzuordnen, während bei CObIT das Hauptaugenmerk auf Risikomanagement liegt; CMMI wiederum ist ein Prozess-Framework, das den Schwerpunkt auf Prozessqualität und -verbesserung mit einem Schwerpunkt auf Softwareentwicklung legt.

ITIL[59] ist ein im Auftrag der britischen Regierung entwickelter Standard, der alle für den Aufbau und den Betrieb einer IT-Infrastruktur notwendige Prozesse beschreibt. Innerhalb des ITIL Frameworks orientieren

---

[59] Weitere Informationen unter www.itil.org/de

sich die Prozesse nicht an der Technik, sondern an den Services, welche die IT für den Kunden erbringt, weshalb ITIL oft im IT-Service Management Anwendung findet, wie auch noch detaillierter in Kap. 9 erörtert wird. ITIL definiert jedoch keine Standardprozesse, sondern zeigt in Form von „Best Practices", wie sich IT-Prozesse optimal organisieren lassen. Dies erlaubt und erfordert eine Anpassung der Prozesse an die jeweiligen Bedürfnisse des Unternehmens. Im Vordergrund steht immer die Ausrichtung auf den Kunden sowie die maximale Effizienz.

CObIT[60] ist das umfangreichste derzeit verfügbare IT Framework. Es dient vor allem der Steuerung und dem Management der IT – und somit hauptsächlich der Governance der IT – und kann auch mit verschiedenen anderen Standards kombiniert werden (beispielsweise ITIL und CMMi). Die Prozessorientierung von CObIT wird durch ein Prozessmodell dargestellt, das die Aufgaben der IT in 34 Prozesse und zugehörige „Control Objectives" (Steuerungs- oder Zielvorgaben) unterteilt und dadurch kontrollier- und steuerbar macht. Ursprünglich eine Entwicklung des internationalen Verbandes der EDV-Prüfer (Information Systems Audit and Control Association – ISACA), zielt CObIT vor allem auf die Risikominimierung durch die Überprüfung von Ordnungsmäßigkeit, Zuverlässigkeit und Sicherheit eines IT-Betriebs ab, dient inzwischen aber auch als Werkzeug zur Steuerung der IT aus Unternehmenssicht.

CMMI[61] hat seine Wurzeln als Qualitätsframework in der Softwareentwicklung und dient vor allem der Verbesserung der Qualität von Prozessen. Es geht bei CMMI weniger darum, welche Prozesse benötigt werden, als um das Messen der Prozessqualität. Dazu werden verschiedene Stufen der Prozessqualität definiert und Aktivitäten entsprechend priorisiert, bzw. in eine Reihenfolge gebracht. Auf diese Weise lassen sich auch vielfältige und heterogene Tätigkeiten koordinieren und mit den Zielen einer Organisation in Einklang bringen.

Standard-Referenzmodelle für IT-Prozesse können als Leitfaden bei der Erstellung einer IT-Ablauforganisation hilfreich sein. Letztlich müssen Prozessmodell und Prozesse aber immer spezifisch auf eine IT-Organisation und ihr Organisationsmodell angepasst werden. Daher ergibt sich für eine moderne IT-Organisation – entsprechend der Strukturierung der Organisation selbst – in gewisser Weise einerseits eine Ausrichtung der Prozesse an der Kunden- und der Lieferanten-Seite, sowie andererseits eine Unterscheidung nach Bereitstellungs- und Entwicklungsprozessen.

---

[60] Weitere Informationen unter www.isaca.de
[61] Weitere Informationen unter www.sei.cmu.edu/cmmi/cmmi.html

7.1.4 IT-Mitarbeiterbedarf und Schätzmodell

Nach dem Entwurf von Aufbau- und Ablauforganisation sollten die dafür benötigten Mitarbeiter bzw. Kapazitäten ermittelt werden. Die dazu verwendeten Schätzmodelle zeigen, wie sich durch logische Herleitung eine IT-Organisation mit Mitarbeitern besetzen lässt und welche konkreten Kapazitäten und Fähigkeiten für jede zu erfüllende Rolle benötigt werden. Wie schon mehrfach erwähnt, kommt dem Mitarbeitermanagement in der IT-Organisation große Bedeutung zu – sei es unter Effizienzgesichtspunkten, Kostenaspekten oder auch um Mitarbeiter durch adäquaten Einsatz zu maximaler Leistung und größtmöglicher Zufriedenheit zu verhelfen. Eine wichtige Voraussetzung, um diese Aufgabe optimal zu erfüllen, ist eine verlässliche Ermittlung des Mitarbeiterbedarfs.

Im Folgenden wird ein von Accenture entwickeltes Modell vorgestellt, das es erlaubt, den zu erwartenden Mitarbeiterbedarf anhand der im vorigen Abschnitt festgelegten Prozessen und den dazu gehörigen Rollen zu schätzen. Damit wird die Ermittlung des Mitarbeiterbedarfs auf eine nachvollziehbare und logische Basis gestellt. Um das IT-Schätzmodell anwenden zu können, sollten die folgenden Elemente vorliegen: ein bestehendes Prozessmodell mit Prozessbeschreibungen in einem Detaillierungsgrad, der eine Schätzung der Aktivitäten für die entsprechende Rolle erlaubt; eine Beschreibung eines Rollen- bzw. Anforderungsprofils; eine Zuordnung von Rollen zu Prozessen; eine Zuweisung von Rollen zu verschiedenen Hauptaufgabenfeldern. Das Schätzmodell lässt sich in drei einzelne Schritte untergliedern. Bei der Ermittlung des Mitarbeiterbedarfs werden diese sukzessive durchlaufen:

1. Ermittlung des personellen Gesamtaufwands (Aufwandsparameter) für jeden Prozess in „Full Time Equivalents (FTEs)", d. h. Personeneinheiten oder Manntage.
2. Aufteilung des ermittelten Personalaufwands pro Prozess auf die darin zu erfüllenden Rollen.
3. Errechnung des benötigten Mitarbeiterbedarfs für jede Rolle.

Im ersten Schritt des Schätzmodells wird für jeden Prozess ein so genannter Aufwandsparameter ermittelt, der angibt, wie viele FTEs zur Ausführung des Prozesses benötigt werden. Dazu werden für jeden Prozess Prozesstreiber und Einflussparameter bestimmt. Die Prozesstreiber sind für jeden Prozess spezifisch. Sie stellen die Faktoren dar, die in diesem Prozess den Hauptaufwand generieren. So erhöht etwa die Anzahl der Geschäftsprozesse, die von einem IT-Prozess bedient werden müssen, den Aufwand für diesen. Die Einflussparameter dagegen wirken sich nicht nur auf den einzelnen Prozess aus. Sie sind allgemeine und prozessübergreifende Faktoren, die bei mehreren Prozessen die Komplexität erhöhen können. So wird beispielsweise die Anzahl von Geschäftseinheiten als Einflussparameter gewertet, da sie (in der Regel) nicht nur einen IT-Prozess beeinflusst, sondern insgesamt die IT-Aufgabenkomplexität erhöht.

Zur Quantifizierung wird jedem Prozesstreiber ein Wert zugeordnet. Dieser Wert wird anschließend mit einer definierten Metrik für jeden Prozesstreiber in eine auf FTE bezogene Zahl umgerechnet. Die Summe der gewichteten Koeffizienten entspricht der benötigten Anzahl an FTEs (ohne Berücksichtigung von Einflussparametern) für den Prozess. Auf ähnliche Weise wird jeder Einflussparameter berechnet. Im Fall der Einflussparameter werden jedoch die Metriken so gewählt, dass der Koeffizient keine auf FTE bezogene Zahl ist. Vielmehr gibt dieser Koeffizient die Komplexität als prozentuale Erhöhung der FTE-Zahl an. Abschließend lässt sich aus Prozesstreibern und Einflussparametern der Aufwandsparameter errechnen, indem die Summe der Prozesstreiber und die Summe der Einflussparameter multipliziert werden. Als Ergebnis gibt der Aufwandsparameter die tatsächlich benötigten FTEs für den jeweiligen Prozess an.

Im zweiten Schritt des Schätzmodells lässt sich der insgesamt anfallende Personalaufwand auf die einzelnen Rollen verteilen. Dazu werden zunächst die identifizierten Rollen mit den Prozessen korreliert und entsprechend der Art und Intensität ihrer Mitwirkung am Prozess klassifiziert. Auf diese Weise wird der Gesamtaufwand pro Prozess auf alle am Prozess beteiligten Rollen aufgeteilt. Im letzten und dritten Schritt des Schätzmodells wird der Gesamtaufwand pro Rolle aus allen einzelnen Beteiligungen addiert. Das Ergebnis ist der gewünschte Mitarbeiterbedarf pro Rolle.

7.1.5 Hauptaufgabenfelder der IT-Organisation

Nicht zuletzt sind die Hauptaufgabenfelder der IT-Organisation genauer zu beleuchten, da auch diese einem starken Wandel unterzogen sind und die zukünftige Ausgestaltung einer IT-Organisation durchaus beeinflussen. Traditionell lag die Aufgabe der IT vor allem in der Entwicklung und dem Betrieb von IT-Applikationen und Infrastruktur. Aufgrund ihrer immer stärkeren Einbindung in die Geschäftsprozesse eines Unternehmens muss die IT nun auch inhaltlich differenzierte Leistungen für eine Vielzahl von Leistungsnehmern erbringen, weshalb die Aufgaben der IT heute von einer zunehmenden Anzahl verschiedener Anforderungen bestimmt sind.

Den größten Einfluss auf die IT-Aufgaben in einem Unternehmen haben die unternehmensinternen IT-Kunden; also die Anwender, die Geschäftseinheiten und die Unternehmensleitung. Um einen maximalen Wertbeitrag der IT zu erzielen, darf eine IT-Organisation jedoch nicht rein auf die Nachfrageseite hin ausgerichtet sein. Auch externe Leistungsgeber nehmen auf die interne IT-Organisation immer stärkeren Einfluss, da inzwischen zahlreiche IT-Dienstleistungen von Dritten erbracht werden (Outsourcing).

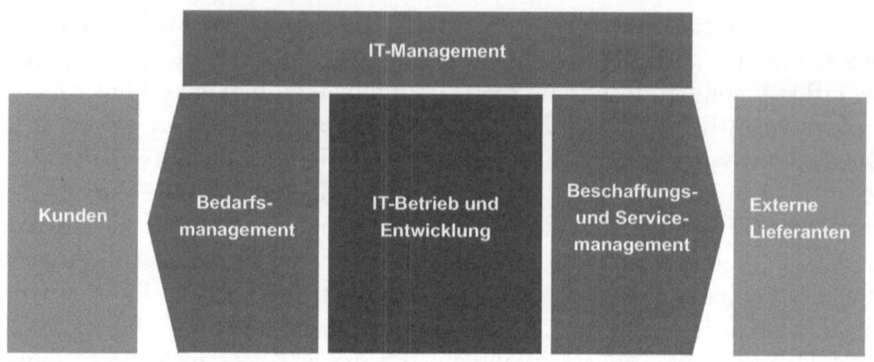

Abb. 7.4 Grundsätzliche Aufgabenfelder einer IT-Organisation

Für eine IT-Organisation ist es nicht mehr unbedingt erforderlich, alle benötigten Applikationen und die gesamte Infrastruktur selbst zu entwickeln und zu betreiben. Um die Geschäftsanforderungen – d. h. die Bedürfnisse der Kunden – bestmöglich zu erfüllen, muss die interne IT-Organisation auch in der Lage sein, am Markt die geeigneten Angebote auszuwählen, erworbene Produkte sinnvoll einzusetzen und deren Einsatz zu überwachen und zu koordinieren.

Auf der Angebotsseite müssen die IT-Dienstleistungen möglichst effizient erstellt – bzw. von externen Dienstleistern bezogen werden – um hohe Skaleneffekte zu erzielen und vorhandene Personalressourcen effektiv einzusetzen. CIOs entwicklen sich zunehmend von Bereitstellern und Verwaltern von Technik zu Anbietern und Managern von IT-Produkten und Services – ihre Organisationsstruktur muss sich in immer stärkerem Maße am Bedarf bzw. am Kunden orientieren. Daraus ergibt sich die Notwendigkeit, die IT-Organisation wie ein Unternehmen aufzubauen und zu führen. Empirische Studien zeigen, dass Unternehmen, bei denen sich die IT-Organisations- und Führungsstruktur an Geschäftsprinzipien orientiert, hinsichtlich ihrer IT-Produktivität führend sind[62].

Die Verschiebung der Kernkompetenz der IT-Organisation weg vom reinen IT-Betrieb hin zur Ausrichtung der IT an den Geschäftsprozessen manifestiert die gewandelte Rolle der IT. In diesem neuen Verständnis kommen zu den traditionellen Aufgaben der IT heute also zusätzlich die Bereitstellung bedarfsorientierter Produkte und Services auf der einen und die Auswahl und Koordination externer Lieferanten und Dienstleistungen auf der anderen Seite hinzu. Damit lassen sich für eine moderne IT die in Abb. 7.4 dargestellten, vier grundsätzlichen Aufgabenfelder IT-Bedarfsmanagement, IT-Beschaffungs- und Servicemanagement, IT-Betrieb und

---

[62] Holtschke B, Pfeifer A (2003) Unternehmenserfolg durch IT. München

Entwicklung, sowie IT-Management identifizieren.An der Schnittstelle der IT zu den internen Leistungsnehmern zielt das IT-Bedarfsmanagement (Demand Management) darauf ab, die IT-Organisation dazu zu befähigen, die für die jeweiligen Bedürfnisse besten Lösungen – bestehend aus IT-Produkten und Services – anzubieten, und als Partner ihrer Kunden deren Geschäftsprozesse zu verstehen, zu unterstützen und zu vereinfachen.

An der Schnittstelle der IT zu den externen Lieferanten wiederum muss es der IT-Organisation möglich sein, aus den Angeboten und Leistungen Dritter die jeweils Geeigneten auszuwählen, zu koordinieren und zu überwachen, um für ihre Kunden die bestmöglichen IT-Produkte und Services bereitstellen zu können. An dieser Stelle steht das IT-Beschaffungsmanagement (Supply Management). IT-Betrieb und Entwicklung stellen wie bisher die Schnittstelle der IT zur Technik dar; hier werden IT-Systeme betrieben und entwickelt; der Umfang dieses Aufgabenfeldes variiert jedoch recht stark. Im Rahmen des IT-Managements erfolgt wie bisher die Steuerung und strategische Ausrichtung der IT.

Ausgehend von dieser Grundstruktur lassen sich die Aufgabenfelder einer konkreten IT-Organisation weiter detaillieren. Abbildung 7.5 zeigt beispielhaft eine weitere Aufschlüsselung der IT-Aufgaben. Bedarfs- und Technologiemanagement übernehmen die Steuerung des kundengerechten Angebots von IT-Dienstleistungen. Prozess- und Servicemanagement hingegen widmen sich der Bereitstellung von Dienstleistungen. Verfolgt man dabei den Ablauf von der Entstehung des IT-Bedarfs bis zu seiner Erfül-

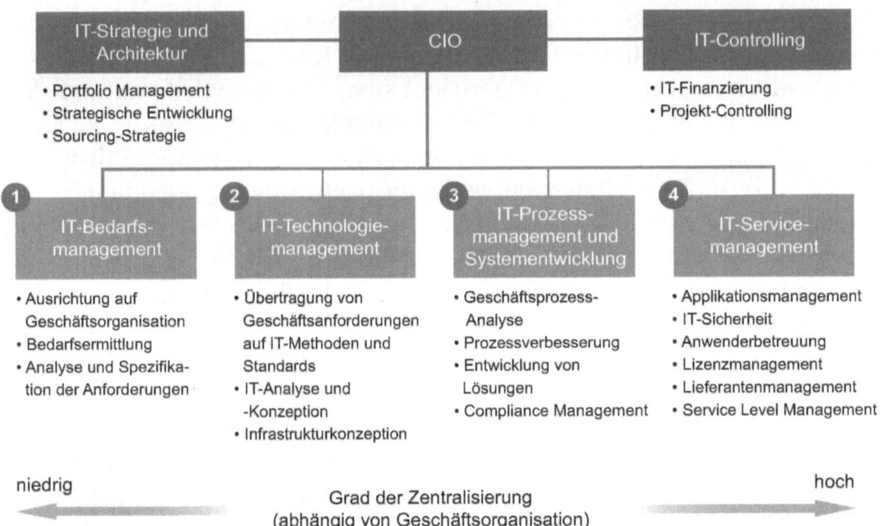

Abb. 7.5 Beispielhafter Aufbau einer IT-Organisation

lung, so lassen sich die Aufgaben zunehmend zentralisiert erfüllen. Der IT-Bedarf kann und sollte eher dezentral ermittelt werden, etwa über kleinere Organisationseinheiten, die in direktem Kontakt zu den Kunden stehen und wenn nötig beratend und steuernd bei der Bedarfsfindung mitwirken. Zur effizienten Bereitstellung der geforderten Dienstleistungen bestehen zunehmend Möglichkeiten der Zentralisierung, beispielsweise durch Kompetenzzentren oder Shared Service-Zentren. Die Steuerung und Ausrichtung der IT-Organisation (zentral vs. dezentral) sollte sich jedoch prinzipiell stark an der geschäftsseitigen Organisationsstruktur ausrichten.

7.2 IT-Messgrößen: Balanced Scorecard

7.2.1 Kennzahlen zur Messung der Leistungsfähigkeit

Eine Frage, mit der sich der CIO künftig immer stärker konfrontiert sehen wird ist, wie er die Leistungsfähigkeit seiner IT-Organisation ermitteln, kommunizieren und optimieren kann. Zwar sind auf Kosten fokussierte Metriken in den meisten IT-Organisationen schon lange etabliert, angesichts der Forderung nach einem gesteigerten Wertbeitrag der IT-Organisation sind diese Ansätze aber zunehmend unzulänglich. Nur was gemessen werden kann, lässt sich auch zielgerichtet verbessern, dieses Argument steht implizit immer hinter Metriken zur Beurteilung der Leistungsfähigkeit von Organisationen. So richtig und überzeugend dieses Aussage einerseits ist, so leicht ist es andererseits, ausladende und hochkomplexe Kennzahlensysteme aufzubauen, die letztlich nicht mehr zweckmäßig sind.

Beim Aufbau eines Kennzahlensystems sollten daher einige generelle Empfehlungen Beachtung finden. So sollten Kennzahlen auf klar festgelegte und vereinbarte Ziele ausgerichtet sein, die sich wiederum auf definierte IT-Prinzipien beziehen. Zudem sollten sie mit relativ geringem Aufwand messbar sein, d. h. die erforderlichen Daten müssen mit vertretbarem Aufwand aufzuzeichnen sein und nach Möglichkeit nur geringen manuellen Nacharbeitsbedarf erfordern, speziell wenn es um kontinuierliche Messung in relativ geringen Zeitabständen geht (beispielsweise Monatskennzahlen hinsichtlich eines umfangreichen Projektportfolios). Da für verschiedene Adressaten von Kennzahlen in aller Regel auch unterschiedliche Detaillierungsgrade und kombinierte Kennzahlen erforderlich sind, ist ebenfalls darauf zu achten, dass sich Kennzahlen mit moderatem Aufwand weiterverarbeiten lassen. Nicht zuletzt muss sichergestellt sein, dass sich aus den Kennzahlen relevante Erkenntnisse ableiten lassen, die sich dann wiederum in konkrete und zielführende Handlungen umsetzen lassen.

Dabei ist die Beschränkung auf das Wesentliche angebracht – die Kunst liegt gerade darin, wenige, nachvollziehbare aber relevante Schlüsselkennzahlen zu definieren, die dann in entsprechende Maßnahmenpakete übersetzt werden können. Eine speziell für die IT-Organisation konzipierte Balanced Scorecard – wie im Folgenden beschrieben – bietet einen praktikablen Weg, diesen Anforderungen gerecht zu werden.

7.2.2 Balanced Scorecard

Die Balanced Scorecard ist ein Modell zur Beschreibung und Überprüfung der strategischen Ausrichtung eines Unternehmens oder eines Unternehmensteils. Anhand dieses Modells werden strategische Überlegungen in operative Ziele und diesen zugeordnete Maßnahmen überführt und über definierte Kennzahlen und Zielvorgaben (Zielwerte) bewertbar gemacht. Damit wird die Strategie konkretisiert und operationalisiert; die Fortschritte und der Erfolg ihrer Umsetzung werden mittels eines Kennzahlensystems überprüfbar. Zugleich erlauben die gewonnenen Erkenntnisse die Steuerung von Managementprozessen und eine kontinuierliche Weiterentwicklung der Strategie. In ihrer praktischen Ausprägung erfüllt eine Balanced Scorecard also eine Doppelfunktion als Mess- und als Managementinstrument.

Das erstmals 1992 von Kaplan und Norton[63,64] vorgestellte und in der Folge vielfach weiterentwickelte Modell der Balanced Scorecard basiert auf einem ganzheitlichen Managementansatz, der ein Unternehmen im Zentrum unterschiedlicher Interessen und Anforderungen sieht, wie auch in Abb. 7.6 dargestellt. Häufig werden folgende grundlegende erfolgsrelevante Faktoren als wichtigste Anforderungen an ein Unternehmen gestellt: zufriedene Shareholder, zufriedene Kunden, effektive und effiziente Prozesse, sowie motivierte und gut ausgebildete Mitarbeiter. Auf dieser Grundlage wird die Balanced Scorecard als vierdimensionale Matrix entworfen, die eine Strategie in unterschiedliche Aspekte (die sog. Perspektiven) aufschlüsselt:

- Shareholderperspektive (Finanzperspektive);
- Kundenperspektive (externe oder Marktperspektive);
- Prozessperspektive (interne Perspektive);
- Mitarbeiterperspektive (Lern- und Wachstumsperspektive).

Diese Perspektiven werden im Rahmen einer Balanced Scorecard als unterschiedliche Anforderungskomplexe formuliert. Für jede Perspektive werden in der Balanced Scorecard Einzelziele ausdefiniert, Kennzahlen

---

[63] Kaplan RS, Norton DP (1992) The balanced scorecard: measures that drive performance. Harvard Business Review, 17(1), p 71–79

[64] Kaplan RS, Norton DP (1996) Using the balanced scorecard as a strategic management system. Harvard Business Review, 74(1), p 75–85

Abb. 7.6 Übliche Perspektiven einer Balanced Scorecard

und Zielgrößen festgelegt, sowie konkrete Maßnahmen zur Erreichung der Zielgrößen definiert. Auch auf eine IT-Organisation angewendet, behält die Doppelfunktion der Balanced Scorecard als Mess- und Managementinstrument ihre Gültigkeit. Eine speziell für die IT-Organisation konzipierte Balanced Scorecard sollte die Gesamtstrategie des Unternehmens berücksichtigen und in die unternehmensübergreifende Gesamt-Scorecard integriert sein.

Damit geht der Nutzen einer solchen Balanced Scorecard über die IT-Organisation hinaus. Er manifestiert sich im Wesentlichen in der Konkretisierung der IT-Strategie, der Möglichkeit einer objektiven Leistungsmessung, einer stringenten Strategiekommunikation, der Erleichterung des strategischen Lernens der Organisation, sowie in einem verbesserten und klareren Rollenverständnisses der IT. Mit der Einführung einer Balanced Scorecard wird die bislang vielleicht nur implizit vorhandene IT-Strategie zunächst überprüft und kritisch hinterfragt, dann eindeutig ausformuliert und mit messbaren Zielen hinterlegt. Durch eine derartige Konkretisierung der IT-Strategie entsteht innerhalb der IT größere Klarheit im Hinblick auf die Anforderungen und Ziele auch von Kunden- und Shareholderseite.

Daneben fördern konkrete zielorientierte Kennzahlen und Vereinbarungen allgemein das Verständnis und die Akzeptanz strategischer Überlegungen. Sie sollen die IT-Strategie mit der Einführung einer IT Balanced Scorecard deutlich an die gemeinsame Unternehmensstrategie und die übergreifende Gesamt-Scorecard anbinden. So können beispielsweise geplante IT-Projekte direkt strategischen Aktivitäten zugeordnet und nach deren Wichtigkeit bewertet und ausgewählt werden. Offensichtlich liegt der Nutzen einer Balanced Scorecard als Instrument zur objektiven Messung von IT-Leistung. Eindeutig definierte, kontrollierbare und organisationsspezifische Messgrößen können u. a. Aufschluss geben über aktuelle Performance, erbrachte Leistungen und Prozesskosten. Zudem liefern die Messgrößen der Balanced Scorecard nützliche Daten zur Steuerung vieler IT-Prozesse (beispielsweise die Verteilung von Ressourcen oder Outsourcing-Entscheidungen). Damit liefert die Balanced Scorecard Informationen sowohl für das Management und die Mitarbeiter der IT-Organisation, als auch für Leistungsempfänger.

Die klare Ausformulierung und die Operationalisierung der IT-Strategie durch eine messbare Zielsetzung dient als Grundlage für die strategische Kommunikation mit allen Stakeholdern (beispielsweise Geschäftseinheiten, IT-Mitarbeiter, Lieferanten/externe Partner, und Shareholder). Die Objektivierung der IT-Leistungsmessung gibt Diskussionen um den IT-Wertbeitrag eine substantielle Grundlage. Vor allem Kostendiskussionen zwischen IT und Management lassen sich versachlichen und abkürzen. Eine einseitige finanzielle Betrachtung wird durch qualitative Fragestellungen ergänzt. Darüber hinaus kann das Einbringen der Mitarbeiterperspektive durch die Balanced Scorecard das Engagement und die Bindung der Mitarbeiter stärken. Sie ermöglicht ein strategisches Lernen der Organisation und schafft Grundlagen für eine zielorientierte, nicht allein von technischer Innovation getriebener Weiterentwicklung der IT. Gerade diese strukturelle Verankerung des organisatorischen Lernens und die Systematisierung von Change Management birgt ein großes Nutzenpotenzial.

Nicht zuletzt wird mit der Multiperspektivität der Balanced Scorecard die Einbindung der IT in den Unternehmenszusammenhang, bzw. das Rollenverständnis der IT deutlich: Die IT erscheint nicht nur als Serviceanbieter (Kundenperspektive), sondern auch als Wertschöpfer (Shareholderperspektive). Ferner schärft das Einbringen der Leistungs- oder Prozessperspektive das Bewusstsein für Effizienz und Kosten in der IT. Zusammenfassend lässt sich also festhalten, dass in die Balanced Scorecard neben quantitativen Finanzkennzahlen auch qualitative Wertungen (beispielsweise Kundenzufriedenheit, Effizienz) und die Betrachtung des Entwicklungspotenzials mit einfließen, die im Rahmen der vier Perspektiven der Balanced Scorecard „ausbalanciert" werden. Dieser ganzheitliche Ansatz zur Umsetzung, zur Leistungsmessung und zur Weiterentwicklung unternehmerischer Strategien hat sich in der Praxis inzwischen vielfach bewährt, nicht zuletzt wegen der beschriebenen Nutzendimensionen, die sich aus der Anwendung der Balanced Scorecard in IT-Organisationen ergeben.

7.3 Zusammenfassung

- Die gestiegene Bedeutung des Wertbeitrags der IT und der zunehmende Fokus auf die Kosten führen zu einem entsprechenden Anpassungsbedarf in den IT-Organisationen.
- Grundlegende IT-Prinzipien, die aus IT-Mission und -Vision abgeleitet werden, bilden die Basis für die Ausgestaltung der IT-Organisation.
- Die Aufbauorganisation, oder das grundlegende Modell einer IT-Organisation hängt stark von ihrem organisatorischen Umfeld ab; der Grad der Unabhängigkeit, sowie der Grad der Verschiedenheit der Geschäftseinheiten ist entscheidend.
- Eine moderne IT-Ablauforganisation muss auf effizienten, mit vorhersagbaren Ergebnissen wiederholbaren und auf klaren Verantwortlichkeiten basierenden, messbaren Prozessen aufbauen.
- ITIL, CObIT und CMMI sind die bekanntesten Referenzmodelle zur Gestaltung von IT-Prozessmodellen und deren Anpassung an die entsprechende Aufbauorganisation.
- Accentures Schätzmodell ermöglicht, den zu erwartenden Mitarbeiterbedarf anhand von Prozessen und Rollen zu schätzen.
- Das Schätzmodell folgt einer dreistufigen Vorgehensweise: 1. Ermittlung Gesamtaufwands für jeden Prozess in FTEs; 2. Aufteilung des ermittelten Personalaufwands pro Prozess auf die darin zu erfüllenden Rollen; 3. Errechnung des benötigten Mitarbeiterbedarfs für jede Rolle.
- Die Aufgabenfelder einer modernen IT-Organisation entwickeln sich zunehmend vom Bereitsteller und Verwalter von Technik zu einem Anbieter und Manager von IT-Produkten und Services.
- Zur Messung der Leistungsfähigkeit einer IT-Organisation sind wenige, nachvollziehbare und relevante Schlüsselkennzahlen zu definieren, die in entsprechende Maßnahmenpakete übersetzt werden können.
- Die Balanced Scorecard als Modell zur Beschreibung und Überprüfung der strategischen Ausrichtung eines Unternehmens bietet einen praktikablen Rahmen zur Kennzahlendefinition.
- Der konkrete Nutzen einer für die IT-Organisation konzipierten Balanced Scorecard manifestiert sich u. a. in der Konkretisierung der IT-Strategie und der Möglichkeit einer objektiven Leistungsmessung.

8 Gestaltung von flexiblen und agilen IT-Architekturen

In nahezu allen Unternehmen sind die bestehenden IT-Architekturen das Ergebnis eines langfristigen Evolutionsprozesses, der über verschiedene Technologiegenerationen und sich permanent weiterentwickelnde Geschäftsanforderungen hinweg verlaufen ist. Die im Zuge dieser Entwicklungen entstandenen IT-Architekturen wurden nicht etwa aus einer ganzheitlichen Perspektive heraus entworfen und an Effizienzgesichtspunkten ausgerichtet, sondern sind als Stückwerk entstanden, das sich nur so gut herausbilden konnte, wie es die verfügbaren Mitteln, Methoden und Einflussmöglichkeiten zuließen. Das Resultat ähnelt einem Haus, das durch stete An- und Umbauten den Einzelbedürfnissen einer sich verändernden und wachsenden Familie angepasst wurde, ohne dass dabei Rücksicht auf einen Generalbauplan genommen wurde. Ziel des CIOs muss es also sein, historisch gewachsene, ineffiziente Strukturen in der Architektur zu bereinigen und gleichzeitig die Basis für die zukünftige Entwicklung zu legen.

8.1 Problemfeld gewachsene IT-Architekturen

8.1.1 Gewachsene IT-Architekturen als Altlasten

Die Unübersichtlichkeit und Heterogenität von historisch gewachsenen IT-Architekturen ist bereits seit Jahren eine Herausforderung für CIOs. Mit dem Begriff „Spaghetti-Architektur" wurde das komplexe und scheinbar unentwirrbare Mit-, Neben-, Unter- und Übereinander verschiedener Applikationen anschaulich beschrieben. Die dadurch entstandene Komplexität und die Unübersichtlichkeit – sowohl in den Geschäftsprozessen als auch in der IT-Architektur – sind mit den Unternehmensanforderungen heute weniger denn je kompatibel.

Die hohe Komplexität ist mit hohen Betriebskosten verbunden und beschränkt insbesondere die Möglichkeiten, die Architekturkomponenten im Hinblick auf neue Herausforderungen schnell und effizient anzupassen. Die daraus resultierende lange Lieferzeit der IT führt zu – von den Geschäfteinheiten initiierten – Insellösungen oder „Schatten-IT", welche wiederum die Komplexität der Gesamtarchitektur erhöhen. Entsprechend besteht bei heutigen IT-Architekturen erheblicher Handlungsbedarf, um sie effizienter und effektiver zu gestalten und schneller an den Unternehmensbedürfnissen auszurichten.

Solange die IT nur Funktionalitäten zur Unterstützung der Geschäftsseite zu gewährleisten hatte, war dieser Zustand zwar nicht befriedigend, doch zumindest tolerierbar. Die gestellten Aufgaben wurden von der IT-Organisation meist technisch, oft mit erhöhtem Aufwand und manchmal auch nur „irgendwie" gelöst – und die Erwartungen und Pflichten waren erfüllt. Angesichts der in Kap. 1 beschriebenen Verschiebung des Fokus vom relativ stabilen Umfeld der Transaktionsabwicklung hin zur Unterstützung dynamischer und kollaborativer Arbeitsprozesse mit ständig neuen Geschäftsanforderungen, sind solch schwerfällige und unüberblickbare IT-Architekturen inakzeptabel. Mit ihrer Komplexität und den vielfältigen Partikularaufgaben als Altlasten sind sie nicht nur ineffizient und ineffektiv, sondern vor allen Dingen zu unbeweglich, um die Erfüllung neuer Anforderungen in angemessen kurzer Reaktionszeit zu ermöglichen.

Wie in Abb. 8.1 dargestellt, eröffnet eine sorgfältig gestaltete IT-Architektur ein breites Spektrum an Differenzierungs- und Optimierungsmöglichkeiten. Bestehende Architekturen sind meist weder flexibel genug, um neue Geschäftsanforderungen mittels bestehender Technik aufzufangen, noch agil genug, um neuen Geschäftsanforderungen durch einfach umsetzbare Erweiterungen bestehender Technik gerecht zu werden. Der hier verwendete Terminus „Agilität" bedeutet in diesem Zusammenhang, beim Auf- und Ausbau der IT-Architektur bestehende Kernsysteme so zu erweitern, dass dies nicht zu redundanten Strukturen und neuen Integrationsanforderungen führt. Ein Beispiel wäre die Einführung eines neuen kundenseitigen Geschäftsprozesses durch zusätzliche modulare Kompo-

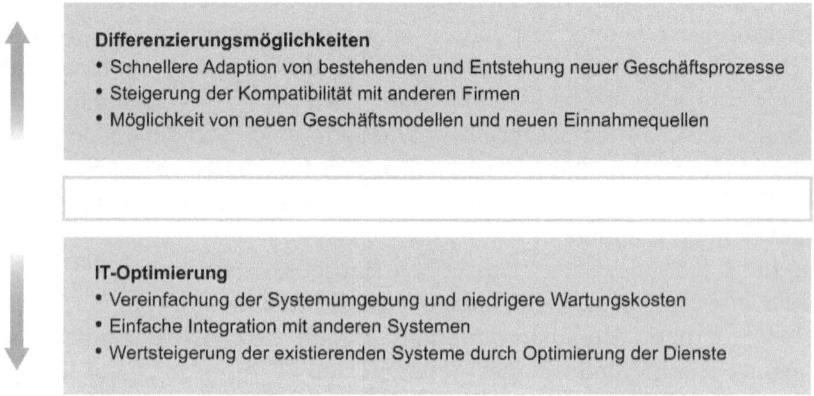

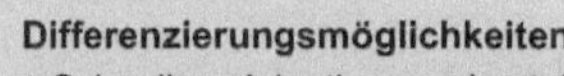

Abb. 8.1 Vorzüge effizienter und effektiver IT-Architekturen

nenten, die nach außen die Prozessanpassung abbilden, aber nach innen auf bestehenden Stammdaten, Abrechnungs- und Logistiksystemen aufsetzen.

Ein Mangel an Flexibilität und Agilität ist nicht nur ärgerlich; er ist zunehmend existenzbedrohlich, weil Konkurrenten ohne oder mit nur geringen Altlasten schneller, besser und kostengünstiger agieren und mit adäquaten Geschäftsprozessen und Organisationsstrukturen Marktbedürfnisse bedienen können, während das eigene Unternehmen seine IT-Architektur wie einen Mühlstein um den Hals trägt, der jegliche Bewegung erschwert und schmerzvoll macht. Ein hohes Maß an Flexibilität und Agilität ist jedoch nicht allein aus Gründen des Wettbewerbs geboten. Auch die rasante Veränderung kundenorientierter Prozesse reduziert die verfügbare Zeit zu ihrer Implementierung; der Trend zum globalisierten, virtuellen Unternehmen verstärkt die Anforderungen an die Agilität der IT zusätzlich. Beispielsweise koordinieren in Automobilkonzernen interne Teams hunderte von externen Entwicklungspartnern. Mit einer traditionellen, auf voneinander unabhängige Funktionen und Projekte ausgerichteten IT ist das Management derartiger Netzwerke kaum zu bewerkstelligen.

Eine Neuausrichtung historisch gewachsener IT-Architekturen auf mehr Flexibilität und Agilität ist folglich erforderlich. Diese Ausrichtung bedarf jedoch einer langfristigen Zielvorstellung, wenn nicht – nach „bewährtem" Muster – nur kurzfristig Probleme gelöst werden sollen, die auf lange Sicht aber nur das Gewicht des Mühlsteins weiter erhöhen. Um dieser langfristigen Orientierung Rechnung zu tragen, kann sich der Zeithorizont einer IT-Architekturentwicklung nicht auf die Budgetplanung eines Geschäftsjahres beschränken, sondern muss als dauerhaftes Aufgabenfeld in der IT-Organisation verankert werden – häufig im Bereich des in Kap. 7 beschriebenen IT-Managements. In dieser Funktion geht es darum, strategisch in Technologie- und Architekturgenerationen zu denken und diese in einen laufend angepassten, langfristigen Entwicklungsplan zu übersetzen, der für die operative Umsetzung in einzelne Geschäftsjahre herunter gebrochen werden kann.

8.1.2 Herausforderungen durch gewachsene IT-Architekturen

Heterogene und komplexe IT-Architekturen führen zu einer Vielzahl von Herausforderungen für den CIO. Im Kern lassen sich diese zu fünf Problemkreisen zusammenfassen, die im Folgenden knapp skizziert werden: 1. hoher Aufwand für Wartung, Betrieb und Weiterentwicklung, 2. Redundanzen und Inkonsistenzen in den Stammdaten, 3. hohe Integrationskosten aufgrund komplexer Integrationsarchitekturen, 4. lange Reaktionszeiten für Architekturanpassungen und 5. suboptimale, intransparente Prozesse mit hohen Prozesskosten:

1. Hoher Aufwand für Wartung, Betrieb und Weiterentwicklung: Ein breites Spektrum verschiedener zum Einsatz kommender Technologien erfordert ein ebenso breites Spektrum an unterschiedlichen Betriebsprozessen und Kompetenzen. Zur Minimierung von Risiken und zur Gewährleistung eines stabilen Betriebs dürfen diese Kompetenzen nicht auf einzelne Mitarbeiter beschränkt sein. Daraus ergibt sich ein entsprechend hoher Bedarf an internen oder externen personellen Ressourcen. Neben dem strukturbedingt hohen Aufwand für Wartung, Betrieb und Weiterentwicklung lassen sich bei einer Vielzahl verwendeter IT-Applikationen und Infrastrukturkomponenten gegenüber Technologielieferanten nur beschränkt Preisreduktionen durch Größenvorteile durchsetzen. Selbst die durch eine organisatorische Bündelung (beispielsweise in Shared Service-Zentren) erreichbaren Skaleneffekte sind in der Regel beschränkt.
2. Redundanzen und Inkonsistenzen in den Stammdaten: Die effiziente Verwaltung von Stammdaten ist oft ein gravierendes Problemfeld. Inkonsistente Daten in Materialstämmen, Produktstämmen, Kundenstämmen u. a. führen zu erheblichen Problemen in Geschäftsprozessen, die etwa in Form unterschiedlicher Angaben zu Produkten bald für den Kunden sichtbar sind und dann auch ärgerlich werden können. Dass ein zentral angesiedeltes Stammdatenmanagement in Unternehmen heute immer noch eher die Ausnahme als die Regel darstellt, ist zwar in erster Linie ein organisatorisches Problem; dieses wird aber zu einem erheblichen Teil auch durch die Heterogenität der Systeme gefördert. Selbst dort, wo eine zentrale Stammdatenverwaltung erfolgreich eingeführt worden ist, verbleibt die Herausforderung, effiziente Verteilprozesse in meist heterogene Datenformate mit möglichst geringem manuellen Prüfungs- und Nachbearbeitungsaufwand aufzusetzen.
3. Hohe Integrationskosten aufgrund komplexer Integrationsarchitekturen: Die Zusammenführung heterogener Anwendungen und Systeme in eine konsistente Prozess- und Verfahrenslandschaft ist äußerst zeitaufwändig und teuer. Mit den einmaligen Implementierungskosten ist es dabei nicht getan, speziell wenn mangels verfügbarer Standardtechnologien Integrationsbausteine in Eigenentwicklung erstellt werden. Es ist nicht einfach, die Auswirkungen einer Änderung an einzelnen Komponenten so zu isolieren, dass sie sich nicht durch die gesamte IT-Applikationslandschaft hindurch fortsetzen und an völlig anderen Stellen und zum Teil völlig unerwartet Nacharbeiten notwendig machen. Auch der laufende Betrieb derartiger Integrationsarchitekturen erfordert beträchtliche Ressourcen und umfassendes Wissen, weil nur permanente Überwachung und gegebenenfalls Korrekturen reibungslose Abläufe sicherstellen können.
4. Lange Reaktionszeiten für Architekturanpassungen: Wo IT-Applikationen aus einzelnen Geschäftseinheiten und ohne Abstimmung an einer Gesamtarchitektur heraus entworfen und entwickelt werden, ist es schwie-

rig, funktionsübergreifende Prozesse an neue Anforderungen anzupassen. Das liegt nicht nur am erhöhten Koordinations- und Abstimmungsbedarf zwischen IT-Applikationsverantwortlichen aus verschiedenen Geschäftseinheiten, sondern auch daran, dass Änderungen in komplexen IT-Architekturen weitaus schwieriger zu begrenzen und entsprechend zu planen und umzusetzen sind. Es ist nicht selten die anfänglich unterschätzte Komplexität heterogener IT-Architekturen, die bei IT-Projekten zu Projektverzögerungen und Budgetüberschreitungen führt.

5. Suboptimale, intransparente Prozesse mit hohen Prozesskosten: Durch den Fokus auf lokale Optimierung von Fach- oder Funktionsbereichen sind übergreifende Prozesse und Strukturen häufig nicht optimiert, da durch die zersplitterte Betrachtungsweise kaum Aufmerksamkeit auf sie verwendet wird. Dies manifestiert sich beispielsweise in manuellen Schnittstellen mit inkonsistentem Informationsaustausch und erheblichem Nacharbeitsbedarf an den Schnittstellen zwischen den Prozessen. Als Folge lassen sich auch Effizienzmaße für diese übergreifenden Prozesse kaum noch darstellen. Das Management wird mit vielen verschiedenen Metriken konfrontiert, die aus separaten Applikationen mit unterschiedlichen Datenständen generiert wurden, ohne manuelle Konsolidierung kein Gesamtbild mehr abgeben und oft auch widersprüchliche Informationen bieten. Damit ergibt sich das kontraproduktive Ergebnis hoher IT-Kosten bei gleichzeitig hohen Prozesskosten – ein Ergebnis, beim dem alle verlieren und das für niemanden akzeptabel sein kann.

8.1.3 Lehren aus der Vergangenheit

Es ist durchaus hilfreich, die Gründe für die heutigen Architekturprobleme näher zu betrachten, um daraus Lehren für die Zukunft zu ziehen. Dabei zeigt sich, dass die Wurzeln der Probleme meist nicht in einer verfehlten oder nachlässigen Gestaltung der IT liegen, die den technologischen Wandel nicht oder nur unzureichend in bestehenden Architekturen umgesetzt hat. Auch wenn die IT in Einzelfällen durch Fehlentscheidungen zu heterogenen Strukturen beigetragen haben mag: Die Hauptursache für die heutige Situation scheint strukturell begründet und liegt vor allem in der traditionellen Funktionszuweisung an die IT. In einer falsch verstandenen Unterstützungsrolle wurde ihr lange Zeit keine aktive Mitwirkung an der Gestaltung von Prozessen und der entsprechenden Umsetzung in IT-Architekturen zugestanden. Stattdessen wurde sie zu einem reinen Technologiebetreiber abgewertet. Dies wird im Folgenden an einigen Punkten deutlich, die zur bestehenden Architekturproblematik geführt haben.

Als erstes Problemfeld ist anzuführen, dass Fach- oder Funktionsbereiche häufig als Weisungsgeber für die IT agieren. Geschäftsanwendungen werden typischerweise – und natürlich vollkommen zu Recht – aus funktionalen Bereichen heraus getrieben. Allerdings beschränken sich die Fachabteilungen nicht immer auf die Definition der Geschäftsanforderungen und die Übersetzung der Prozesse in erforderliche Funktionalitäten, sondern konzipieren und implementieren teilweise auch konkrete Applikationen. Erst als bereits geschaffene Fakten gehen diese dann in die Verantwortlichkeit des „Betreibers", d. h. der IT-Organisation über. Dass angesichts einer solchen Weisungsbefugnis der Fachabteilungen an die IT für jeden Geschäftsprozess speziell zugeschnittene Anwendungen gefunden, oder entwickelt und eingeführt werden, ist nicht überraschend. Ebenso wenig überrascht auch, dass Technologieentscheidungen getroffen werden, die nicht notwendigerweise mit der Gesamtunternehmensarchitektur (Enterprise Architecture) kompatibel sind.

Zu dem überall beobachtbaren Sammelsurium von Technologien und Systemen hat ebenso die Praxis geführt, Fachanforderungen lediglich an die IT-Organisation weiterzureichen. Auf diese Weise wurden Applikationsportfolios wie Flickenteppiche aus unterschiedlichen Plattformen zusammengestückelt, ohne zum Beispiel darauf zu achten, dass sich die einzelnen Bestandteile in verschiedenen Phasen des Technologielebenszyklus befinden und nach unterschiedlichen Vereinbarungen (SLAs) in unterschiedlichen Wartungs-, Modernisierungs-, und Budgetzyklen betrieben werden. Zudem werden Portfolios mit unterschiedlichen Zielsetzungen für unterschiedliche Benutzergruppen entworfen. Dies ist zwar im Sinne der Geschäftsanforderungen verständlich, aber die Maßnahmen müssen dennoch nach klar definierten und allgemein akzeptierten Standards und Richtlinien umgesetzt werden. Das ist aber bei einem in erster Linie aus den Fachbereichen getriebenem Ansatz nicht garantiert.

Als zweites Problemfeld ist festzuhalten, dass viele CIOs weder richtige Verantwortung, noch ein großes Budget haben. Die Heterogenität vieler IT-Architekturen wird auch dadurch gefördert, dass die Verantwortlichkeit für IT-Applikationen und insbesondere das Budget für ihre Weiterentwicklung häufig nicht der IT-Organisation, sondern den Fach- oder Funktionsbereichen zugeordnet ist. Auch dies ist zwar teilweise verständlich, gibt aber dennoch Anlass zu weiteren Konflikten. So hängt nicht zuletzt der Wartungs- und Betriebsaufwand ganz erheblich von Entscheidungen hinsichtlich Konzeption und Evolution der IT-Applikation ab – diese muss der CIO nachhaltig beeinflussen können.

Als drittes Problemfeld ist anzuführen, dass eine stark dezentrale Unternehmensorganisation eine bestehende komplexe IT-Architektur verstärken kann. So werden in multidivisional organisierten Unternehmen IT-Architekturprobleme auf Ebene der Geschäftseinheiten weiter skaliert, etwa wenn ganze Unternehmensteile mit eigenen IT-Organisationen ausgestattet sind und unabhängig voneinander ihre IT-Architekturen gestalten. Insofern die einzelnen Geschäftseinheiten tatsächlich sehr unterschiedlich voneinander sind, mag die entstehende Heterogenität der Architekturen zwischen den Geschäftseinheiten durchaus richtig sein. Dennoch müssen auch hier – wie in Kap. 7 dargestellt – die Möglichkeiten für eine Harmonisierung genau geprüft werden. So sind beispielsweise Finanzprozesse selbst über rechtlich eigenständige Teilunternehmen hinweg zwangsläufig voneinander abhängig, wenn das Unternehmen im Rahmen der Rechnungslegung zur Konsolidierung verpflichtet ist.

Ein viertes Problemfeld sind Unternehmensfusionen und Übernahmen. Merger and Acquisition (M&A)-Aktivitäten haben erhebliche Auswirkungen auf die IT, da fusionierende Unternehmen selten vergleichbare IT-Architekturen aufweisen. Meist sind sowohl die Kosten, als auch der organisatorische Widerstand gegen eine vollständige Harmonisierung im Gefolge der Fusion hoch, weshalb IT-Architekturen im neu geschaffenen Unternehmen oft nicht mit voller Konsequenz aneinander angeglichen werden.

Fünftens und letztens dürfte auch die IT-Organisation selbst nicht völlig frei von Verantwortung für die Entwicklung der derzeitigen IT-Architekturproblematik sein. Hier liegt beispielsweise das zentrale Versäumnis, das den Wildwuchs von IT-Architekturen in der Vergangenheit überhaupt erst ermöglicht hat, meist in organisatorischen Rahmenbedingungen begründet: dem Fehlen einer institutionalisierten, zentralen und durchsetzungsfähigen IT-Architekturverantwortung im Rahmen der IT Governance. Es wurden zwar mehr oder weniger klar definierte und allgemein verbindliche Standards für Aufbau und Struktur von IT-Architekturen eingeführt, diese werden aber in der Regel eher großzügig interpretiert – oder sogar schlichtweg ignoriert.

Hier ist es auch Aufgabe des CIO, nach innen zu wirken und dafür zu sorgen, dass die IT Governance ebenso wie IT-Mission und Vision nicht nur auf dem Papier existiert, sondern auch gelebt wird. So schwierig es ist, diese vielschichtige Architekturproblematik zu lösen, so wichtig ist es, den Veränderungsprozess in der Organisation zu starten und zu kanalisieren. Ohne akkurate Technologiemanagementprozesse steht der CIO in seinem Ringen um eine sauber strukturierte, zukunftssichere und effiziente Gesamtunternehmensarchitektur on vorneherein auf verlorenem Posten.

8.2 Die Neuausrichtung von IT-Architekturen

8.2.1 Grundmodelle der IT-Architekturauslegung

Die vorhergehenden Ausführungen zeigen, dass bei heutigen IT-Architekturen erheblicher Handlungsbedarf besteht. Für den CIO geht es darum, historisch gewachsene Strukturen aufzubrechen und zu bereinigen, um dann die Grundlage für eine langfristige Architekturentwicklung zu legen, die nicht erneut an den gleichen Übeln krankt wie heutige IT-Architekturen. Dies ist keine leichte Aufgabe, die auch nicht rein aus der Technik heraus angegangen werden kann, sondern eigentlich aus einer konsistenten Prozessarchitektur heraus getrieben werden muss. Diese ist in Unternehmen aber selten in der für einen Architekturentwurf erforderlichen Klarheit und Detaillierung verfügbar. Zudem erfordert ein erfolgreiches Vorgehen enge Kooperation mit den Prozess- bzw. IT-Applikationsverantwortlichen aus den Fach- oder Funktionsbereichen – bzw. Geschäftseinheiten – sowie stringente und akzeptierte IT Governance-Prozesse, deren Durchsetzung wiederum regelmäßig erheblichen Abstimmungs- und Verhandlungsaufwand mit sich bringt. (vgl. Kap. 11 zur Frage adäquater IT Governance-Prozesse).

Aus diesen Gründen ist die Versuchung sehr groß, Applikationsarchitekturen auf der Basis rein technisch formulierter Ziele, sowie den in Kap. 7 beschriebenen technischen Kosten- und Nutzenrechnungen zu rationalisieren. Davon kann nur abgeraten werden. Eine vollständig geschäfts- und prozessneutrale Rationalisierung von IT-Applikationsarchitekturen ist ohnehin nur in Sonderfällen möglich; noch gewichtiger dagegen spricht aber, dass viele Rationalisierungsvorhaben gerade deshalb scheitern, weil die Geschäftsverantwortlichen nicht mit entsprechenden Mitwirkungsrechten und vor allen Dingen Mitwirkungspflichten in die Planung und Umsetzung eingebunden sind. Diese verweigern sich den Initiativen dann aus der Sorge heraus, dass eine harmonisierte IT-Architektur ihr Geschäft in einer Art und Weise beschränkt, die ihre Zielerreichung erschwert. Dass sich dann oft Geschäftsverantwortliche weigern, auf souveräne IT-Architekturentscheidungen zu verzichten, ist wenig überraschend.

Eine IT-Architekturinitiative, die auf die Beseitigung der Ineffizienzen gewachsener Architekturen durch Rationalisierung und Vereinheitlichung abzielt, muss also mindestens zwei wesentliche Parameter berücksichtigen: Zum einen die Geschäftsanforderungen der Fach- oder Funktionsbereiche bzw. der Geschäftseinheiten, zum anderen den Grad der Autonomie, der den Fachabteilungen bzw. Geschäftseinheiten zugestanden wird. Diese Parameter und Konsequenzen sind überblicksartig in Abb. 8.2 dargestellt. Es ist ferner zu beachten, dass die Geschäftsanforderungen auf der Ebene der Fach- oder Funktionsbereiche eher detailliert definiert werden, während solche Bestimmungen auf der Ebene der Geschäftseinheiten häufig abstrakt bleiben. Konsequenterweise fallen auch die Vorgehensmodelle bei der Ableitung der Architekturstrategie unterschiedlich aus.

Wird die Architekturplanung aus der Sicht des Gesamtunternehmens von oben nach unten begonnen, so muss zunächst die Heterogenität der Geschäftseinheiten betrachtet werden. Entscheidend ist, ob sich die Geschäfts-

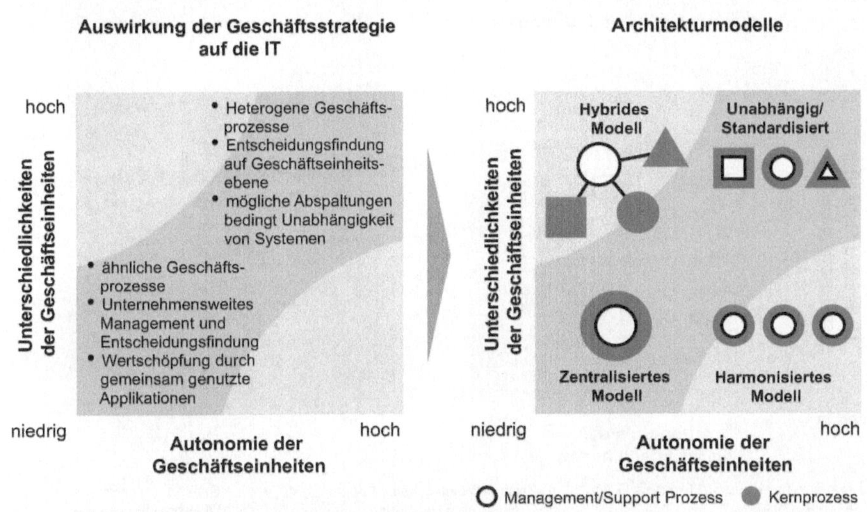

Abb. 8.2 Parameter für IT-Architekturentscheidungen

einheiten so stark voneinander unterscheiden, dass sie unterschiedliche Architekturen nicht nur rechtfertigen, sondern auch benötigen (beispielsweise hochgradig innovatives Großprojektgeschäft, das hoch spezialisierte Produktentwicklungssysteme für wenige große, stark kundenspezifisch geprägte Lösungen in Geschäftseinheit A erfordert, gegenüber standardisierter Massenfertigung von einfachen Produkten, die mit Standard-Produktentwicklungssystemen in Geschäftseinheit B abgewickelt werden kann). Welche Charakteristika dabei betrachtet werden, welche Kriterien also für die Ähnlichkeit bzw. Verschiedenheit des Geschäfts angelegt werden, muss im Einzelfall entschieden werden; generell sollten diese aber den Kategorien Markt-, Produkt- und Prozesscharakteristika zuzuordnen sein.

Kombiniert man die Dimension Heterogenität der Geschäftseinheiten mit der Dimension Autonomie der Geschäftseinheiten in ihren IT-Architekturentscheidungen, so lässt sich die in Abb. 8.3 gezeigte Vierfelder-Matrix aufspannen, die grundsätzliche Alternativen für Unternehmensarchitekturen aufzeigt. Die vier aufgeführten Modelle führen zu unterschiedlichen Architekturansätzen, die sich wie folgt beschreiben lassen:

1. Zentrales Modell: Dieses Modell weist eine geringe Differenzierung der Geschäftseinheiten auf, die alle auf ähnlichen oder faktisch identischen Modellen beruhen, verbunden mit einem niedrigen Grad an dezentraler Autonomie, der wenig oder keine Möglichkeiten für IT-Entscheidungen auf Ebene der Geschäftseinheiten vorsieht. Es ermöglicht eine zentralisierte Ausrichtung der IT, mit deren Hilfe sich eine einheitliche Architektur für das Gesamtunternehmen erreichen lässt. Um die Übereinstimmung der Architekturen in den Geschäftseinheiten zu erhalten,

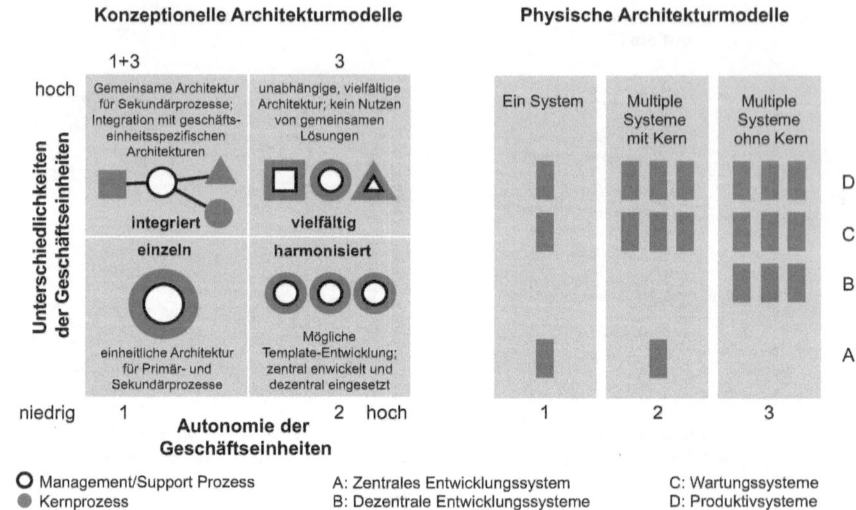

Abb. 8.3 Alternativen für Unternehmensarchitekturen

sollte dabei beispielsweise eine Enterprise Resource Planning (ERP)-Architektur einmalig von einer zentralen Instanz entwickelt (inklusive gegebenenfalls erforderlicher regionaler Anpassungen) und direkt auf Produktivsysteme der Geschäftseinheiten übertragen werden. Änderungen können dann nur durch die zentrale Entwicklungsinstanz vorgenommen werden. Dies führt zu einem Höchstmaß an Konsistenz.

2. Unabhängiges Modell: Das dem zentralen entgegen gesetzte Modell weist große Unterschiede zwischen den Geschäftseinheiten und ein hohes Maß an dezentraler Entscheidungsautonomie auf, die im Extremfall zu vollkommen unterschiedlichen IT-Architekturen in den Geschäftseinheiten führen. Durch die Definition verbindlicher Standards, beispielsweise für Hardware und Softwarekomponenten, lassen sich in diesem unabhängigen Modell zumindest gewisse Synergien und damit etwa in der Beschaffung Größenvorteile realisieren (beispielsweise Konzernlizenzmodelle oder Rabatte auf Hardware). Beim Beispiel einer ERP-Architektur wäre dann auch die Entwicklung in den Geschäftseinheiten angesiedelt, die Harmonisierung der Einzelsysteme würde, wenn überhaupt, im Sinne gemeinsamer Standards stattfinden.

3. Harmonisiertes Modell: In einem harmonisierten Modell kann ein höheres Maß an Standardisierung erreicht werden als im unabhängigen Modell. Wie weit dieser Grad der Standardisierung gehen kann, hängt davon ab, wie weit die jeweiligen Entscheider in den Geschäftseinheiten von den Vorteilen eines gemeinsamen Weges überzeugt werden können. Im Hinblick auf das Beispiel einer ERP-Architektur sind dementsprechend unterschiedliche Ausprägungen vorstellbar. Bei einem hohen Maß an Gemeinsamkeiten zwischen den Geschäftseinheiten könnte ähn-

lich dem zentralen Modell eine einzige Entwicklungsinstanz nach vorheriger Abstimmung mit allen Geschäftseinheiten die ERP-Applikationsarchitektur entwickeln und von dort auf Produktivsysteme in den Geschäftseinheiten verteilen. Mit diesem Vorgehen geht allerdings ein Verlust an lokaler Entscheidungsautonomie einher, was nicht notwendigerweise im Sinne der Geschäftseinheiten ist. Ein diesbezüglich weniger restriktives Model wäre die Definition eines zentralen Templates, das dann in den Geschäftseinheiten weiter verfeinert und an spezifische Bedürfnisse angepasst wird. Zu beachten ist dabei allerdings, dass Geschäftseinheiten ohne weitere Mechanismen zur Erhaltung von Konsistenz erfahrungsgemäß relativ schnell auseinander laufen und die Grundidee des Templates schnell ad absurdum führen.

4. Hybrides Modell: In einem hybriden Modell sind zwar die Geschäftseinheiten sehr differenziert, bleiben jedoch in ihrer Autonomie eingeschränkt. Für das Beispiel einer ERP-Architektur bietet sich hier ein Mischmodell an, bei dem bestimmte Prozesse beispielsweise in Shared Service-Zentren zusammengeführt und wie im zentralen Modell umgesetzt werden (etwa für Finanz- und Administrationsprozesse), während spezifische Prozesse der Geschäftseinheiten wie im unabhängigen Modell von den jeweiligen Geschäftseinheiten realisiert werden.

Mit dem dargestellten Ansatz lassen sich die grundsätzlichen Weichen in Richtung harmonisierter IT-Architekturen auf der Ebene des Gesamtunternehmens stellen. Das beantwortet aber noch nicht die Frage nach der darunter liegenden, konkreten Architekturgestaltung. Auf der Ebene einer Geschäftseinheit liegt der Fokus nicht mehr auf Grundsatzentscheidungen im Hinblick auf die Angleichung von IT-Architekturen über verschiedene Konzernunternehmen hinweg, sondern vielmehr auf dem Vorgehen bei der Entwicklung einer effizienten und anpassungsfähigen technischen Architektur. Um beim Beispiel zu bleiben, geht es also um die Frage, wie eine ERP-Architektur auf der Ebene einer Geschäftseinheit dann tatsächlich ausgestaltet und in den Gesamtrahmen der Architektur integriert werden muss. Basierend auf einem fundierten Verständnis des Geschäfts und den entsprechend klar definierten und konsistenten Prozessarchitekturen lassen sich hierfür entsprechend konsistente Zielarchitekturen ableiten.

Bei der Formulierung dieser Zielarchitekturen sollten generelle Leitlinien definiert werden (beispielsweise die Präferenz von „Best-of-Suite" Softwarepaketen anstelle von „Best-of-Breed" Komponenten, Investition in IT-Anpassungen nur für Kernprozesse, die das Unternehmen am Markt differenzieren, konsequente Vereinfachung und Komplexitätsreduktion in allen übrigen Unterstützungsprozessen). Die Vorteile, die sich aus der Anwendung dieser Leitlinien und Standards ergeben, für die Fachabteilung deutlich zu machen, ist eine Aufgabe, für die der CIO künftig Verhandlungsgeschick und Überzeugungskraft benötigt. Zusätzlich muss er jene

Anwendungen auch in geschäftliche Vorteile übersetzen können – etwa indem die Auswirkungen inkonsistenter Stammdaten auf Geschäftsprozesse vermieden werden, die Transparenz erhöht und damit die Steuerbarkeit der Geschäftsprozesse durch integrierte Architekturen verbessert wird.

Da die Implementierung der Zielarchitekturen entsprechende Budgets erfordert und schon aus Gründen der Ressourcenverfügbarkeit und einer Minimierung der Beeinträchtigung des Geschäfts nicht zu viele Veränderungsprozesse gleichzeitig eingesteuert werden können, muss der Architekturentwurf in eine längerfristige Migrationsstrategie mit entsprechender Projekt- und Budgetplanung übersetzt werden. Die Investitionspläne sind mit den Erfordernissen der Fach- oder Funktionsbereiche abzustimmen. Wichtig ist auch, dass die Zielarchitektur entlang dieser langfristigen Planung laufend auf ihre Angemessenheit geprüft und angepasst wird, weil Geschäftsanforderungen und verfügbare Technologien einem permanenten Wandel unterzogen sind.

8.2.2 SOA als nächste Evolutionsstufe der IT-Architektur

Wie dargestellt, ist ein hohes Maß an Agilität und Effizienz der IT-Architektur entscheidende Zielsetzung für den CIO. Ein viel versprechender Ansatz, dieses Ziel zu erreichen, sind die derzeit intensiv diskutierten serviceorientierten Architekturen (SOA). Leider durchläuft der Begriff SOA im Moment den für Innovationen typischen Zyklus medialer Aufmerksamkeit – mit allen anfänglichen Übertreibungen, Fehleinschätzungen und überzogenen Erwartungen, zu denen sich später auch die entsprechenden Ernüchterungen gesellen. SOA ist jedoch keine neue Technologie: Das Innovative an SOA besteht darin, einen grundlegenden Ansatz zu liefern, das Geschäft durch die IT zu strukturieren. Auch dabei ist SOA keine revolutionäre Neuerung, sondern vielmehr die nächste Evolutionsstufe in der Weiterentwicklung von Unternehmensarchitekturen, wie in Abb. 8.4 gezeigt.

Als spezifischer Ansatz, das Geschäft durch IT zu strukturieren, legt SOA die Basis für den Bauplan einer Prozessarchitektur. Der für diesen Bauplan verantwortliche Prozessarchitekt beschreibt auf der Grundlage des SOA Ansatzes, wie das Geschäft und die IT seines Unternehmens strukturiert sind und welche Geschäftsprozesse benötigt und somit von der IT unterstützt werden müssen. Darauf aufbauend definiert der IT-Architekt, welche Systeme diese Abläufe abbilden. Er definiert also, wie IT zum „Business Enabler" des Unternehmens wird. Eine entscheidende Voraussetzung für SOA besteht also darin, die Aufmerksamkeit auf die notwendigen funktionalen Fähigkeiten des Unternehmens zu fokussieren statt auf Applikationen.

Dazu müssen zunächst die Geschäftsprozesse im Hinblick auf die benötigten Fähigkeiten untersucht und abgebildet werden. Danach erst werden

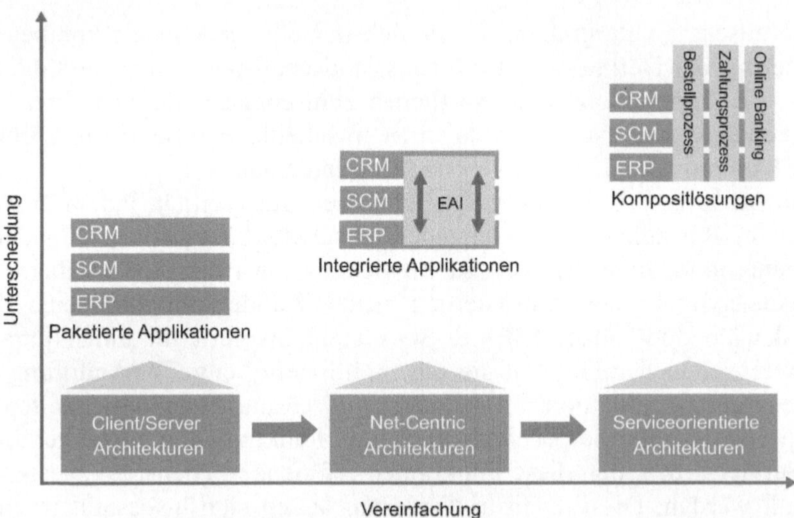

Abb. 8.4 SOA als Evolutionsstufe in der IT-Architektur

die Fähigkeiten auf Gemeinsamkeiten und Synergien hin analysiert, bevor sie auf Systeme übertragen werden. SOA hat den Effekt, dass die IT-Systeme in eine übergeordneten Geschäfts- bzw. Unternehmensarchitektur eingebettet und Geschäftsprozesse konsequent in IT-Services übersetzt werden, anstatt IT-Systeme halbwegs passend auf Prozesse zu setzen. Es wurde bereits darauf hingewiesen, dass in Unternehmen Prozessarchitekturen selten in der für den Architekturentwurf erforderlichen Detaillierung verfügbar sind.

Da diese aber unentbehrlich sind, ist der CIO zunehmend auch als Prozessgestalter gefordert. Selbstverständlich wäre es auch in dieser Rolle verfehlt, den Fach- oder Funktionsbereichen konkrete Prozesse vorgeben und diese in Architekturen ausdefinieren zu wollen. Der CIO kann für die Fachabteilungen im Rahmen der Prozessdefinition aber durch seine übergreifende Perspektive und den Fokus auf Informationsflüsse in Prozessen einen sehr wertvollen Beitrag leisten und sich damit als Partner der Fachabteilung positionieren (dabei ist anzumerken, dass Informationsflüsse im Rahmen der Prozessdefinition abstrakt, also insbesondere von der spezifischen Implementierung unabhängig definiert werden sollten – auch wenn die Kenntnis möglicher Entsprechungen dieser Informationsflüsse in Standardsoftwarepaketen hilfreich und teilweise erforderlich ist).

Um Partner der Fachabteilungen sein zu können, muss der CIO nicht zuletzt die Sprache der Fach- oder Funktionsbereiche verstehen und auch in dieser kommunizieren können. Ein rein technischer Fokus würde ihm die erforderliche Anerkennung schnell verwehren und deren Kommunikationsbereitschaft untergraben. Wenn sich der CIO jedoch als kompetenter Partner bei der Definition einer Prozesslandschaft positioniert und die Prozess- und Applikationsverantwortlichen zum engen Schulterschluss überzeugen kann, dann hat er bereits einen entscheidenden Schritt in Richtung einer harmonisierten IT-Architekturdefinition getan.

Ein SOA-Ansatz legt dann das Fundament für Agilität, indem er es ermöglicht, Bausteine aus bestehenden Geschäftsprozessen zu verwenden, um neue, innovative Prozesse zu entwickeln, etwa für neue Produkte und Dienstleistungen, zur Adressierung neuer Kundengruppen, neuer Vertriebskanäle oder neuer Märkte. SOA steht insofern für einen Paradigmenwechsel in der IT, weil sie die traditionelle, enge Verknüpfung von Prozess und Applikation auflöst und neue Gestaltungsmöglichkeiten dadurch erzielt, dass die geschäftsrelevanten Funktionen aus lose gekoppelten Services (d. h. den diese Funktionen erfüllenden Diensten) zusammengestellt werden. Diese Dienste wiederum lassen sich insgesamt in einem „Service Repository" (vereinfacht gesprochen in einer Datenbank) hinterlegen. Auf der entsprechenden Technologieplattform können derartige Dienste dann zu Geschäftsprozessen kombiniert und angepasst werden.

Es muss allerdings klar sein, dass die Dienste in einer SOA nicht nur aus kleinen Modulen bestehen, sondern am Backend durchaus auf bestehenden Legacy Systemen aufsetzen (im Regelfall ERP-Komponenten). Aus diesem Grund sollte die im Zusammenhang mit SOA häufig verwendete Lego-Metapher mit Vorsicht behandelt werden: So griffig die Beschreibung der Dienste als Lego-Bausteine auch ist, um die Modularität von SOA zu beschreiben, ein Kinderspiel ist SOA deswegen nicht. Und auch wenn einzelne Dienste innerhalb von SOA vergleichsweise kleiner werden, ist das bisweilen verkündete Ende monolithischer IT-Systeme damit noch nicht gekommen. Die Kernsysteme am Backend werden auch bei SOA eher umfassende ERP-Monolithen bleiben. Nur werden diese Systeme nach außen hin eine größere Zahl an Diensten exponieren und damit mehr Flexibilität in der Verwendung dieser Systeme erlauben. Abbildung 8.5 zeigt nochmals die Unterschiede zwischen traditionellen und innovativen SOA Architekturen.

Als Voraussetzung erfordert die Realisierung der Vorteile einer SOA allerdings eine Bereinigung der IT-Architektur im Sinne der Ablösung einer Vielzahl von IT-Applikationen mit überlappenden und teilweise redundanten Funktionalitäten. Insofern steht am Anfang der Entwicklung hin zu einer konsistenten Legacy Architektur mit klar zugeordneten Funktionalitäten wohl durchaus die Ablösung monolithischer Strukturen in IT-Systemen. Als Ganzes betrachtet ermöglicht SOA nach außen die Differenzierung des IT-Angebots, das über die Neu- und Mehrfachkombination von Diensten agiler und flexibler wird, während SOA nach innen – also auf die

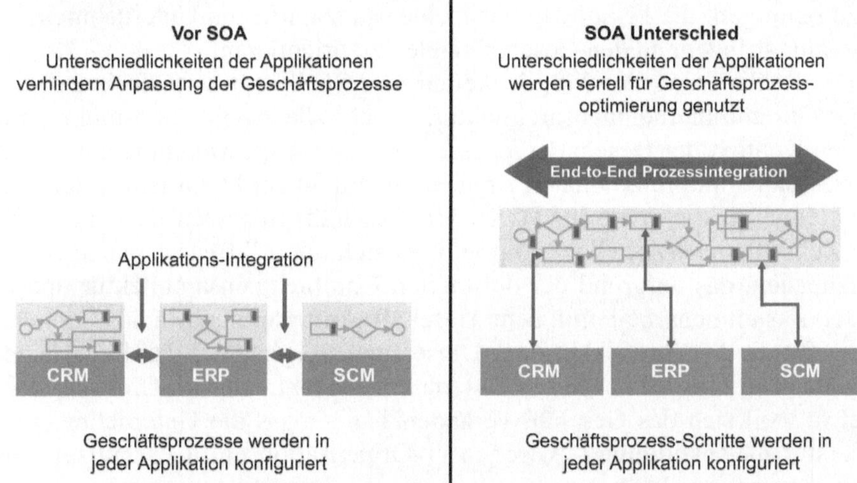

Abb. 8.5 Traditionelle und SOA-basierte Geschäftsprozessintegration

Organisation der Abläufe und Prozesse – vereinfachend wirkt. Veränderungen an bestehenden Systemen und die Implementierung von neuen Geschäftsprozessen können einfacher realisiert werden, Datenaustausch und Kollaboration mit Partnerunternehmen werden vereinfacht, und neue Geschäftsmodelle können schneller umgesetzt werden als bisher.

Dies führt aber nicht zu steigender Komplexität, weil nicht jede Geschäftsanforderung durch eine spezifisch geschaffene, neue Applikation bedient wird, sondern in einer kohärenten Applikationslandschaft auf existierenden Bausteinen aufsetzt. Beispiele für den erfolgreichen Einsatz von SOA gibt es durchaus: So hat ein großer italienischer Mobilfunkanbieter über eine SOA-basierte IT-Infrastruktur die Anpassungsfähigkeit seiner Preis- und Tarifstruktur deutlich erhöht und kann nun neue Produkte und Tarife schneller auf den Markt bringen als bisher. KLM Royal Dutch Airlines (KLM) haben einen SOA Ansatz gewählt, um neue Services, beispielsweise eigenständig ausgeführte Upgrades und Transfers an elektronischen Terminals anzubieten.

Die staatliche französische Eisenbahngesellschaft SNCF hat auf Basis einer SOA ein Online-Portal erstellt, mit dem sie ihre Marktreichweite vergrößert, die Vertriebskosten gesenkt und ihre Kundendienste weiter entwickelt haben. Das britische Ministerium für Arbeit und Pensionen hat SOA Dienste eingerichtet, die eine Internet-basierte Schätzung von Pensionszahlungen in Echtzeit erlauben. Statt wie bisher 40 Tage zu warten, erhalten die Kunden online sofort eine genaue Vorausberechnung ihrer Pension. Für den CIO bedeutet SOA also einen viel versprechenden Weg hin zu einer engeren Verzahnung der IT mit der Geschäftsseite, und kann dazu beitragen, die IT auf der Basis einer ganzheitlichen Unternehmensarchitektur stringent an den Geschäftszielen zu orientieren.

Die Realisierung der Möglichkeiten von SOA erfordert die Schaffung einer Gesamtunternehmensarchitektur, welche die Applikationsarchitektur in den Kontext der Geschäftsprozesse setzt, sowie die Durchbrechung von prozessualen und funktionalen Grenzen innerhalb der IT-Organisation. Um die stetige Ausrichtung der IT an den Geschäftsprozessen dann auch für die Zukunft sicherzustellen, empfiehlt es sich, ein IT-Bedarfsmanagement aufzubauen, das aufgrund der definierten Unternehmensarchitektur und in enger Zusammenarbeit mit dem Geschäft Anforderungen analysiert und diese für die IT-Entwicklung zur Umsetzung freigibt. Wo das Bedarfsmanagement mit der bestehenden Unternehmensarchitektur an Grenzen stößt – etwa weil sich das Geschäft verändert hat – muss die Unternehmensarchitektur in Abstimmung zwischen IT-Organisation und Geschäftseinheiten angepasst werden.

8.3 Zusammenfassung

- Viele CIOs sind mit historisch gewachsenen, komplexen und unübersichtlichen IT-Architekturen konfrontiert, die aus Mangel an Flexibilität und Agilität Wettbewerbsnachteile nach sich ziehen.
- Diese Architekturaltlasten sind mit hohen Kosten für Betrieb, Wartung und Weiterentwicklung verbunden.
- Stammdaten werden in heterogenen IT-Architekturen häufig redundant und/oder inkonsistent verwaltet.
- Die Integration heterogener Anwendungen und Systeme in eine konsistente Prozess- und Verfahrenslandschaft ist zeitaufwändig und kostenintensiv.
- Fach- oder funktionsbereichsübergreifende Prozesse und Strukturen sind durch lokale Optimierung und eine zersplitterte Betrachtungsweise häufig nicht optimiert.
- Die Gründe für die heutigen Architekturprobleme liegen in Fach- oder Funktionsbereichen, die als Weisungsgeber für die IT agieren, der oftmals unzureichenden Verantwortung und Budgethoheit der CIOs, oft zu dezentral augestellten Unternehmen, sowie in häufigen M&A-Aktivitäten.
- Wichtig für die Architekturplanung eines CIOs ist es, die Dimensionen Heterogenität der Geschäftseinheiten und Autonomie der Geschäftseinheiten zu betrachten.
- Es gibt vier grundsätzliche Modelle für Unternehmensarchitekturen: 1. Zentrales Modell; 2. Unabhängiges Modell; 3. Harmonisiertes Modell; 4. Hybrides Modell.

- Serviceorientierte Architekturen (SOA) ermöglichen eine flexible und agile Strukturierung der Geschäftsprozesse durch die Neu- und Mehrfachkombination von IT-Diensten und die Integration in eine Gesamtunternehmensarchitektur.
- Als Voraussetzung ist eine IT-Architekturbereinigung unabdingbar, d. h. Ablösung von IT-Applikationen mit redundanten Funktionalitäten.

9 Effizienzoptimiertes IT-Servicemanagement

Das IT-Servicemanagement – ursprünglich in den meisten Unternehmen ein eher technikgetriebener Bereich der IT-Organisation – gewinnt seit einigen Jahren zunehmend an Bedeutung. So hat sich die ursprünglich in Großbritannien für den öffentlichen Sektor dokumentierte Sammlung von Infrastruktur Servicemanagement Best Practices (ITIL)[65] zu einem de-facto-Standard für Organisation und Arbeitsweise des IT-Betriebsbereichs entwickelt. Auch der internationale Servicemanagement Standard ISO 20.000 beinhaltet vielfältige Richtlinien für die Arbeit der IT-Organisation. Diese Standards geben jedoch nur einen Rahmen vor, in dem sich eine IT-Organisation bewegen sollte. Um den IT-Wertbeitrag nachhaltig zu erhöhen, ist der CIO gefordert, einen effizienten IT-Betrieb durch Organisationsgestaltung (vgl. Kap. 7), Standardisierung von IT-Produkten und -Services, sowie durch einheitliche Vertragswerke mit den Geschäftseinheiten zu gewährleisten.

9.1 Leitlinien für das IT-Servicemanagement

9.1.1 Grundlegende Aufgaben

Gerade vor dem Hintergrund des kontinuierlich zunehmenden Wettbewerbs der IT-Organisation mit externen Dienstleistern und dem resultierenden Rechtfertigungsdruck ist ein klar definierter, ganzheitlicher, Ansatz für das IT-Servicemanagement unverzichtbar. Durch dieses wird maßgeblich beeinflusst, ob die interne IT-Organisation an Stellenwert verliert – und damit auch budgetbezogene Nachteile in Kauf nehmen muss – oder ob sie ihre Position als voll integrierter strategischer Dienstleister der Geschäftseinheiten festigen kann. Entscheidend ist hier die Überleitung des IT-Betriebsbereichs von einer nach außen hin unübersichtlichen, technologiegetriebenen und von IT-Kunden und Nutzern isolierten Fachabteilung hin zu einem eng abgestimmten Partner. Ziel ist es, die Geschäftsanforderungen zu jeder Zeit optimal zu berücksichtigen. Die Schnittstellen zu IT-

---

[65] Weitere Informationen unter www.itil.org/de

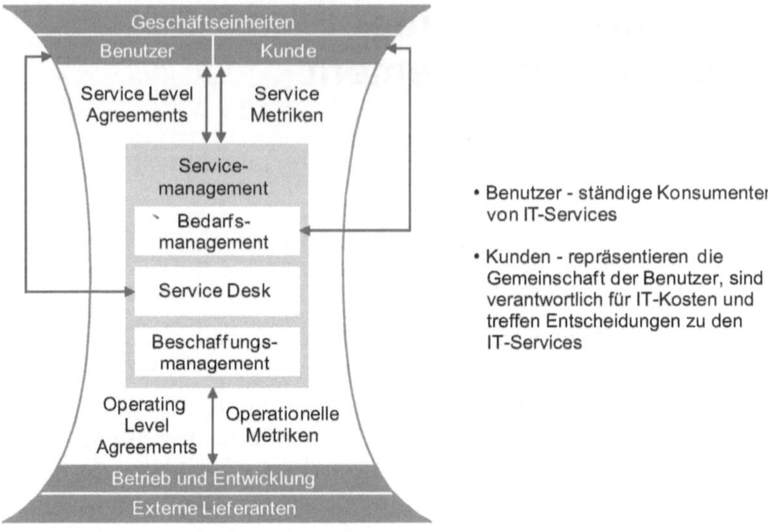

Abb. 9.1 Accentures Stundenglasmodell des IT-Servicemanagements

Kunden und Nutzern werden schematisch in Abb. 9.1 des Accenture Servicemanagementmodells dargestellt.

IT-Servicemanagement beinhaltet unter anderem die Dokumentation von konsistenten, skalierbaren Prozessen, ein für die internen IT-Kunden übersichtlich strukturiertes Service- und Supportangebot – untermauert durch klar gestaltete Verträge – sowie eine finanzielle Transparenz über die in Anspruch genommenen Leistungen der IT-Organisation. Diese ermöglicht eine bessere Auslastung und die Offenlegung der IT-Kostentreiber. Das Ziel des IT-Servicemanagementansatzes ist es, den IT-Betrieb wie ein eigenständiges Geschäft zu führen. Dadurch kann die IT-Organisation eine weitere Optimierung ihrer Services erreichen und zusätzlichen Wertbeitrag generieren. Wie in den nächsten Abschnitten dargestellt, sind Standardisierung, ein ganzheitlicher Ansatz, sowie Business Servicemanagement Leitlinien für ein effizienzoptimiertes IT-Servicemanagement.

9.1.2 Effizienzsteigerung durch Standardisierung

Mit zunehmendem Fortschritt der IT-Industrialisierung (vgl. Kap. 2) wird auch eine Anpassung des IT-Servicemanagements erforderlich. Die Anforderungen, die Commodity Services an das IT-Servicemanagement stellen, können sich von den Anforderungen strategischer Applikationen unterscheiden. So kommt es bei Commodity Services vor allem auf eine schnelle und flexible Aufnahme in das Serviceportfolio an, wogegen strategische Applikationen unter Umständen eine individuelle Betrachtungsweise erfordern. Beiden gemeinsam ist die Notwendigkeit möglichst schlanker Strukturen und effizienter Abläufe.

Bei vielen Unternehmen lässt sich ein eher geringer Standardisierungsgrad des IT-Servicemanagements beobachten. Verträge – wie Service Level Agreements (SLAs) oder Operational Level Agreements (OLAs) –werden für alle IT-Produkte und Services jeweils aufs Neue spezifiziert und nur geringfügig standardisiert. Gerade im Hinblick auf eine Industrialisierung der IT, welche zu einer zunehmenden Zahl von standardisierten Commodity Services führt, wird eine Vereinheitlichung der zu Grunde liegenden Verträge empfohlen. Die Erbringung von neuen IT-Produkten und -Services kann dadurch einfach und schnell zwischen der IT-Organisation und ihren Kunden (d. h. den Geschäftseinheiten) vereinbart werden. Langwierige Verhandlungen und Missverständnisse können reduziert werden, da alle Beteiligten auf einer gemeinsamen Vertragsgestaltung aufbauen.

Voraussetzung für wirklich standardisierte Verträge sind einheitlich strukturierte IT-Produkte und -Services. Die im Zusammenhang mit einer IT-Applikation oder Infrastrukturkomponente zu erbringenden Dienstleistungen/Transaktionen der IT-Organisation lassen sich auf ein generisches Set zurückführen, welches für alle Lösungen zur Anwendung kommt. Bei der Erstellung eines neuen Vertrags oder dem Eintrag in einen so genannten IT-Produkt- und Servicekatalog müssen nur noch die relevanten Komponenten – oder Transaktionen – ausgewählt werden.

In vielen Unternehmen ist zu beobachten, dass für dieselbe oder ähnliche Problemstellung in verschiedenen geografischen Regionen unterschiedliche IT-Produkte und -Services verwendet werden. Dies ist durch eine starke regionale Portfolioverantwortung begründet, die einen wirklichen Überblick über das unternehmensweit angebotene Portfolio verhindert. Diese Heterogenität ist häufig historisch bedingt und nicht einfach aufzulösen, da die Reduzierung regionaler Spielräume mit einer Verringerung der Entscheidungskompetenz regionaler Geschäftseinheiten einhergeht. Dennoch ist es Aufgabe des CIOs, diese Widerstände zu überwinden und einen globalen Blick über das unternehmensweite Portfolio an IT-Produkten und -Services zu ermöglichen.

9.1.3 Ganzheitlicher Blick auf das IT-Servicemanagement

Ziel des IT-Servicemanagements sollte nicht nur die unmittelbare Steuerung von Dienstleistungen im IT-Betrieb sein. Für den Erfolg der IT-Organisation ist ein weiter gefasster Ansatz mit vier wesentlichen Zielbereichen identifizieren, die überblicksartig in Abb. 9.2 dargestellt sind. Es ist zu beachten, dass diese Zielbereiche teilweise im Widerspruch zueinander stehen, d. h. eine Steigerung der Kundenorientierung kann nicht Hand in Hand mit Standardisierung und Kostenreduktionen erfolgen. Die in den

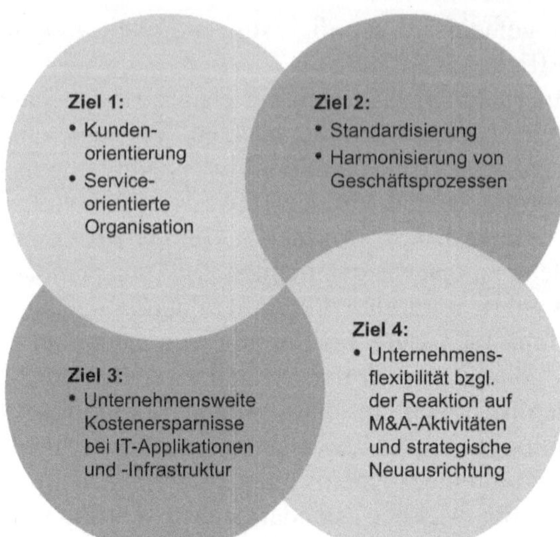

Abb. 9.2 Zielbereiche des IT-Servicemanagements

Kap. 6 und 8 vorgestellte IT-Strategie und Architektur zeigen Ansatzpunkte für eine Entscheidung des inhärent vorhandenen Zielkonflikts auf:

- 1. Ziel – Qualität der IT-Produkte und -Services, sowie Orientierung an den Kundenbedürfnissen: Wie bereits in den vorherigen Kapiteln aufgezeigt, hat die moderne IT-Organisation kein Alleinstellungsprivileg im Unternehmen mehr. Sie befindet sich zunehmend in einer Wettbewerbssituation zu externen Dienstleistern – nicht zuletzt durch die Verfügbarkeit von einfach auf die Anforderungen des Unternehmens anpassbaren IT Commodities. Vor diesem Hintergrund, sowie dem Rechtfertigungsdruck (vgl. Kap. 2), dem die IT-Organisation zunehmend ausgesetzt ist, ist es entscheidend, dass das Angebot und die Arbeitsweise der IT-Organisation so eng wie möglich an den Kundenanforderungen orientiert ist. Die IT ist nicht länger der Monopolist, dessen Services zwangsläufig bezogen werden müssen, sondern muss sich durch ein überzeugendes, auf die Geschäftsanforderungen abgestimmtes Angebot gegenüber ihren Wettbewerbern abgrenzen.
- 2. Ziel – Weitgehende Harmonisierung von Prozessen und Standardisierung des Angebots: In vielen Unternehmen herrschen heterogene, nach Verantwortungsbereichen aufgeteilte Prozesslandschaften vor. So können verschiedene Ausprägungen eigentlich gleichartiger Prozesse existieren – beispielsweise ein Bedarfsmanagementprozess für IT-Applikationen und ein paralleler unterschiedlicher Prozess für die IT-Infrastruktur. Diese Redundanzen führen zu Ineffizienzen und erschweren ein einheitliches Auftreten der IT-Organisation gegenüber ihren Kunden. Ziel der IT-Organisation sollte eine harmonisierte Prozesslandschaft sein. Auch im

Bereich des IT-Produkt- und Serviceangebots sind häufig unterschiedlich strukturierte Portfolioelemente anzutreffen. Eigentlich simple Skaleneffekte können nicht gehoben werden – beispielsweise durch einheitlich aufgebaute IT-Produkt- und Servicekataloge, harmonisierte SLAs und OLAs mit standardisierten Metriken und einem einheitlichen Verrechnungsmodell.

- 3. Ziel – Unternehmensweite Kostenersparnisse: Nicht zuletzt durch die fortschreitende IT-Industrialisierung lastet ein zunehmender Kostendruck auf der IT-Organisation und ihrem Dienstleistungsportfolio, wie auch in Kap. 1 dargestellt. Die Notwendigkeit aufwendiger Entwicklungen von Individualsoftware wird hinterfragt. Investitionen werden vor dem Hintergrund des Kostendruckes durch konkurrenzfähige Angebote spezialisierter, externer Dienstleister überprüft. Dies bietet der IT-Organisation jedoch auch eine Chance, ihre Leistungsfähigkeit zu erhöhen. Um dieser Herausforderung zu begegnen, ist die IT-Organisation gefordert, alle verfügbaren Kostenreduktionspotenziale auszuschöpfen.

- 4. Ziel – Unternehmensflexibilität: Vor allem im Zusammenhang mit Merger and Acquisition (M&A) Aktivitäten oder einer strategischen Neuausrichtung des Gesamtunternehmens muss die IT-Organisation in der Lage sein, sich möglichst schnell an die veränderten Rahmenbedingungen anzupassen. IT-Servicelandschaften müssen unter Umständen separiert und mit fremden IT-Organisationen konsolidiert werden. CIOs müssen zu jeder Zeit zügig in der Lage sein, Aussagen über die erforderlichen Anpassungen zu treffen und diese gegebenenfalls umzusetzen. Dazu ist es unbedingt erforderlich, dass das bestehende Serviceportfolio – einschließlich der zu Grunde liegenden Servicemanagementverträge – einheitlich und vollständig dokumentiert ist. Sind alle diese Voraussetzungen erfüllt, ist der CIO gut gerüstet um schnell und erfolgreich auf Änderungen der Rahmenbedingungen oder steigende Kundenanforderungen zu reagieren.

9.1.4 Erhöhung der Wertschöpfung durch Business Service Management

Ein weiterer wesentlicher Faktor für ein erfolgreiches IT-Servicemanagement ist die Orientierung am konkreten Bedarf der IT-Kunden, d. h. Geschäftseinheiten sowie Fach- oder Funktionsbereichen. Dabei ist es ganz wesentlich, nicht ausschließlich IT-Produkte und Services anzubieten, sondern diese darüber hinaus möglichst eng mit den von ihnen unterstützten Geschäftsprozessen zu verzahnen, um einen ganzheitlichen Service anzubieten. Außerdem sollten die Geschäftsanforderungen mit den betrieblichen und infrastrukturnahen Komponenten des Dienstleistungsportfolios abgeglichen werden. Die Aufgabe des IT-Servicemanagements sollte immer im Sinne der Erfüllung von Kundenbedürfnissen verstanden werden.

Begleitet werden sollte diese Zusammenarbeit durch die Verfügbarkeit eines vollständigen und zeitnah verfügbaren Service Reportings auf Basis gemeinsam ausgewählter und aussagekräftiger Leistungsindikatoren. Die dadurch geschaffene Transparenz – auch der Kostenseite – ermöglicht erst die zuverlässige Identifikation von Optimierungspotenzialen. Die IT-Organisation wird messbar und dadurch stärker in die Verantwortung genommen – sie hat zunehmend unternehmerisch zu agieren und wächst zunehmend in die Rolle eines strategischen Partners, statt als reines Kostencenter wahrgenommen zu werden.

9.2 Wesentliche Servicemanagement Bausteine

9.2.1 Betriebsprozesse

Unter Betriebsprozessen werden im Allgemeinen die für den Betrieb von IT-Applikationen und Infrastruktur notwendigen Prozesse und Werkzeuge verstanden. Diese sollten, wie in Kap. 7 dargestellt, auf die IT-Aufbauorganisation abgestimmt sein. Die Betriebsprozesse sollten sich an dem durch den IT-Betrieb zu erbringenden wirtschaftlichen Mehrwert für den Kunden orientieren. Dabei sollten die Planung, Erbringung, Unterstützung und Effizienzoptimierung von IT-Dienstleistungen im Hinblick auf ihren Nutzen zur Erreichung der Geschäftsanforderungen betrachtet werden. Die Betriebsprozesse können – wie in Abb. 9.3 dargestellt – in fünf Hauptbereiche unterteilt werden: Service Delivery Prozesse, Release Prozesse, Relationship Prozesse, Resolution Prozesse und Überwachungsprozesse. Diese Pro-

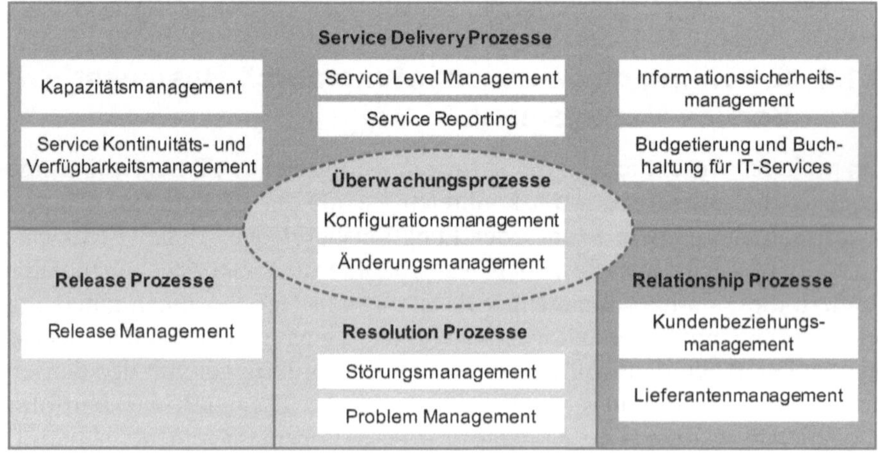

Abb. 9.3 ISO 20.000 Betriebsprozesse

zesse sind Hauptgegenstand von ISO 20.000, welches sich schwerpunktmäßig mit Betriebsprozessoptimierung beschäftigt.

Der erste Hauptbereich „Service Delivery Prozesse" konzentriert sich auf die taktische Ebene und befasst sich mit mittel- bis langfristigen Aufgabenfeldern des IT-Betriebs. Er umfasst Kapazitätsmanagement, Service Kontinuitäts- und Verfügbarkeitsmanagement, Service Level Management, Service Reporting, Informationssicherheitsmanagement, sowie Budgetierung und Buchhaltung von IT-Services. Das Kapazitätsmanagement stellt sicher, dass IT-Applikationen und Infrastruktur rechtzeitig, im richtigen Umfang und zum richtigen Preis dem Kunden zur Verfügung gestellt wird. Darüber hinaus sichert es den effizienten Einsatz von IT-Ressourcen. Das Kapazitätsmanagement stellt sicher, dass die erforderlichen Ressourcen für die derzeitige Leistungserbringung und für die erforderlichen zukünftigen Anforderungen (zur richtigen Zeit, am richtigen Ort) entsprechend der Kundenanforderungen bereitstehen.

Das Service Level Management (SLM) arbeitet an der Erhaltung und Verbesserung der auf die Kundenwünsche abgestimmten IT-Servicequalität. Darüber hinaus hat das SLM ein „Ohr" am Markt, evaluiert und definiert neue Produkte, überarbeitet die vorhandenen Produkte und führt diese im Unternehmen ein. Das Kontinuitätsmanagement macht alle möglichen Risiken für den reibungslosen Betrieb einer IT ausfindig und stellt einen Notfallplan zur Verfügung, wenn der Betrieb erheblich gestört oder gar unmöglich gemacht wird. Ziel ist es, den Betrieb der IT auch im Falle einer Katastrophe zumindest notdürftig aufrechterhalten zu können. Es unterstützt den Kunden, in dem es sicherstellt, dass im Katastrophenfall alle benötigten IT-Produkte und -Services innerhalb der vertraglich zugesicherten Zeiträume wieder zur Verfügung stehen.

Die Verfügbarkeit eines IT-Produkts oder -Services stellt eines der Qualitätsmerkmale dar, das der Kunde beim Bezug von IT-Dienstleistungen geregelt haben möchte. Es wird zwischen Service Level Manager, Vertrieb und IT-Kunde verhandelt. Je höher die Verfügbarkeit eines Services sein muss, desto höher wird auch der Preis für die Leistung sein. Die Verfügbarkeit – d. h. ein SLA, das dem Kunden zugesagt wird – muss durch ein entsprechendes OLA abgedeckt sein. Der Lieferant/Provider dieser Leistung muss diese Verfügbarkeit zusichern. Das Verfügbarkeitsmanagement optimiert die Leistungsfähigkeit des IT-Betriebs, um ein kostengünstiges und qualitativ stabiles Serviceniveau zu ermöglichen. Service Reporting und Monitoring sind für ein erfolgreiches SLM unabdingbar. Erhebliche Datenmengen werden durch IT täglich gesammelt und überwacht. Mit dem Reporting werden Vergangenheitsdaten bereitgestellt die helfen, Gefahren für das zukünftige Geschäft aufzudecken.

Informationssicherheitsmanagement beschäftigt sich mit der Vertraulichkeit, Integrität und Verfügbarkeit von elektronischen Daten. Zielsetzung des Informationssicherheitsmanagements ist es, die Sicherheitsanforderungen aus SLAs oder anderen externen Anforderungen sicherzustellen, sowie ein definiertes Grundschutzniveau herzustellen. Durch Informationssicherheitsmanagement soll die notwendige Sicherheit der IT und damit die Aufrechterhaltung der geschäftlichen Tätigkeit eines Unternehmens gewährleistet werden.

Budgetierung und Buchhaltung für IT-Produkte und -Services (Financial Management) sorgt für einen effizienten Einsatz der IT-Ressourcen, kontrolliert die ökonomische Leistungserbringung, identifiziert aktuelle Kosten/Nutzen Relationen und stellt dem Management finanzielle Informationen zur Entscheidungsfindung zur Verfügung. In besonderer Weise ist der Prozess mit dem SLM verknüpft. Der Prozess liefert für Servicedesign und -planung die benötigten kalkulatorischen Informationen. Financial Management Verfahren stellen zudem das Kostencontrolling und die Serviceverrechnung sicher.

Der zweite Hauptbereich „Release Prozesse" koordiniert das Releasemanagement, d. h. eine Reihe neuer oder geänderter Configuration Items (CIs), die zusammenhängend getestet und in die Produktionsumgebung überführt werden. Das Releasemanagement hat die Aufgabe, bei mehrfacher, gleicher Einführung von neuen CIs (wie Hard- und Software) die Produktionsumgebung zu schützen. Dazu legt das Releasemanagement ein Regelwerk zur Prüfung und Dokumentation fest.

Der dritte Hauptbereich „Relationship Prozesse" schließt die Lücke im Beziehungsmanagement, die das ITIL-Framework offen lässt. Nach ITIL werden diese Tätigkeiten in das Service Level Management eingelagert oder als Stützprozesse vorausgesetzt. Der Relationship Prozess beinhaltet das Kundenbeziehungsmanagement und das Lieferantenmanagement. Das Kundenbeziehungsmanagement vereint das typische Customer Relationship Management (CRM), das sich gezielt um die Kundenpflege kümmert, mit den Vorteilen des Outsourcings von kompletten Betriebsprozessen. Es wird folglich nicht nur der IT-Kunde betrachtet, sondern auch dessen Leistungserstellung in seiner Gesamtheit. Das Lieferantenmanagement umfasst die Planung und Steuerung von Beziehungen eines Unternehmens zu seinen Lieferanten/Dienstleistern. Je nach Größe einer Organisation werden die Tätigkeiten zur Beschaffung der Leistung unter dem Supplier Management als Subprozess implementiert oder als eigenständiger Beschaffungsprozess abgebildet.

Der vierte Hauptbereich „Resolution Prozesse" beinhaltet das Störungs- und Problemmanagement. Das Störungsmanagement dient der schnellstmöglichen Wiederherstellung der normalen Services bei minimaler Störung des Geschäftsbetriebes. Damit ist gemeint, dass das bestmögliche Niveau der Verfügbarkeit aufrechterhalten wird. Problemmanagement legt den Schwerpunkt in die Ursachenforschung. Das Ziel ist es, eine Ursachenfindung und dauerhafte Beseitigung zu gewährleisten. Das Problemmanagement minimiert nachhaltig die Auswirkungen, die Störungen für den Geschäftsbetrieb haben. Diese Störungen werden beispielsweise durch Fehler in der Infrastruktur verursacht. Darüber hinaus verhindert das Problem Management proaktiv das Auftreten von Störungen.

Der fünfte und letzte Hauptbereich „Überwachungsprozesse" besteht aus dem Konfigurations- und Änderungsmanagement und überwacht die oben beschriebenen vier Hauptbereiche. Das Konfigurationsmanagement stellt in Form einer Datenbank ein logisches Modell der IT-Infrastruktur zur Verfügung. Dies geschieht durch das Identifizieren, Kontrollieren, Pflegen und Verifizieren der Versionen aller existierenden CIs. Die zentrale Komponente des Prozesses ist die Konfigurationsmanagement Datenbank (Configuration Management Database – CMDB). Das Ziel des Konfigurationsmanagement ist es, Daten zum erforderlichen Zeitpunkt in der richtigen Qualität, Quantität und Geschwindigkeit einem berechtigten Personenkreis verfügbar zu machen.

Das Änderungsmanagement gehört zu den Prozessen der Umsetzung von Geschäftsanforderungen im IT-Serviceportfolio. Das Ziel des Änderungsmanagements ist es, alle Anpassungen an IT-Applikationen und Infrastruktur kontrolliert und effizient unter Minimierung von Risiken durchzuführen. Die Optimierung des IT-Betriebs ist eine essentielle Aufgabe des CIOs, um die im ersten Buchabschnitt beschriebenen Herausforderungen erfolgreich zu bewältigen. Nur durch effiziente IT-Betriebsprozesse können IT-Services kostengünstig und in ausreichender Qualität bereitgestellt werden. Insbesondere können durch eine Verbesserung der Betriebsprozesse die IT-Kosten signifikant gesenkt werden und dadurch, wie in Kap. 1 gefordert, die IT-Wertschöpfung erhöht werden.

9.2.2 Ganzheitliches Servicemanagement

Der neue ganzheitliche Servicemanagement-Ansatz verändert die Beziehung zwischen der IT und den Geschäftseinheiten dahingehend, dass die bisherige punktuelle Ausrichtung des Servicemanagements auf Betrieb und Support durch einen kontinuierlichen und umfassenden Ansatz ergänzt wird, der alle Lebensphasen von IT-Produkten und Services umfasst. Das Accenture Lebenszyklusmodell berücksichtigt alle Teilprozesse, die erforderlich sind, um IT-Produkte und Services „von der Wiege bis zur Bahre" zu steuern. Ein typischer Lebenszyklus hat die in Abb. 9.4 dargestellten Phasen: Ideen für neue Services, Spezifikation und Business Case, Service Definition und Realisierung, Service Betrieb und Support, Service Ablö-

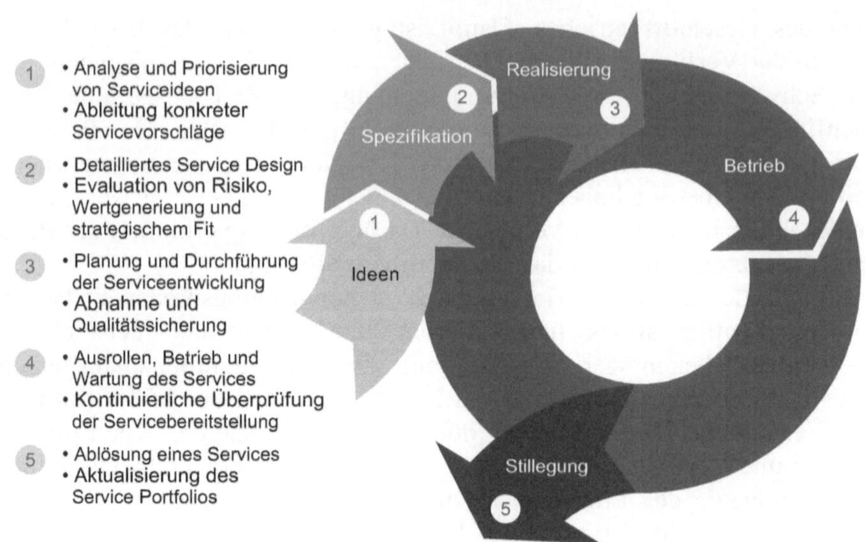

Abb. 9.4 Accentures Service Lebenszyklusmodell

sung und Stilllegung. Die im vorigen Abschnitt dargestellten Betriebsprozesse konzentrieren sich im Wesentlichen auf den Modellkern, d. h. die
vierte Phase.

Der Service-Lebenszyklus beginnt mit der Sammlung von Ideen. Die
Dokumentation einer Idee ist noch wenig detailliert und kann formlos erfolgen. Auf Basis der Ideensammlung werden neue Bedarfe analysiert und
priorisiert, um daraus konkrete Vorschläge für neue IT-Dienstleistungen zu
definieren. Durch die zentralisierte Erstellung von neuen Vorschlägen werden bereits existierende, redundant dokumentierte Bedarfe frühzeitig erkannt, wodurch die Entwicklung redundanter IT-Produkte und -Services
verhindert werden kann. Insbesondere vor dem Hintergrund des in Kap. 1
beschriebenen Trends wachsender Anzahl von IT-Applikationen und einer
sich stets weiterentwickelnden Infrastruktur kann in dieser Phase die Anzahl neu zu entwickelnder Services optimiert und besonders schon in dieser frühen Phase Fehlentwicklungen vermieden werden.

In der zweiten Phase des Service-Lebenszyklus beginnt die genaue Spezifikation der zu entwickelnden IT-Produkte und Services. Hierfür kann
zunächst eine grobe Wertbeitragsschätzung erstellt werden (vgl. Kap. 6).
Ebenso sollte die Übereinstimmung mit IT-Strategie und der IT-Zielarchitektur analysiert und bewertet werden. Anschließend wird eine detaillierte
Kosten- und Nutzenanalyse durchgeführt und ein Business Case aufgestellt. Die Kosten-Nutzen-Analyse und der Business Case werden den IT-
Kunden vorgelegt, welche entscheiden, ob der Vorschlag realisiert und in
einem Projekt umgesetzt werden soll.

Durch eine detaillierte Spezifikation wird sichergestellt, dass keine Projekte gestartet werden, die auf Grund zu hoher Kosten, zu wenig Zeit, oder mangelhafter Übereinstimmung mit IT-Strategie und Architektur von vorneherein zum Scheitern verurteilt sind. Des Weiteren werden durch die Selbstverpflichtung der IT-Kunden, die neue IT-Dienstleistung abzunehmen, diese frühzeitig mit in die Verantwortung genommen. So kann verhindert werden, dass die Kunden nach Start des Projekts ihre Anforderungen noch ändern oder den Service überhaupt nicht abnehmen. Teure Fehlentwicklungen können somit frühzeitig beendet werden – bzw. werden erst gar nicht gestartet.

In der Realisierungsphase wird das Projekt zur Entwicklung eines neuen IT-Produkts oder Services geplant, gesteuert, durchgeführt und kontrolliert. Darüber hinaus wird die auch das Ablösen alter Elemente des IT-Serviceportfolios realisiert und überwacht. Diese Phase beinhaltet somit alle Projektmanagement- und Projektsteuerungsaktivitäten. Die zentrale Steuerung aller Projekte führt zu einer effizienten Auslastung der Projektressourcen, einer optimalen Überwachung des Projektportfolios und einer Vermeidung von Redundanzen. Wie bereits in Kap. 5 ausführlich erläutert, ist es in der heutigen Zeit für eine IT-Abteilung essentiell, ein zentralisiertes Projektportfolio und ein übergeordnetes Projektmanagement zu haben. Damit kann die zunehmende Anzahl von IT-Projekten und die damit verbundene steigende Komplexität durch Projektvernetzung gesteuert werden.

Service Betrieb und Support ist ein kontinuierlicher Prozess. Die neuen IT-Applikationen und Infrastrukturkomponenten werden in dieser Phase zunächst ausgerollt. Die Hauptaktivitäten dieser Phase sind der Betrieb und die Wartung aller laufenden Services sowie eine regelmäßige Qualitätssicherung des IT-Betriebs. Die einzelnen Aktivitäten der Phase Service Betrieb und Support wurden ausführlich im vorhergehenden Abschnitt beschrieben. Die letzte Phase des Accenture Lebenszyklusmodells ist die Stilllegungsphase. Hier wird die Stilllegung der Services, die nicht länger betrieben werden, geplant, vorbereitet und durchgeführt. Die Stilllegung bedeutet gleichzeitig eine Aktualisierung des aktuellen IT-Serviceportfolios. Es ist wichtig, die Stilllegung von IT-Services genau zu steuern, um ungewollte Interdependenzen zu vermeiden. Ein zu frühes Abschalten von IT-Produkten und Services kann beispielsweise Kosten durch Ausfallzeiten verursachen; ein zu spätes Abschalten kann redundante Betriebs- und Wartungskosten mit sich bringen.

9.2.3 Standardisierte Dokumentation von IT-Produkten und Services

Zur optimalen Planung, Steuerung und Kontrolle von IT-Services sollte das IT-Produkt- und Serviceportfolio in einer übersichtlichen Form aufbereitet werden. Nicht alle Produkte und Services lassen sich jedoch unternehmensweit standardisieren. Daher macht es für Unternehmen mit sehr unterschiedlichen und weltweit verteilten Geschäftaktivitäten unter Umständen Sinn, IT-Produkte und Services nach ihrer geografischen Standardisierbarkeit zu gruppieren. So können zum Beispiel regionale und globale Shared Services unterschieden werden. Globale Services werden für das gesamte Unternehmen angeboten, regionale werden im Gegensatz dazu nur für eine bestimmte Region bereitgestellt. Analog können so globale und regionale Shared Service-Zentren etabliert werden.

Um die Transparenz des IT-Serviceportfolios weiter zu erhöhen – und damit die Kontrollierbarkeit und Steuerbarkeit – sollten IT-Produkte und -Services in Kategorien unterteilt werden. Je nach Unternehmen und IT-Organisation können sich diese Kategorien unterscheiden. Mögliche Kategorien sind u. a. Geschäftsanwendung, Personal, IT-Infrastruktur, IT-Sicherheit, Basis Service, sowie Prozess- und Daten-Management. Diese Kategorien können natürlich weiter in beliebig viele Unterkategorien (so genannte Service Lines) gegliedert werden.

Die Entwicklung und der Aufbau eines IT-Produkt- und Servicekatalogs (P&S Katalog) sollten den IT-Prinzipien und der IT-Zielarchitektur folgen. Ein P&S Katalog ist eine Datenbank oder ein strukturiertes Dokument, welches Informationen über alle angebotenen Produkte und Services einer IT-Organisation oder eines Shared Service-Zentrums enthält. Als Gesamtverzeichnis der angebotenen IT-Leistungen informiert der P&S Katalog die Leistungsempfänger über Art, Qualität und Preis der zur Verfügung stehenden Lösungen und erleichtert die bedarfsgerechte Auswahl – idealerweise auf Basis vordefinierter Komponenten. Neben der Leistungsauswahl und einer effizienten Bestellungsabwicklung zwischen Leistungsempfänger und IT-Organisation ist ein P&S Katalog auch ein Hilfsmittel für die Kapazitäts- und Ressourcenplanung. Er liefert Feedback zu den angebotenen Produkten und Services, das in die Planung des zukünftigen IT-Bedarfs – Quantitäten wie Qualitäten – und der strategischen Ausrichtung der IT einfließen kann.

Mit seiner Transparenz nicht nur in Bezug auf Produkte und Services, sondern auch hinsichtlich der IT-Kosten- und Preisstrukturen erleichtert ein P&S Katalog ferner dem Servicemanagement Kostenkalkulationen und deren Überprüfung. Zudem trägt die Preistransparenz des Katalogs zum wirtschaftlichen Handeln und Entscheiden der Leistungsempfänger bei, schärft das Kostenbewusstsein innerhalb der IT-Organisation und schafft eine Basis für das IT-Controlling. Mit einer umfassenden Präsentation ihres Angebots demonstriert eine IT-Organisation ihre Leistungsfähigkeit. Dabei zeigen gerade Produkte und Services, die für die Leistungsempfänger nicht gleich ersichtlich oder selbstverständlich sind, die Komplexität von IT-Dienstleistungen und beeinflussen Leistungserwartungen.

Zudem ist ein P&S Katalog ein Instrument, um das Verständnis für die Verschränkung von Geschäftsprozessen und IT zu vertiefen. Als Kommunikationsmittel verstanden, lässt sich mit einem P&S Katalog zeigen, dass die IT zum Erreichen der Geschäftsziele mehr leistet, als im ersten Augenschein wahrgenommen wird – und bei entsprechendem Einsatz oft noch mehr beizutragen vermag als bisher. Als Darstellung des Produkt- und Serviceangebots einer IT-Organisation übernimmt ein P&S Katalog auch eine Hilfsfunktion innerhalb des IT-Architekturmanagements. Da er die verbindlichen IT-Applikations- und Infrastrukturstandards widerspiegelt, bietet er dem Leistungsempfänger die Gewähr, bei seiner Wahl allen systemtechnischen und Qualitätsanforderungen zu entsprechen. So trägt er zur Qualitätssicherung bei und hilft, Inkompatibilitäten und teuren Wildwuchs der Systemlandschaft zu vermeiden.

Sollen für IT-Produkte und -Services auch verschiedene Qualitätsstufen angeboten werden, ist es empfehlenswert, deren Anzahl auf ein sinnvolles und überschaubares Maß zu beschränken und die Stufen hinsichtlich ihrer Geschäftsrelevanz zu werten. Beispiel für eine solche Abstufung wäre eine Klassifizierung der Qualitätsstufen nach Bronze, Silber, Gold und ggf. Platin. Eine Möglichkeit, den P&S Katalog zu strukturieren, geht aus Abb. 9.5 hervor. Die durch den Kunden bestellbaren Services setzen sich aus drei Komponenten zusammen: einem Produkt, einer Transaktion und einem Service Level, d.h. der angebotenen Qualitätsstufe.

Produkte als erste Komponente umfassen Hardware und Software, beispielsweise Applikationen für CRM und Prozessmanagement, Desktopar-

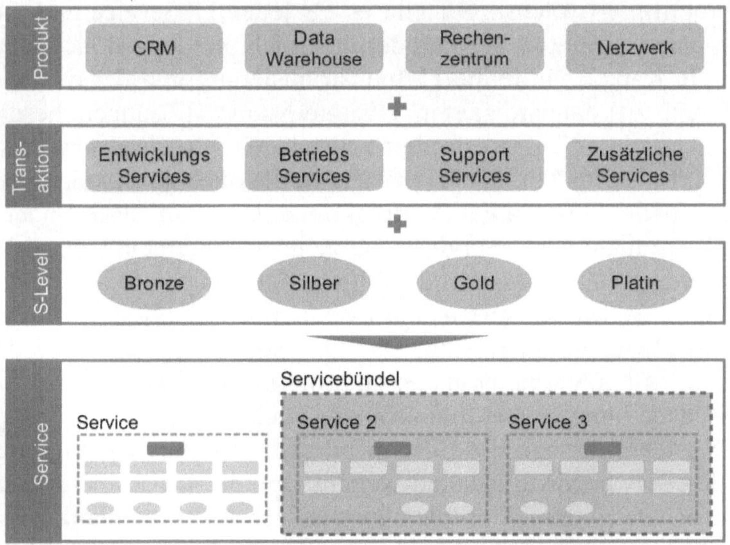

Abb. 9.5 Komponenten eines IT-Produkt- und Servicekatalogs

beitsplätze oder Speicherplatz in einem Rechenzentrum. Zu jedem Produkt können ein oder mehrere Transaktionen ausgewählt werden (oft auch als Komponenten bezeichnet). Transaktionen sind beispielsweise die Installation einer neuen Software, Nutzerverwaltung mit Löschen oder Hinzufügen von Berechtigungen, Beratung oder Training. Für jede Kombination aus Produkt und Transaktionen kann ein bestimmter Service Level vom Kunden ausgewählt werden. Die Service Level legen die Qualität fest, u. a. Verfügbarkeit, Betriebs- und Reaktionszeiten. Je höher die Ansprüche des Kunden an Dienstleistungserbringung sind, desto mehr muss er auch dafür bezahlen.

Verschiedene Dienstleistungen der IT-Organisation, die sinnvollerweise in Kombinationen bestellt werden, können zusätzlich zu Gruppen, so genannten Servicebündeln, zusammengefasst werden. So wird beispielsweise beim Einrichten eines Arbeitsplatzes für einen neuen Mitarbeiter immer die gleiche Kombination von IT-Services benötigt. Diese können unter anderem einen Telefonanschluss, einen Computer, ein Standardsoftwarepaket, Virenschutz, einen Netzwerkzugang und bestimmte Zugriffsrechte beinhalten, welche zu einem bestellbaren Servicebündel „Standardarbeitsplatz" zusammengefasst werden können.

9.3 Einheitliche, flexible Vertragswerke

In vielen Unternehmen herrscht eine heterogene Vertragslandschaft vor, die aus zahlreichen, in der Regel uneinheitlichen SLAs und OLAs besteht und unkontrolliert wächst. Oft gibt es für jeden IT-Service und jeden IT-Kunden einen separaten Vertrag, der inhaltlich und formal nicht standardisiert ist. In Kap. 2 wurde die IT-Industrialisierung und der damit verbundene Trend zu standardisierten „One-to-Many" Lösungen beschrieben. Nicht zuletzt dieser Trend erfordert eine adäquate Absicherung der Dienstleistungserbringung durch ein effizientes, flexibel zu erweiterndes, aber auch inhaltlich vollständiges Vertragswerk. Dies gilt insbesondere dann, wenn IT-Produkte und -Services durch einen externen Dienstleister erbracht werden. Häufig werden detaillierte Regelungen zu Leistungsindikatoren, deren Schwellenwerten und eventuellen Bonus-Malus-Regelungen nicht vollständig definiert sind, erstellt. Dies ist insbesondere dann der Fall, wenn es um Vereinbarungen über die Leistungserbringung zwischen verschiedenen internen Geschäftseinheiten geht.

Der Kostendruck und die Geschwindigkeit der Entwicklung neuer Elemente des Serviceportfolios sind weitere Gründe, warum heterogene Vertragslandschaften immer problematischer für CIOs werden. Um diesen Rahmenbedingungen optimal begegnen zu können, ist ein geeignetes Vertragswerk unverzichtbar. Darüber hinaus können durch eine nicht optimale bzw. heterogene Vertragsgestaltung weitere Risiken entstehen:

- Ungleicher Informationsstand und fehlende Aktualität der einzelnen SLAs und OLAs;
- Fehlende Kundenzufriedenheit und Vertrauen durch intransparente Qualitätsversprechen;
- Probleme bei der Einhaltung gesetzlicher Vorschriften und damit verbundene Bilanz- und Revisionssicherheit;
- Verlust von Verträgen und/oder Vertragsbestandteilen (besonders schädlich bei M&A Aktivitäten);
- Probleme bei der Einhaltung der SLAs und OLAS;
- Hohe Kontrahierungskosten und ineffizientes Vertragscontrolling;
- Hohe Kosten für ein adäquates Kundenreporting.

Um die Risiken zu minimieren und das Vertragsmanagement effizienter zu gestalten, ist es sinnvoll, die Verträge analog zum P&S Katalog zu standardisieren und einheitlich zu gestalten. Standardisierte SLAs sind Vereinbarungen zwischen Auftraggeber und Dienstleister, die wiederkehrende Dienstleistungen für den Auftraggeber in den Kontrollmöglichkeiten transparenter gestalten, indem zugesicherte Leistungseigenschaften wie etwa Reaktionszeit, Umfang und Schnelligkeit der Bearbeitung, sowie weitere Leistungsindikatoren genau beschrieben werden. Wie in Abb. 9.6 dargestellt, sollten SLAs sinnvoll in ein Gesamtvertragswerk eingegliedert werden. Sie dürfen keinesfalls den gesetzlichen Vorgaben zuwiderlaufen. Im Einklang mit den gesetzlichen Bestimmungen sollten sie die Rechtsfolgen (Schaden- oder Aufwendungsersatz, Rücktritts- oder Kündigungsrecht, Minderung oder Vertragsstrafe) konkret formulieren.

Dazu ist es notwendig, dass die vertraglich geschuldeten Leistungen exakt formuliert und vor allem messbar sind. Was das SLA fordert, hängt immer vom individuellen Bedarf des Servicenehmers ab. In Summe bilden

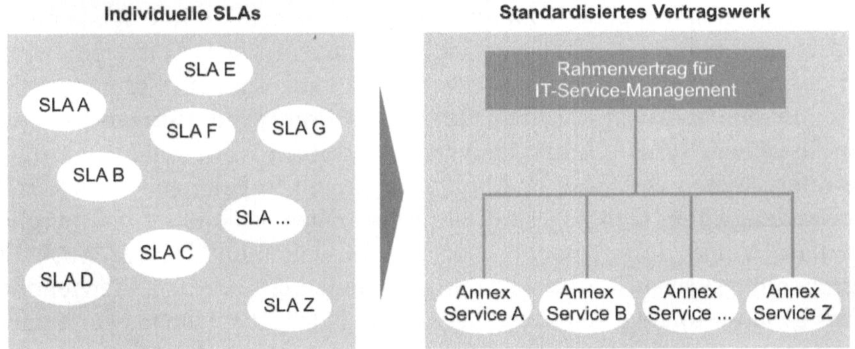

Abb. 9.6 Modell eines standardisierten Vertragswerks

SLAs die Grundlage für Bonus-Malus-Regelungen. Ein effizientes Modell für ein ganzheitliches Vertragswerk kann mit Hilfe eines zentralen Rahmenvertrags verwirklicht werden. Er bietet den Vertragsparteien eine gewisse Planungssicherheit bei der Geschäftsentwicklung. Zudem lässt er sich heranziehen, um Sachinvestitionen oder Personaleinsatz zu rechtfertigen. Dadurch, dass alle gültigen Regelungen bereits in diesem Rahmenvertrag enthalten sind, erleichtert er die Erweiterung des Vertragswerkes um zusätzliche IT-Produkte und -Services. Mögliche zentrale Regelungen schließen beispielsweise standardisierte Servicekomponenten – wie sie im vorherigen Abschnitt beschrieben sind – mit ein. Außerdem kann eine Auswahl standardisierter Leistungsindikatoren, die für alle IT-Services in gleicher Weise verwendet werden, hier vereinbart werden.

Weitere Themen können etwa unternehmensweit gültige Regelungen sein, ein oder mehrere standardisierte Verrechnungsmodelle, Betriebszeitenvereinbarungen oder eine Beschreibung der grundlegenden Rechte und Pflichten der an der IT-Leistungserbringung beteiligten Parteien. Der Individualvertrag (oder Produkt/Service Annex) dient dazu, die gegenseitigen Ansprüche der Vertragspartner im Hinblick auf eine individuelle Dienstleistung zu dokumentieren. Der Individualvertrag referenziert auf den Rahmenvertrag und „erbt" somit alle bereits dort zentral vorgegebenen Regelungen. Eine erneute Verhandlung und Vereinbarung dieser zentralen Regelungen ist dadurch nicht mehr notwendig. Darüber hinaus beinhaltet er Regelungen, die ausschließlich für das IT-Produkt oder Service gelten. Diese beinhalten in der Regel Beschreibung und Charter der IT-Dienstleistung, die Auswahl der im Rahmenvertrag vordefinierten Servicekomponenten und Leistungsindikatoren, das möglichst standardisierte Verrechnungsmodell, die Betriebszeiten und weitere Regelungen.

Mit diesem Modell können neue IT-Produkte und -Services schnell und effizient vertraglich abgesichert werden. Da die Vertragsinhalte so weit wie möglich standardisiert vorgegeben sind, entfallen langwierige Neuverhandlungen. Voraussetzung ist jedoch, dass der zentrale Rahmenvertrag durch eine entsprechende Kommunikation des Executive Managements für alle Unternehmenseinheiten verbindlich gemacht wird. Wichtige Punkte bei der Spezifikation von Rahmenverträgen sind, dass im Rahmenvertrag alle unternehmensweit und dienstleistungsübergreifend gültigen Regelungen festgelegt werden. Individualverträge ersetzen keine Rahmenverträge, sie referenzieren auf diese und ergänzen sie um Regelungen für konkrete Anwendungsfälle. Generell sind alle Regelungen so konkret wie möglich abzufassen und dürfen kaum Interpretationsspielraum lassen. Auch der Verhandlungsverlauf sollte sorgfältig dokumentiert werden. Letztendlich muss genau festgelegt sein, wer die Regeln ändern, beziehungsweise außer Kraft setzen darf; Vollmachten sind sparsam zu vergeben.

9.4 Zusammenfassung

- Aufgrund des zunehmenden Wettbewerbs der IT-Organisation mit externen Dienstleistern ist ein klar ganzheitlicher Ansatz für das IT-Servicemanagement unverzichtbar.
- Das Ziel des IT-Servicemanagementansatzes ist es, den IT-Betrieb wie ein eigenständiges Geschäft zu führen.
- Die vier Zielbereiche des IT-Servicemanagements stehen teilweise im Widerspruch; der Zielkonflikt kann nur durch sauber definierte IT-Prinzipien aufgelöst werden: 1. Qualität der IT-Produkte und -Services; 2. Harmonisierung von Prozessen und Standardisierung des Angebots; 3. Unternehmensweite Kostenersparnisse: 4. Unternehmensflexibilität.
- ISO 20.000 unterteilt IT-Betriebsprozesse in fünf Hauptbereiche: Service Delivery Prozesse, Release Prozesse, Relationship Prozesse, Resolution Prozesse und Überwachungsprozesse.
- Der ganzheitliche Servicemanagement-Ansatz baut auf diesen IT-Betriebsprozessen auf, ergänzt diese jedoch um einen umfassenden Ansatz, der alle Lebensphasen von IT-Produkten und Services einschließt.
- Das Accenture Lebenszyklusmodell umfasst die Phasen Idee, Spezifikation, Realisierung, Betrieb und Stilllegung.
- Ein P&A Katalog informiert die Leistungsempfänger über Art, Qualität und Preis der zur Verfügung stehenden Lösungen und erleichtert die bedarfsgerechte Auswahl.
- Die bestellbaren Produkte setzen sich aus drei Komponenten zusammen: 1. Produkt; 2. Transaktion; 3. Service Level.
- Es wird empfohlen, Verträge analog zum P&S Katalog zu standardisieren und einheitlich zu gestalten; ein ganzheitliches Vertragswerk besteht aus einem Rahmenvertrag und mehreren Individualverträgen.

10 Sourcing als strategische Aufgabe

Erfolgreiche Unternehmen setzen ihre IT strategisch ein und richten sie gezielt auf einen möglichst großen Wertbeitrag aus. Dieser Ansatz stellt nicht nur neue Anforderungen an die IT-Organisation und die IT-Architektur, sondern insbesondere auch an das Technologieportfolio und das Leistungsspektrum, das die IT erbringen muss. In immer kürzeren Zyklen müssen diese an veränderte Rahmenbedingungen angepasst werden, um Flexibilität, Skalierbarkeit und schnelle Verfügbarkeit von Produkten und Services zu gewährleisten. Zudem ist mit der in Kap. 2 dargestellten Tendenz zur Industrialisierung der IT – sowie der Veränderung ihres Charakters hin zu einem alltäglichem Gebrauchsgut (Commoditization) – eine Neubeurteilung der Alternativen für ihre Beschaffung und Nutzung verbunden. Für den CIO stellt sich heute die grundsätzliche Frage, welche Fähigkeiten er innerhalb seiner Organisation selbst erstellt, bzw. welche Teile des Technologieportfolios er beschafft und von externen Zulieferern zukauft.

10.1 Grundlegende Überlegungen zum Sourcing

10.1.1 Gründe für den Zukauf externer Leistungen

Diese Entscheidung lässt sich sicherlich nur aus dem unmittelbaren Kontext einer spezifischen Organisation heraus beantworten, wichtig ist aber, dass sie auf nachvollziehbaren Kriterien basiert. Die Bereitstellung der IT-Infrastruktur, sowie das Management des gesamten Applikationslebenszykluses entwickelt sich für den CIO daher zunehmend von einer technischen zu einer strategischen Aufgabe. Er muss dabei das IT-Dienstleistungsportfolio einer ganzheitlichen Betrachtung unterziehen, um Ressourcen optimal zu beschaffen und einzusetzen, sowie deren Komplexität und ihre Risiken zu reduzieren, Synergien zu erzielen und – nicht zuletzt – die weitere Entwicklung des Unternehmens zu unterstützen. Sourcing-Entscheidungen werden häufig aus rein finanziellen Gesichtspunkten, also insbesondere im Hinblick auf Kostensenkungen betrachtet.

Es ist allerdings zu kurz gegriffen, nur auf diesen Aspekt zu fokussieren. Tatsächlich gibt es eine Vielzahl weiterer Gründe, die für Wahl eines externen Anbieters von Dienstleistungen sprechen können. Als fünf wesentliche Triebkräfte für Sourcing-Entscheidungen kommen in Frage:

- Ökonomische Treiber;
- Fachliche und geschäftliche Treiber;
- Riskobezogene Treiber;
- Leistungs-, bzw. fähigkeitsbezogene Treiber;
- Managementbezogene Treiber.

Bei den ökonomischen Treibern sind steigender Kostendruck, bzw. die Notwendigkeit, die IT-Kosten zu senken, die wohl häufigsten Gründe für die Auslagerung von IT-Leistungen an externe Dienstleister. Mit Hilfe fremdbezogener Services lassen sich die geforderten Leistungen und Qualitäten bei niedrigeren Kosten erzielen, letztlich, weil der Dienstleister durch Spezialisierung und/oder Größenvorteile Dienstleistungen zu gänzlich anderen Kostenstrukturen anbieten kann, als das intern möglich wäre. Hinter Sourcing-Entscheidungen können aber auch rein finanztechnische Überlegungen stehen, beispielsweise wenn Hardware gemietet statt gekauft wird, um die Bilanz und vor allen Dingen die damit verbundenen Finanzkennzahlen nicht unnötig zu beeinträchtigen. Derartige Überlegungen sollten im Übrigen nicht erst in der Situation eines akuten Mangels an flüssigen Mitteln bzw. bei beschränkten finanziellen Möglichkeiten angestellt werden, sondern generell ein wesentlicher Teilaspekt von Kosten- und Nutzenbetrachtungen sein.

Fachliche und geschäftliche Treiber sind ebenfalls bedeutsam. So stellt sich mit der Fokussierung auf Kernkompetenzen grundsätzlich die Frage, welche Leistungen überhaupt intern erbracht werden sollen und welche ohne weiteres extern zugekauft werden können. Selbst wo IT eine Kernkompetenz ist – oder zumindest im Wertschöpfungsprozess von so entscheidender Bedeutung ist, dass sie zur Differenzierung des Unternehmens und seiner Produkte beiträgt (beispielsweise die in Kap. 4 dargestellte „Embedded IT") – kann es unter Umständen vorteilhaft sein, Teile der IT extern zu sourcen, etwa um Entwicklungszeiten zu verkürzen. Dabei muss allerdings dann darauf geachtet werden, dass keine geistigen Eigentumsrechte verloren gehen und dem Unternehmen dadurch Schaden entsteht. Dies ist im Rahmen von Risikobetrachtungen zu evaluieren.

Die Minimierung von Risiken muss in Sourcing-Entscheidungen eine gewichtige Rolle spielen. Dies betrifft die IT nicht nur direkt, beispielsweise wenn die Applikationsbetreuung für ERP Systeme fremd vergeben wird und damit ein hohes Maß an Abhängigkeit der operativen Betriebsprozesse vom externen Dienstleister entsteht, sondern auch indirekt, wenn Geschäftsprozesse ausgelagert werden. So kann mit der externen Auftragsfertigung mitunter erheblicher Wissenstransfer über ein Produkt verbunden sein, der den CIO unmittelbar betrifft (etwa wenn im Fertigungsverlauf

Software in kundenspezifischen Varianten eingespielt wird, für die dann ein Versionsmanagement bereitgestellt werden muss).

Zudem fallen in Fertigungsprozessen Daten an, die der CIO potenziell wieder in interne Systeme übernehmen muss, wie beispielsweise Qualitätsdaten. Derartige Fragen müssen aktiv angegangen und gesteuert werden, nicht nur weil Wettbewerber potenziell an derartige Informationen gelangen könnten sondern insbesondere, weil die Abhängigkeit vom Auftragsfertiger steigt und damit eine strategische Entscheidung darüber getroffen werden muss, wie weit mit der Auslagerung von Geschäftsprozessen auch eine entsprechende Auslagerung von Informationen und Informationssystemen akzeptabel ist.

Bei der Evaluierung des internen Aufbaus von Kompetenzen muss eine fundierte Risikoabschätzung dahingehend angestellt werden, ob sichergestellt werden kann, dass die mitunter erheblichen IT-Investitionen letztlich auch die geforderten Ergebnisse erbringen werden, vor allen Dingen aber, welcher tatsächliche Aufwand damit verbunden ist. Es sind ja nicht nur die Aufbau- und Anlaufkosten für die Entwicklung interner Kompetenzen zu berücksichtigen, sondern insbesondere auch der laufende Aufwand zu ihrer Weiterentwicklung und potenziell bestehende Kostenremanenzen. So kann beispielsweise die interne IT-Applikationsentwicklung bei sich schnell ändernden Technologien einen erheblichen laufenden Fortbildungsbedarf der Mitarbeiter mit sich bringen, der zum Zeitpunkt der Investitionsentscheidung auch noch nicht notwendigerweise exakt zu beziffern ist. Muss eine Gruppe mit hoch spezialisierten Mitarbeitern dann aufgrund von Veränderungen im Geschäft aufgelöst werden, fallen erneut erhebliche Mitarbeiterentwicklungskosten bzw. gegebenenfalls auch Abfindungskosten an.

Leistungs- bzw. fähigkeitsbezogene Treiber spielen eine Rolle, wenn beispielsweise die bestehenden internen Kompetenzen ungenügende Leistungen liefern und nicht oder nur mit großem Aufwand weiterentwickelt werden können. Dies kann am oben bereits angeführten, mitunter erheblichem Aufwand liegen, den die Eigenentwicklung von Kompetenzen mit sich bringt, aber auch an fehlenden Größenvorteilen. Wenn zudem keine Kernkompetenzen betroffen sind, ist der Fremdbezug eine nahe liegende Alternative. Beispielsweise wird der Internetauftritt von Unternehmen häufig an Agenturen vergeben und von Branding bis Webhosting weitestgehend komplett übernommen.

Als managementbezogene Treiber sind neben den oben angeführten Kosten- und Risikogesichtspunkten insbesondere die Flexibilität und Schnelligkeit, mit der IT-bezogene Geschäftsanforderungen bedient werden können, sowie der erforderliche Mitteleinsatz und eine eventuell langfristige Bindung relevante Entscheidungsparameter. Die nachfolgende Abb. 10.1 fasst diese Punkte zusammen. Im Spannungsfeld dieser Kern-

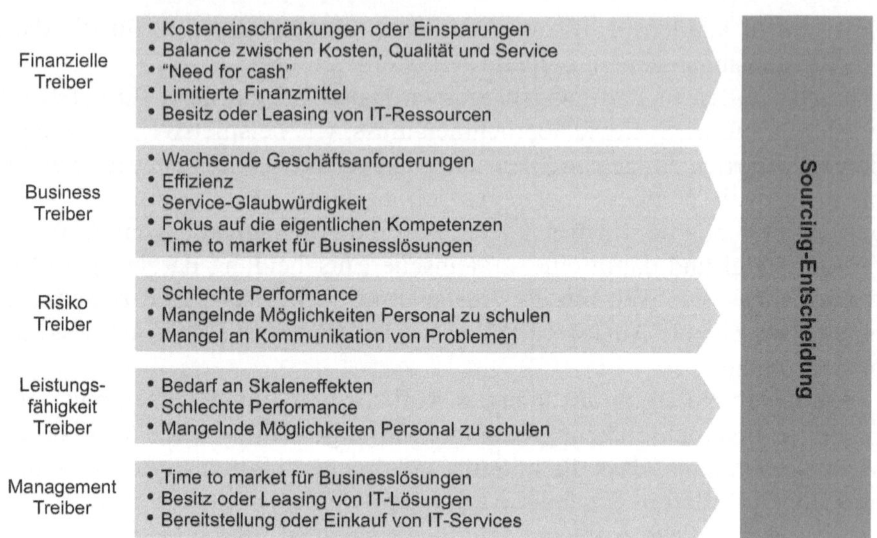

Abb. 10.1 Kerntreiber für Sourcing-Entscheidungen

treiber muss der CIO eine zum Kontext des Unternehmens und der Geschäftsstrategie passende Sourcing Strategie entwickeln. Je nach Einfluss der genannten Treiber ergeben sich unterschiedliche Sourcing-Alternativen. Dabei lassen sich vier idealtypische Formen identifizieren, die im Wesentlichen durch den Grad der Verlagerung von Verantwortungen charakterisiert sind:

- Komplette Eigenerstellung („Insourcing") bietet sich insbesondere dann an, wenn die vollständige interne Kontrolle angestrebt wird, etwa um geistiges Eigentum zu schützen oder allgemein in strategischer Hinsicht die volle Reaktionsfähigkeit und somit alle Optionen für die Zukunft erhalten werden sollen. Ein Beispiel wäre die Eigenentwicklung von Spezialanwendungen, die sich komplexer Algorithmen bedienen um anspruchsvolle Analysen durchzuführen oder hohe Prognosegenauigkeiten zu erreichen. Zwar können derartige Anwendungen prinzipiell auch von spezialisierten externen Anbietern entwickelt werden – wenn allerdings Kompetenz und Know-how, das in die IT-Applikation gesteckt wurde, ein marktdifferenzierendes Merkmal für das Unternehmen darstellt, kann Eigenerstellung eine sinnvolle Alternative sein.

- Die Erweiterung der Mitarbeiterbasis („Staff Augmentation") bietet sich an, wenn Kosten gesenkt oder Engpässe überbrückt werden sollen, gleichzeitig aber die Verantwortung im Unternehmen verbleiben soll. Beispielsweise kann der Rückgriff auf Ressourcen mit günstigeren Kostenstrukturen standardisierte Aktivitäten mit relativ geringer Komplexität (insbesondere relativ geringem Koordinationsbedarf) erheblich verbilligen. Spezifische Expertise kann zudem gezielt zugekauft werden,

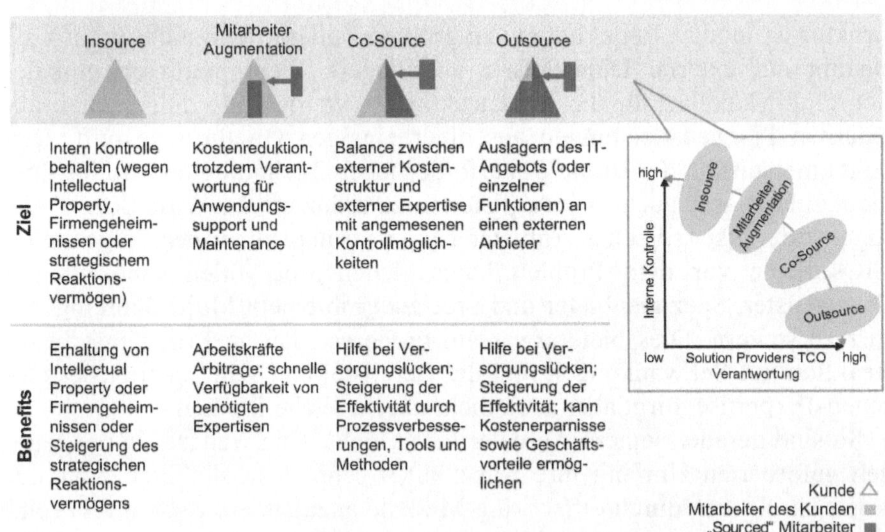

Abb. 10.2 Idealtypische Sourcing-Entscheidungen

wenn diese nur kurzfristig erforderlich ist oder nicht schnell genug aufgebaut werden kann.

- Im Cosourcing-Modell wird die Verbreiterung der Mitarbeiterbasis einen Schritt weiter getrieben, indem die Verantwortung für spezifische, klar definierte Themengebiete an externe Mitarbeiter übergeben wird. Ein typisches Beispiel ist Projektarbeit, bei der der externe Dienstleister nicht nur als Quelle spezifischer, intern nicht verfügbarer Expertise gesehen, sondern in ein partnerschaftliches Verhältnis eingebunden wird und auch Verantwortung für den Projekterfolg übernimmt, im Gegenzug dafür aber auch ein gewisses Maß an Gestaltungs- und Mitspracherechten erhält.
- Das Outsourcing-Modell realisiert die vollständige Übertragung der Verantwortung für eine bestimmte Aufgabe und überlässt dem Partner regelmäßig auch die konkrete Ausgestaltung der Aufgaben. Die zu liefernde Leistung wird hier über die erwarteten Ergebnisse definiert (beispielsweise durch Service Level Agreements), und der Dienstleister ist dann im Rahmen von gesetzlichen und spezifischen vertraglichen Bedingungen grundsätzlich frei in der Art und Weise der Erbringung der Leistung. Abbildung 10.2 verdeutlicht die vier idealtypischen Sourcing Strategien.

10.1.2 Multisourcing als Herausforderung

Outsourcing hat in Unternehmen heute einen stetig wachsenden Anteil an der Bereitstellung der IT-Dienstleistungen. Speziell die technische Infrastruktur ist in aller Regel bereits zu größten Teilen, wenn nicht sogar vollständig auf externe Dienstleister ausgelagert. Sieht man von globalen Sourcing-Modellen für die Infrastruktur ab, werden allerdings selten alle externen IT-Dienstleistungen aus einer einzigen Quelle zugekauft. Dies liegt einerseits an der Breite des erforderlichen Technologieportfolios, hilft nicht zuletzt aber auch, Abhängigkeiten zu reduzieren und die Spezialisierungsvorteile spezifischer Anbieter besser zu nutzen. In der Folge stehen CIOs heute vor dem Problem, verschiedene, bisweilen auch kleinere Dienstleister, Spezialanbieter und Freelancer in einem Multi Sourcing-Ansatz zu steuern. Dies bietet zwar ein größeres Maß an Flexibilität in der Reaktion auf Schwankungen und die Bereitstellung sehr spezifischer (Nischen-)Expertise, birgt aber auch nicht unerhebliche Risiken.

So sind gerade kleinere Anbieter meist nicht ohne weiteres in der Lage, den geforderten Umfang ihre Kapazitäten schnell zu skalieren oder ihre Kostenstrukturen durch Offshoring-Modelle anzupassen. Zudem führt eine große Anzahl an unterschiedlichen IT-Dienstleistern – die mit verschiedensten Vertragsmodellen und zu unterschiedlichen Konditionen arbeiten – zu erheblichem Administrations- und Managementaufwand. In den wenigsten Unternehmen sind IT Sourcing-Prozesse standardisiert – in der Folge hat der CIO die Verantwortung für eine Vielzahl von Vertragsverhandlungen (die zwar regelmäßig der Einkauf führt, der CIO aber fachlich vorbereitet), die Kontrolle und Steuerung der erfolgreichen Leistungserbringung, die Abstimmung verschiedener, teils miteinander konkurrierender Dienstleister und nicht zuletzt die Budgetierung und Abrechnung der verschiedensten Leistungen.

Die strategische Ausrichtung des Sourcing kommt dabei leicht unter die Räder. In der Konsequenz werden Kosteneinsparungspotenziale und auch das Innovationspotenzial der IT-Dienstleister häufig nur ungenügend realisiert. Nicht selten sind auch mangelhafte Qualität, Projektverzögerungen, überzogene Budgets und Projektabbrüche in einem reaktiven Management der externen Dienstleister begründet. Ein Single Sourcing ist für die meisten IT-Organisationen dennoch keine Alternative. Damit besteht die Herausforderung, das Multi Sourcing-Modell funktionstüchtig zu gestalten.

Ein wesentlicher Erfolgsfaktor ist es hier, eine IT Sourcing Strategie mit klar ausgerichteten Beziehungen zu ausgewählten IT-Dienstleistern aufzubauen, die in ihren jeweiligen Aufgabenfeldern nicht in Konflikt zueinander stehen. Auch wenn Konkurrenz zu höheren Leistungen antreiben kann, überwiegen schnell die negativen Wirkungen von Konflikten, wenn IT-Dienstleister sich im Unternehmen positionieren wollen. Durch intensive und enge partnerschaftliche Zusammenarbeit mit diesen strategischen Partnern – nicht zuletzt aber auch durch die gezielte Übertragung von Verantwortungen und Gestaltungsmöglichkeiten – lässt sich das volle Potenzial sowohl im Hinblick auf die eigentliche Dienstleistung, als auch die Innovation dieser IT-Dienstleistung realisieren. Die Konsolidierung des Portfolios an Dienstleistern sollte in regelmäßigen Abständen immer wieder geprüft werden, weil sich durch die Beschränkung auf weniger und meist auch größere Dienstleister Größenvorteile und eine stärkere Position in Einkaufsverhandlungen erreichen lassen.

Tatsächlich hat sich das Thema Outsourcing in den letzten Jahren erheblich weiterentwickelt, wie auch in Abb. 10.3 gezeigt. Im Fokus der ersten Generation von Outsourcing Aktivitäten standen die Kosten in einer im Wesentlichen auf IT-Komponenten und Applikationen beschränkten und selten selektiv (d. h. auf mehrere Zulieferer) angelegten Strategie. Mit der zweiten Generation von Outsourcing Aktivitäten haben sich die Schwerpunkte verlagert, dabei haben strategische Erwägungen wie der schnelle Zugriff auf neue Technologien und ein erheblich gestiegenes Maß an Flexibilität in selektiv ausgerichteten Strategien größeres Gewicht bekommen. In der derzeitigen, dritten Outsourcing-Generation gewinnt das Management der entstandenen, komplexen Landschaft mit den vielen verschiedenen Beteiligten erheblich an Bedeutung und das Service Management selbst steht als ein Kandidat für Outsourcing an.

Dabei wird ein Dienstleister zentral mit der Abstimmung und Koordination der Outsourcing-Landschaft betreut und dient als zentraler Ansprechpartner für den CIO. Der Schlüssel zum Erfolg ist dabei ein starker, partnerschaftlicher Ansatz zwischen dem Unternehmen und dem zentralen

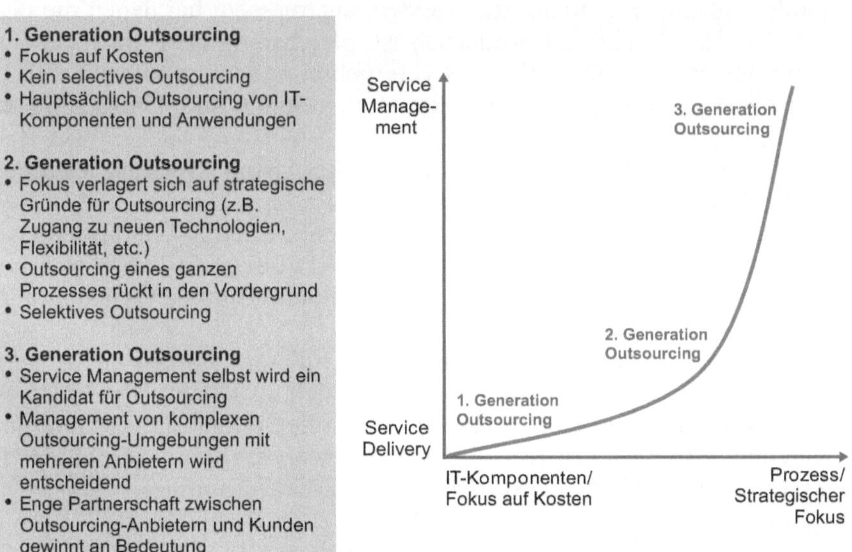

Abb. 10.3 Drei Outsourcing-Generationen

IT-Dienstleister, der wiederum keine konfliktären Interessen dadurch haben sollte, dass er selbst auch zusätzliche Dienstleistungen bereitstellt oder sich dafür positionieren will. Hier müssen eine klare Definition des Auftrags und spezifische Ausschlussklauseln eine praktikable Grundlage schaffen.

10.2 Realisierung der Wertschöpfungspotenziale und Sourcing-Modell

Wie oben dargestellt, sollte die Entscheidung auf externe Dienstleister zurückzugreifen, immer auch an klar definierte Wertschöpfungsziele gebunden sein. Dabei ist allerdings zu beachten, dass die Realisierung spezifischer Wertschöpfungspotenziale vom gewählten Outsourcing-Modell abhängt. Je nach Lokation („Onshore", also vor Ort, oder „Near-" bzw. „Offshore" im benachbarten bzw. fernen Ausland) und Ressourcenallokation (dediziert oder gemeinsam genutzt) lassen sich hier vier grundsätzliche Alternativen unterscheiden:

- Der Einsatz dedizierter externer Ressourcen vor Ort empfiehlt sich vor allen Dingen in Situationen, bei denen die IT-Dienstleistungen engen Kontakt und häufige Interaktion mit dem Kunden, sowie spezifisches und sich eventuell schnell entwickelndes Kontextwissen erfordern. Anforderungs- und Änderungsmanagementprozesse sind typische Beispiele für diese Situation.
- Eine gemeinsame Nutzung von Ressourcen vor Ort ist dagegen insbesondere in Implementierungsprojekten angemessen, bei denen die tägliche Kundeninteraktion erforderlich ist, gleichzeitig aber die spezifische Expertise eines IT-Dienstleisters von mehreren genutzt werden soll. Ein typisches Beispiel hierfür ist die Vorbereitung und Umsetzung von Schulungen.
- IT-Dienstleistungen, die zwar erhebliches Kontextwissen erfordern, aber relativ geringe Kundeninteraktion erfordern, können auch in Near- oder Offshoring Modellen realisiert werden, allerdings empfiehlt sich hier der Einsatz dedizierter Ressourcen. Als Beispiele lassen sich etwa die Umsetzung von definierten ERP-Systemeinstellungen (Customizing) oder das Testen von Produkten anführen.
- IT-Dienstleistungen, die sich sehr klar definieren und mit relativ geringem Kontextwissen umsetzen lassen, letztlich also kaum Kundenkontakt benötigen, können dann in einem Near- oder Offshoring-Ansatz unter Nutzung gemeinsamer Ressourcen umgesetzt werden. Abbildung 10.4 fasst diese verschiedenen Modelle noch einmal zusammen.

In allen vier Modellen sind Wertbeiträge durch Spezialisierung zu erwarten, und zwar in Form von Prozessverbesserungen einerseits und durch Quali-

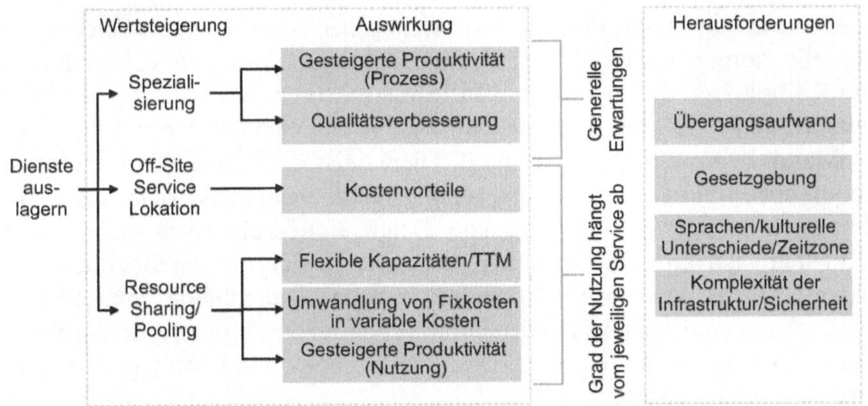

Abb. 10.4 Grundsätzliche Sourcing-Alternativen

tätsverbesserungen andererseits. Wertschöpfungspotenziale in der Form von Faktorkostenvorteilen, flexiblerer Kapazitätsanpassung, sowie der Transformation von Fixkosten durch variable Kosten sind hingegen stark vom Sourcing-Modell abhängig. Zur Realisierung spezifischer Wertschöpfungsziele bieten sich entsprechende Kombinationen der verschiedenen Outsourcing-Modelle an, wie auch in Abb. 10.5 dargestellt. Insofern dabei der Kontext und das Know-how hinsichtlich des Geschäfts von größerer Bedeutung sind als technische Expertise, ist generell eher der Einsatz von dedizierten Ressourcen vor Ort empfehlenswert, wenn hingegen die technische Expertise die größere Rolle spielt, können die Vorteile von Near- bzw. Offshoring in Verbindung mit der gemeinsamen Nutzung von Ressourcen erzielt werden.

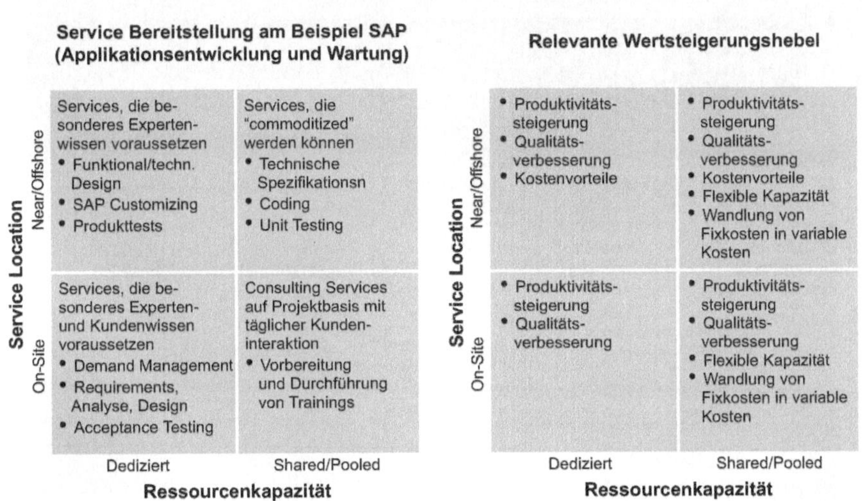

Abb. 10.5 Wertschöpfungspotenziale und Sourcing-Modelle

Anzumerken bleibt, dass die Umsetzung der verschiedenen Outsourcing Modelle immer auch mit spezifischen Herausforderungen verbunden ist. Die Komplexität der erforderlichen Infrastrukturen und potenzielle Sicherheitsprobleme sollten hier ebenso wenig unterschätzt werden, wie der Aufwand beim Übergang zum IT-Dienstleister. Zudem sind rechtliche Rahmenbedingungen zu klären, nicht zuletzt, wenn das Near- bzw. Offshoring mit einer Verlagerung von Daten einhergeht (was insbesondere dann sehr restriktiv zu handhaben ist, wenn es sich um personenbezogene Daten handelt). Im Übrigen können kulturelle Unterschiede, Sprachbarrieren und unterschiedliche Zeitzonen zu erheblichen Schwierigkeiten führen und sollten daher bereits in der Planung von Sourcing Strategien explizit berücksichtigt werden.

10.3 Entwicklung einer Sourcing-Strategie

Die Entwicklung eines geeigneten IT Sourcing-Modells ist vor dem Hintergrund der oben angeführten Fragestellungen und Themenkomplexe ganz offensichtlich kein triviales Unterfangen. Die Definition eines strukturierten und methodischen Vorgehens ist nahe liegend, dabei ist allerdings zu beachten, dass diese Methodik den gesamten Prozess von der Beurteilung der Bedarfssituation und des am Markt verfügbaren Angebots über die Einschätzung der Eignung und Risiken ausgewählter Angebote bis hin zur Implementierung abdeckt. Abbildung 10.6 skizziert beispielhaft die Ent-

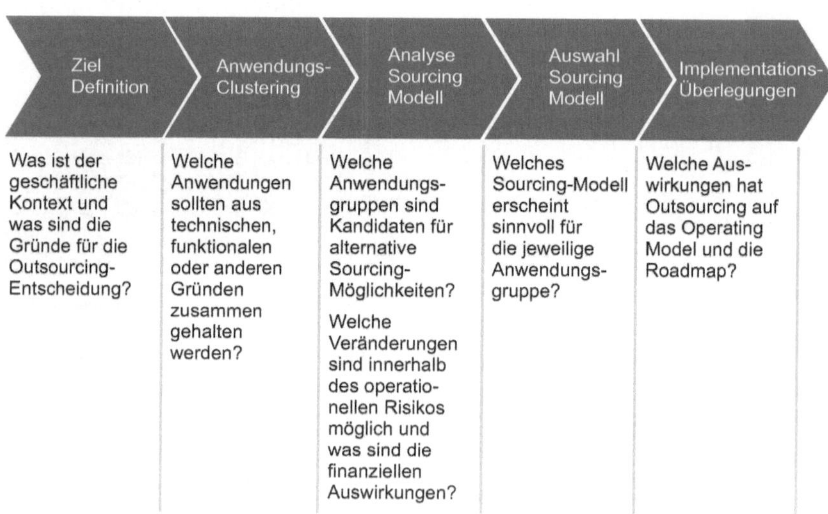

Abb. 10.6 Phasen bei der Entwicklung einer Sourcing-Strategie

wicklung einer Sourcing-Strategie als Lebenszyklusmodell von IT-Applikationen, lässt sich aber auch auf andere Themen übertragen.

Die Definition von Sourcing-Prinzipien in der ersten Phase hilft, die zu entwickelnde Strategie konsequent auf die spezifische Situation und Anforderungen des Unternehmens auszurichten und schafft zudem die Grundlage für die Kommunikation in den anstehenden Veränderungsmanagementprozessen. Für die Erstellung der Leitlinien bietet es sich an, die oben angeführten Treiber jeweils im Bezug zum konkreten Kontext und der Geschäftsanforderungen zu prüfen, um wesentliche Ziele und Grundprinzipen einer IT Sourcing-Strategie für das Unternehmen herauszuarbeiten. Zusätzlich sollten insbesondere auch die Konsequenzen der Sourcing-Strategie klar beschrieben werden und damit frühzeitig zu erwartende Herausforderungen bei der Umsetzung der Strategie identifiziert werden (beispielsweise arbeits- oder datenschutzrechtlicher Natur).

Mit der Bildung von Anwendungsclustern in der zweiten Phase werden Abhängigkeiten identifiziert und dokumentiert. Ziel ist es, für die betroffenen Applikationen im weiteren Prozess einerseits den Analyseprozess zu vereinfachen, andererseits aber die Applikationen später im konkreten Sourcing Prozess auch einheitlich zu behandeln (also etwa vom gleichen Dienstleister zu gleichen Konditionen einzukaufen). Entscheidend sind damit Auswahl und Einsatz valider und aussagekräftiger Kriterien.

Dabei ist die Bandbreite an denkbaren Kriterien erheblich und nicht immer trennscharf. Funktionale Kriterien können beispielsweise auf zusammengehörige Geschäftsfunktionen oder Geschäftsprozesse abzielen (etwa alle Berichtsprozesse und zugehörige IT-Applikationen). Technologische Kriterien können auf die zum Einsatz kommenden Technologieplattformen oder technische Abhängigkeiten wie gemeinsam genutzte Stammdaten abstellen. Als (IT interne) Prozess- und Managementkriterien könnten beispielsweise ähnliche Entwicklungsmethodologien, ähnliches Know-how, laufende oder geplante applikationsübergreifende Projekte in Frage kommen. Räumliche Kriterien können sich schließlich aus spezifischen rechtlichen Rahmenbedingungen oder auch erforderlichen Sprachen ergeben. Welche Kriterien heran gezogen werden und wie etwaige Konflikte zwischen Kriterien aufgelöst werden können, lässt sich nicht allgemein bestimmen und muss im konkreten Einzelfall betrachtet werden.

Im Anschluss an die Definition der Leitlinien und der Gruppierung der IT-Applikationen muss die eigentliche Prüfung hinsichtlich der Sourcing-Alternativen durchlaufen werden. Dabei werden die Cluster schrittweise auf ihre prinzipielle Eignung für ein alternatives Sourcing geprüft, der Reifegrad der geeigneten Cluster festgelegt, Risiken identifiziert und eine entsprechende ökonomische Beurteilung durchgeführt. Die Eignung der Applikationscluster für ein alternatives Sourcing muss im Hinblick auf ihre technischen und funktionalen Eigenschaften geprüft werden. Dies kann durch ein Scoring-Modell bewerkstelligt werden, in dem beispielsweise Applikationen, die auf absehbare Zeit weiterhin genutzt werden, ein höheres Eignungs-Ranking erhalten als Applikationen, die ohnehin in absehbarer Zeit zur Ablösung anstehen. In funktionaler Hinsicht würden beispielsweise stabile Applikationen, bei denen die zu erwartende Interaktion zwischen Kunden, Designer und Entwickler sehr gering ist, ein höheres Eignungs-Ranking erhalten.

Auch hier gilt, dass sich die für die Prüfung der Eignung anzulegenden Kriterien nicht allgemeingültig definieren lassen und in Abhängigkeit vom konkreten Einzelfall festgelegt werden müssen. Die Beurteilung des Reifegrades für Sourcing-Veränderungen wird für die prinzipiell geeigneten IT-Applikationscluster dann in analoger Form durchgeführt wie für die Eignung: Anhand eines Scoring-Modells werden die Cluster in technischer und organisatorischer Hinsicht auf ihre Reife zur Auslagerung geprüft. In technischer Hinsicht kommen hier beispielsweise Kriterien wie die Qualität der verfügbaren Dokumentation, oder die Komplexität der Architektur in Frage, in organisatorischer Hinsicht die Abhängigkeit von Schlüsselressourcen sowie die Verfügbarkeit von Standardprozessen.

Parallel zur Eignungsprüfung müssen die mit den einzelnen Applikationsclustern verbundenen betrieblichen Risiken beurteilt werden, beispielsweise die Abhängigkeit von Kernprozessen oder potenzielle Auswirkungen auf die Reputation des Unternehmens (speziell wenn Kernkompetenzen betroffen sind). Zudem ist zu hinterfragen, ob IT-Applikationen den Charakter von Alltagsgegenständen haben („Commodities", die sich leichter von externen Quellen zukaufen lassen), etwa dahin gehend, dass sie auf keiner oder nur sehr wenig Individualprogrammierung basieren. In einer finanziellen Beurteilung der verschiedenen IT-Applikationscluster muss schließlich das Einsparungspotenzial der einzelnen Sourcing-Lösungen den dafür notwendigen Investitionen gegenüber gestellt werden. Wichtig ist dabei auch, den Aufwand für die notwendigen organisatorischen Veränderungen wie beispielsweise Kosten für Redundanzen zu berücksichtigen.

Nach der umfassenden Prüfung von Eignung, Reifegrad, Risiken und finanzieller Auswirkungen erfolgt die Auswahl des geeigneten Sourcing-Modells für die verschiedenen IT-Applikationscluster. Dies geschieht durch Zusammenführung der Ergebnisse aus der Evaluierung und der Beurteilung der erforderlichen Resultate und Fähigkeiten im Hinblick auf ihre Eignung zum Fremdbezug ebenso wie hinsichtlich der Offshoring-Möglichkeiten. Abschließend wird ein Implementierungsplan konzipiert, der auch die Auswirkungen auf das Geschäftsmodell und die Governance berücksichtigt. Die Entwicklung einer geeigneten Roadmap ist ebenfalls in dieser Phase anzugehen.

10.4 Zusammenfassung

- Für den CIO stellt sich die grundsätzliche Frage, welche Fähigkeiten er selbst erstellt, welche Teile des Technologieportfolios er beschafft, und welche er von externen Zulieferern zukauft.
- Wesentliche Triebkräfte für Sourcing-Entscheidungen sind: 1. Ökonomische Treiber; 2. Fachliche und geschäftliche Treiber; 3. Riskobezogene Treiber; 4. Leistungs- bzw. fähigkeitsbezogene Treiber; 5. Managementbezogene Treiber.
- Inshoring, Staff Augmentation, Cosourcing und Outsourcing sind idealtypische Sourcing-Entscheidungen.
- Die Steuerung verschiedener Dienstleister, Spezialanbieter und Freelancer in einem Multi Sourcing-Ansatz ist eine wesentliche Herausforderung für den CIO.
- Outsourcing Modelle haben sich über drei Generationen hinweg entwickelt.
- Spezialisierung, Offsite Lokation und Resource Pooling sind drei grundlegende Sourcing-Alternativen, die häufig zum Einsatz kommen.
- Wertschöpfungspotenziale werden abhängig von Sourcing Lokation und Ressourcenkapazität gehoben.
- Die Entwicklung einer Sourcing-Strategie folgt einem einfachen Modell mit fünf Phasen.

11 IT Governance – Steuerung und Kontrolle

Die vorherigen Kapitel haben ausführlich beleuchtet, welche Entscheidungen ein CIO hinsichtlich IT-Investitionen treffen muss. Dieses Kapitel widmet sich den Fragen, welche IT Governance-Prozesse IT-Investitionen betreffen und wie sichergestellt werden kann, dass sie dabei die Geschäftsanforderungen nicht aus dem Auge verlieren. Diese Fragen lassen sich unter dem Begriff IT Governance – zu Deutsch: Steuerung und Kontrolle der IT – subsumieren. Analog zum Konzept Corporate Governance konzentriert sich IT Governance darauf, die der IT-Organisation anvertrauten Mittel im bestmöglichen Sinne einzusetzen. Accenture definiert IT Governance als eine Sammlung von Mechanismen, um IT-Investitionen zu beantragen, zu priorisieren, mit Ressourcen auszustatten, zu überwachen, zu steuern und aktuell zu halten[66].

11.1 Zeitgemäße IT-Steuerung und Kontrolle

11.1.1 Relevanz aus wertorientierter Sicht

Im heutigen, kapitalmarktorientierten Geschäftsumfeld müssen sich Führungskräfte zunehmend darauf konzentrieren, die Erwartungen der Stakeholder und der Finanzanalysten zu erfüllen. Der CIO ist hier keine Ausnahme und eine effektive Lenkung und Kontrolle in der IT ist aus mehreren Gründen zwingend notwendig. Eine empirische Studie bestätigt, dass Unternehmen mit einer solchen effektiven IT Governance-Landschaft am Kapitelmarkt höher bewertet werden[67]. In einem Akquisitionsszenario kann dies zu einem Aufschlag auf den Kaufpreis von bis zu 16% führen. Diese Bereitschaft, einen höheren Preis zu zahlen, rührt aus der Einsicht,

---

[66] Heier H, Borgman HP, Maistry M (2007) Examining the relationship between IT governance software and business value of IT: evidence from four case studies. In: Proceedings of the 40th Hawaii International Conference on System Sciences, p 234

[67] Lainhart JW (2000) Why IT governance is a top management issue. In: Journal of Corporate Accounting & Finance, 12(5), p 33–40

dass Unternehmen mit einer guten IT Governance-Landschaft besser mit Risiken umgehen, gestärkter aus Rückschlägen hervorgehen und einen höheren Wertzuwachs der Aktien aufweisen. Ein Blick auf die operative Ebene zeigt, dass Unternehmen eine Gesamtkapitalrendite von bis zu 40% über dem Industriedurchschnitt erzielen, wenn IT Governance umsichtig genutzt wird.

Selbst wenn sich ein CIO dem Renditedruck der Kapitalmärkte entzieht, müssen sie sich aus den folgenden Gründen mit den Prinzipien einer IT Governance auseinandersetzen:

- Eine effektive Steuerung und Kontrolle ist eine Grundvoraussetzung zur Realisierung eines IT-Wertbeitrags. Eine IT Governance-Landschaft ist ein Bestandteil der Corporate Governance und ermöglicht – bzw. unterstützt – eine Strategieformulierung durch eine optimale Verteilung der IT-Ressourcen, die einen signifikanten Teil der gesamten Unternehmensausgaben ausmachen.
- Auch wenn IT-Kosten vergleichsweise einfach gemessen werden können, so ist eine Bewertung des Beitrags von IT-Investitionen zu den jährlichen Erträgen bestenfalls vage. Dieser schwarze Kasten, der die IT verbirgt und oft auch als IT-Produktivitätsparadoxon bezeichnet wird, illustriert, warum genauere Kontrollmechanismen und eine Analyse der IT-Ausgaben zunehmend wichtiger werden.
- Die IT ist allgegenwärtig in einem Unternehmen und Führungskräfte, die vormals IT-relevante Angelegenheiten delegierten, können sich solchen Fragestellungen, die oftmals von strategischer Bedeutung sind, nicht länger entziehen.
- Gesetzliche Anforderungen, wie etwa Sarbanes-Oxley (SOX) in den Vereinigten Staaten oder das Kontroll- und Transparenzgesetz in Deutschland, verlangen transparente Geschäftsprozesse und durchgängige Prüfungswege auch in der IT-Organisation. Entscheidungen müssen nachvollziehbar getroffen und dokumentiert werden.
- Eine durchdachte Steuerung und Kontrolle der IT ist außerdem notwendig, um im Rahmen des im Kap. 10 vorgestellten strategischen Sourcings die IT-Strategie mit den vielschichtigen Outsourcing- und Offshoringbeziehungen in Einklang zu bringen.
- Die heutige Wirtschaftssituation auf den Weltmärkten erfordert eine ausreichende Flexibilität in Organisation und Technologie, um auf veränderte Rahmenbedingungen zeitnah reagieren zu können und die eigenen, komplexen Geschäftsprozesse entsprechend anzupassen. Selbst nachdem eine IT Governance-Landschaft ausgearbeitet und eingeführt wurde muss sie gepflegt werden, denn veränderte Rahmenbedingungen erfordern auch stets eine Neuausrichtung der IT-Anlagegüter, um eine Wettbewerbsfähigkeit der IT-Fähigkeiten zu bewahren.

11.1.2 Begriffsabgrenzung

Begrifflich ist IT Governance eine Analogiebildung zu Corporate Governance. Dementsprechend soll mit der IT Governance das, was die Corporate Governance für das gesamte Unternehmen leistet – nämlich die Schaffung verbindlicher Rahmenbedingungen für eine gute und richtige Unternehmensführung – auch auf die IT-Organisation übertragen werden. Die gestiegene Aufmerksamkeit, mit der IT Governance in jüngster Zeit bedacht wird, spiegelt auch die veränderte Wahrnehmung der IT als eine strategische, wertschöpfende Komponente im Unternehmen wider. Das IT Governance Institut definiert IT Governance wie folgt: „Das Hauptziel von IT Governance ist es, die Anforderungen an die IT, sowie die strategische Bedeutung von IT zu verstehen, um den optimalen Betrieb der Unternehmensziele sicherzustellen und Strategien für die zukünftige Erweiterung des Geschäftsbetriebes zu schaffen[68]."

Diese sehr theoretische Definition eröffnet einen großen Interpretationsspielraum, was genau man unter IT Governance zu verstehen hat und welche Mechanismen und Strukturen unter dem Begriff IT Governance subsumiert werden. Im Kern geht es bei IT Governance jedoch darum, Rahmenbedingen und Mechanismen zu schaffen, um die richtigen Entscheidungen in der IT effizient zu treffen und durchzusetzen. Diese weite Definition adressiert eine Vielzahl an IT Governance Entscheidungen:

- Wie sieht der Entscheidungsfindungsprozess in der IT aus und wie sind die Verantwortlichkeiten verteilt?
- Wie wird die IT-Nachfrage gegenüber den vorhandenen Ressourcen ausbalanciert und wie werden operationale und strategische Prioritäten gegeneinander abgewogen?
- Wer ist für die Ausrichtung und Leitung der IT-Organisation und der Geschäftseinheiten verantwortlich? Wer untersucht und empfiehlt neue Technologien? Wer trifft Investitionsentscheidungen?
- Wie behalten Führungskräfte die Übersicht und Kontrolle über die Organisation – mit klar definierten Verantwortlichkeiten, Autoritäten und Anreizsystemen?
- In welchem Unternehmenskontext steht die IT und wie werden IT Governance-Landschaften aktualisiert, angepasst und abgestimmt?

IT Governance ist keine Neuerfindung der aktuellen IT-Managementlehre. Im Gegenteil: Vieles, was nun von der IT Governance thematisiert und formalisiert wird, wurde von einem guten, mittel- bis langfristig ausgerichteten IT-Management auch in der Vergangenheit forciert. IT Governance zielt

---

[68] Weitere Informationen unter www.isaca.de

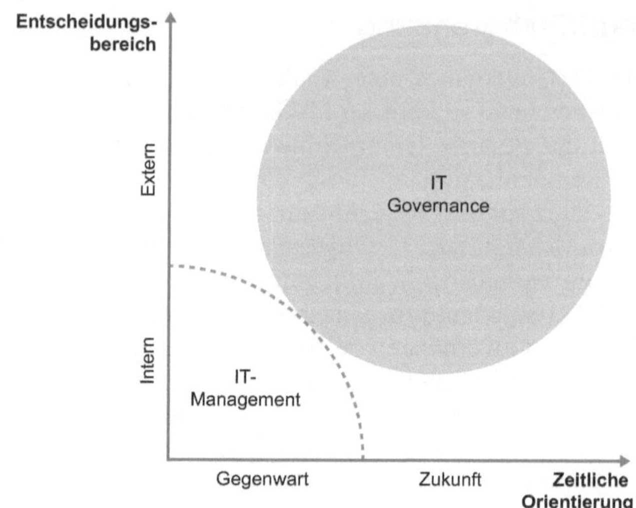

Abb. 11.1 Unterschiede zwischen IT Governance und IT-Management

hauptsächlich auf die Verankerung der IT in der Unternehmensführung – und darauf, dem IT und Linienmanagement einen Orientierungsrahmen zu liefern, damit es seinen gewandelten Aufgaben gerecht werden kann. Wie in Abb. 11.1 dargestellt, ist die IT Governance also kein Konzept zur Führung einer IT-Organisation, sondern ein Konzept, IT in einem Unternehmen optimal einzusetzen und zu verankern. Deswegen ist die IT Governance nicht allein Aufgabe der IT-Organisation, sondern auch der anderen Mitglieder der Unternehmensführung. Die initiale Definition und grundsätzliche Ausgestaltung sollte beim CIO liegen.

In Anlehnung an das IT Governance Institute lassen sich folgende Hauptziele der IT Governance festhalten[69]: Kontinuierliche Ausrichtung der IT auf Strategie und Geschäftsanforderungen („Business/IT Alignment"); optimale IT-Unterstützung zur Realisierung der Unternehmensziele mit klarer Messung des Zielerreichungsgrades; Maximierung des Wertbeitrags der IT bei gleichzeitiger Minimierung von IT Risiken; effizienter und nachhaltiger Umgang der IT mit Ressourcen (Mitarbeiter, Technik, Finanzen). Auch wenn es für die IT Governance keine Standardlösung gibt, so lassen sich doch gewisse Mechanismen spezifizieren, die – in unterschiedlicher Ausprägung – die Grundlage einer effektiven IT Governance bilden. Zunächst müssen grundlegende Prinzipien festgelegt werden, um nachfolgend Prozesse, Strukturen und Messgrößen zu spezifizieren. Diese

---

[69] IT Governance Institute (2003) Governance für Geschäftsführer und Vorstände. Zürich

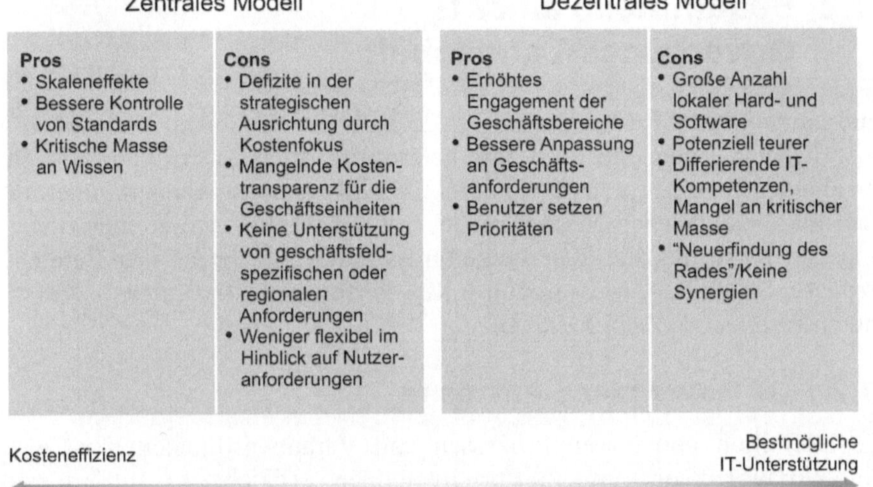

Abb. 11.2 Zentrale vs. Dezentrale IT Governance

sollen eine effektive und effiziente Entscheidungsfindung und -durchsetzung in der IT sicherzustellen.

Zunächst gilt es zu entscheiden, wie die IT Governance ausgerichtet werden soll. Hier steht analog zur Ausrichtung der gesamten IT-Organisation das Spektrum zwischen einer stark zentralisierten und einer dezentralen IT Governance zur Verfügung. Erstere ermöglicht eine starke zentrale Kontrolle und Steuerung der IT und eignet sich vor allem für Unternehmen, die über alle Geschäftsbereiche hinweg ähnliche Anforderungen an die IT stellen. Bei einer dezentralen IT Governance wird die Entscheidungskompetenz stärker auf einzelne Geschäftsbereiche oder regionale IT-Organisationen verteilt. Dies kann von Vorteil sein, wenn die einzelnen Geschäftseinheiten sehr unterschiedlich ausgerichtet sind und differierende IT-Anforderungen haben.

Abbildung 11.2 führt die Vor- und Nachteile von zentralen und dezentralen Modellen auf. In der Praxis wird häufig auch ein föderales Model gewählt, das versucht die Vorteile der beiden Extremausprägungen zu verbinden und die Nachteile zu minimieren. In diesem Modell werden beispielsweise IT-Prinzipien, IT- Architektur und IT-Infrastrukturentscheidungen zentral getroffen und durchgesetzt. Für Entscheidungen über IT-Applikationen bleibt jedoch eine gewisse dezentrale Entscheidungskompetenz in Geschäftseinheiten oder Regionen bestehen.

11.2 Bestandteile einer IT Governance-Landschaft

Eine zeitgemäße IT Governance-Landschaft hat also einer Vielzahl von Ansprüchen zu genügen und viele heterogene Ziele zu erfüllen. Um die verschiedenen Aspekte in der IT effektiv adressieren zu können, unterteilt man die verschiedenen Mechanismen, mit denen eine erfolgreiche Steuerung und Kontrolle der IT herbeigeführt werden soll, in die vier Bereiche Prozesse, Strukturen, Messgrößen („Key Performance Indicators – KPIs") und unterstützende Applikationen.

11.2.1 IT Governance-Prozesse

Die Definition von klaren Prozessen und Verantwortlichkeiten ist eine Grundvoraussetzung, um IT-Entscheidungen effizient zu treffen und durchsetzen zu können. Hierbei geht es vor allem um die Steuerung und Zuteilung von IT-Ressourcen und um die Methoden und Kriterien zur Priorisierung von IT-Investitionsentscheidungen. Bewährt hat sich der Einsatz von Portfoliomanagementmethoden, mit der sich strategische Initiativen bewerten lassen. Wie in Abb. 11.3 aufgeführt, decken diese Prozessphasen wiederum den schon in Kap. 9 erläuterten Lebenszyklus ab. Sie befassen sich damit, IT-Investitionen zu beantragen, zu priorisieren, mit Ressourcen auszustatten, zu überwachen, zu steuern und aktuell zu halten.

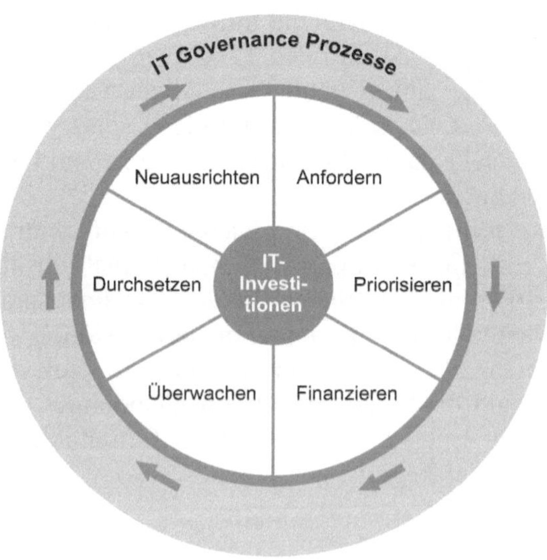

Abb. 11.3 IT Governance-Prozessmodell

Der Lebenszyklus eines neuen Elements im IT-Serviceportfolio beginnt typischerweise mit der Anforderung Funktionalitäten neu einzuführen, zu erweitern oder zu ersetzen. Für die IT Governance ist es an dieser Stelle wichtig, einen „Single Point of Contact" für Anforderungen zu etablieren, um eingehende Anfragen zeitnah zu katalogisieren und die weitere Bearbeitung zu standardisieren. Außerdem werden Anforderungen mittels eines standardisierten Kategorisierungsprozesses früh in der Entwicklung mit der IT-Strategie – und dadurch natürlich mit den Geschäftsanforderungen – in Einklang gebracht.

Nachdem angeforderte IT-Investitionen erfasst wurden, stellt ein entsprechender IT Governance-Prozess sicher, dass das mit der Priorisierung beauftragte IT-Portfoliomanagement zuvor definierte, objektive Kriterien anlegt. Eine über verschiedene Investitionen hinweg einheitliche Anwendung der Metriken ist eine Grundvoraussetzung für Vergleichbarkeit und Klarheit. Im Einzelnen sollte daher dabei beachtet werden, dass der Wertbeitrag ein maßgebliches Kriterium zur Bewertung von IT-Initiativen ist, dass langfristige und kurzfristige Perspektive abgewogen werden, sowie die Verbindlichkeit von Initiativen beachtet werden, die sich aus gesetzgeberischen Anforderungen ableiten. Außerdem sollte der CIO sicherstellen, dass IT-Initiativen gemeinsam von IT-Organisation und Geschäftseinheiten priorisiert werden, um eine verbindliche Abnahme und Einführung zu gewährleisten. Außerdem muss ein effektives Instrumentarium zur Leistungsmessung und -überprüfung installiert werden.

Der Ressourcenausstattungsprozess setzt nach der Priorisierung an und unterstützt einen adäquaten Ressourceneinsatz, der neben Geldmitteln, Zeit und Personaleinsatz auch die Unterstützung durch das oberste Management umfasst. Die vorgeschlagene IT-Investition wird an dieser Stelle bereits als Projekt angesehen, welches von verschiedenen Seiten mit Ressourcen ausgestattet werden muss. Dies beinhaltet auch die Zuordnung bestimmter Mittel zu spezifischen Abschnitten und „Checkpoints" im Lebenszyklus. Das Einbeziehen des obersten Managements wird allgemein als ein kritischer Erfolgsfaktor im Projektmanagement und darüber hinaus angesehen. Es sollte beachten werden, dass ein IT-Anlagegut üblicherweise mehrmals in seinem Lebenszyklus den organisatorischen Besitzer und somit Financier wechselt.

Ein Überwachungsprozess, der sich über den gesamten Lebenszyklus des IT-Objektes erstreckt und somit auch die zuvor erwähnten Prozesse einschließt, ist analog zur Unterstützung des Executive Managements ein kritischer Erfolgsfaktor aus Sicht der IT Governance. Dieser Prozess ermöglicht die zuvor geforderte Leistungsmessung und -überprüfung. Zusätzlich wirkt er durch gesteigerte Transparenz einem opportunistischen Verhalten, ganz im Sinne einer IT Governance, entgegen.

Unerlässlich für den Erfolg einer IT Governance ist eine effektive Steuerung und Kontrolle, die mittels Durchsetzungsprozess realisiert wird. Dieser Prozess stellt die ordnungsgemäße Einhaltung und Durchführung aller IT Governance relevanten Prozesse sicher. Hierdurch lässt sich ein Einklang von IT und Geschäftsstrategie erreichen, einzig durch die Einführung von Mechanismen, die das Verhalten aller eingebundenen Stakeholder entsprechen motivieren. In diesem Verständnis findet sich kein Unterschied zu der ursprünglichen Motivation der Balanced Scorecard (vgl. Kap. 7). Durch die Einführung einer solchen IT Balanced Scorecard lässt sich eine gemeinsame Basis für die IT-Organisation eines Unternehmens und deren internen IT-Kunden herstellen. Neben einer Kontrolle der IT-Manager stellt ein solcher Prozess auch eine gemeinsame Ausrichtung der Kulturen von IT-Organisation und Geschäftseinheiten her.

Der finale IT Governance-Prozess behandelt die Neuausrichtung – oder Aktualisierung – der IT-Anlagegüter. Nachdem IT Governance sicherstellen muss, dass der IT-Ressourceneinsatz permanent geplant, kontrolliert und optimiert wird, ist eine permanente Neuorientierung an der IT-Strategie für diese Ressourcen zwingend notwendig. Eine Neuausrichtung eines einzelnen Anlagegutes ist beispielsweise notwendig, wenn sich die Geschäftsstrategie ändert. Dies hat eine Überprüfung der IT-Strategie und somit des IT-Portfolios zur Folge. Ein verändertes IT-Portfolio führt zu einer Neubewertung der Priorisierungskriterien und folglich muss der Wertbeitrag jedes Anlageguts neu überprüft werden. IT Governance stellt sicher, dass dieser Prozess geordnet durchgeführt wird und rational über den Fortbestand oder die Terminierung von Projekten entschieden wird.

Auch wenn dies zugegebenermaßen zusätzliche Kosten verursacht – selbst dann, wenn ein Anlagegut für „gut" befunden wird – so sind die Vorteile dieses Prozesses nicht von der Hand zu weisen: Nicht länger benötigte Güter werden desinvestiert, gebundenes Kapital wird freigesetzt und steht für eine Neuallokation zur Verfügung. Es können beispielsweise Projekte unterstützt werden, die Innovationskraft und Wettbewerbsfähigkeit verbessern. Wie bereits angedeutet, bestehen zirkuläre Beziehungen zwischen diesen Prozessen. Sie finden also nicht ausschließlich in der hier angegebenen Reihenfolge statt. Beispielsweise kann die Neubewertung der Portfoliokriterien im Rahmen des Neuausrichtungsprozesses zu neuen Anforderungen führen. Neben den Prozessen, die sich mit den IT-Anforderungen und der Priorisierung von IT-Initiativen beschäftigen, sind auch die nachgelagerten Prozesse zu definieren, die sich mit der Umsetzung der Projekte befassen und sicherstellen, dass die antizipierten Projektergebnisse auch erreicht und umgesetzt werden.

11.2.2 IT Governance-Strukturen

Damit die Prozesse nicht unabhängig „im leeren Raum" existieren, müssen Strukturen geschaffen werden, um die Prozesse in der IT-Organisation und den Geschäftseinheiten zu verankern. Hier geht es hauptsächlich um die Zuweisung von Rollen und Verantwortlichkeiten und die Schaffung von Entscheidungsgremien, die Alternativen abwägen und deren Umsetzung sicherstellen. Auf der operativen Ebene gibt es meist Gremien auf der Nachfrageseite, die IT-Anfragen bündeln und kleinere Investitionsentscheidungen beschließen. Auf der Angebotsseite gibt es Gremien, die sich mit der Überwachung von externen Dienstleistern und der operativen Bereitstellung der IT auseinandersetzen. Entscheidungsgremien im strategischen Bereich entscheiden über die generelle Ausrichtung der IT.

Diese Strukturen müssen für eine erfolgreiche IT Governance-Landschaft strukturiert und geordnet werden. Das heutzutage am häufigsten genutzte Modell ist die Governance Arrangement Matrix von Ross und Weill[70]. Wie in Abb. 11.4 ersichtlich, haben die Autoren ein leicht verständliches Modell entwickelt, das die IT Governance-relevanten Entscheidungsgebiete mit IT

	IT-Prinzipien	IT-Architektur	IT-Infrastruktur Strategie	Anforderungen der Geschäfts- anwendungen	IT-Investitionen
Top Management					
IT-Spezialisten					
Geschäftsbereiche unabhängig voneinander					
IT und eine andere Gruppierung					
Kombination aus Experten, IT und Geschäftsbereichen					

Abb. 11.4 IT Governance-Strukturmodell

---

[70] Weil P, Ross JW (2004) IT governance: how top performers manage IT decision right for superior results. Harvard Business School Press, Boston

Governance-Archetypen (d. h. oft angefundenen Gruppen von Entscheidern) in Verbindung bringt. Bei den Entscheidungsgebieten handelt es sich um:

- IT-Prinzipien, die allgemeine und verbindliche Aussagen darüber treffen, wie die IT in der Organisation genutzt werden soll;
- IT-Architektur, welche die Kompetenzen der IT durch Integration und Standardisierung definiert und dazu auf eine Kategorisierung in Daten, IT-Applikationen und Infrastruktur zurückgreift (vgl. Kap. 8);
- IT-Infrastruktur, welche die Kompetenz der IT in sowohl technischer als auch menschlicher Hinsicht darstellt und durch zuverlässige, gemeinsam genutzte Dienstleistungen dem Unternehmen zur Verfügung stellt;
- Anforderungen an Geschäftsapplikationen, die genau festzulegen sind für die extern bezogenen oder intern entwickelten Applikationen;
- IT-Investition und Priorisierung verweist auf die zuvor behandelten IT Governance-Prozesse im Rahmen des Lebenszyklusmodells und legt fest, für welche Initiative wie viele Mittel aufgewendet werden und wie unterschiedliche Stakeholder Interessen in Einklang gebracht werden können.

Diese fünf Entscheidungsfelder werden durch die Governance Arrangement Matrix logisch verknüpft und bauen aufeinander auf. Beispielsweise legen die IT-Prinzipien die Eckdaten der IT-Architektur fest, die wiederum genauere Aussagen über die IT-Infrastruktur trifft. Die Infrastruktur ermöglicht es, Applikationen zu entwickeln, die den Geschäftsbedarf decken. Letztlich werden IT-Investitionen und die entsprechende Priorisierung durch IT-Prinzipien, Architektur, Infrastruktur und Anforderungen an die Geschäftsapplikationen getrieben. Die Verantwortung für diese Entscheidungsfelder liegt bei einem Einzelnen oder einer Gruppe von Individuen. Typischerweise ist es eine Reihe von Einzelpersonen, die Einfluss auf die Entscheidung nimmt. Man unterscheidet fünf Archetypen – oder Entscheidergruppen – um diese Verteilung der Verantwortlichkeiten zu kategorisieren:

- Top Management: Hier treffen einzig die Linienfunktionen der Geschäftseinheiten ohne Einbezug des IT-Managements Entscheidungen;
- IT-Spezialisten: Die Spezialisten in der IT-Organisation treffen Entscheidungen ohne Einfluss durch die Geschäftseinheiten;
- Geschäftseinheiten unabhängig voneinander: IT-Entscheidungen werden von einzelnen Geschäftseinheiten unabhängig getroffen;
- IT-Spezialisten und eine andere Gruppierung: Hier teilt sich die IT-Organisation die Entscheidungsgewalt mit einer Entscheidergruppe, beispielsweise mit dem Management der Geschäftseinheiten.
- Kombination aus Experten, IT-Spezialisten und Geschäftseinheit: Dieser Archetyp beinhaltet alle Stakeholder Gruppen bestehend aus Experten für den behandelten Inhalt („Subject Matter Experts"), der IT-Organisation als durchführende Einheit und der Geschäftseinheit.

Unter Zuhilfenahme dieses Modells kann der Grad an Zentralisierung der IT Governance-Struktur und der Einfluss auf den Geschäftserfolg gemessen werden. Laut den Autoren beeinflusst der Aufbau dieser Governance Arrangement Matrix zusammen signifikant die Leistung der IT-Organisation durch eine verbesserte Ausrichtung an den Geschäftsanforderungen, was zu einem höheren Wertbeitrag für das Unternehmen führt.

11.2.3 Messgrößen

Neben der Definition von IT Governance-Prozessen und Strukturen ist auch die Einführung von geeigneten Messgrößen von Bedeutung. Nur so kann sichergestellt werden, dass die angestrebten Ziele durch die IT Governance auch erreicht werden. Die Kontrolle der IT Governance wird durch die Definition von Kennzahlen – so genannten KPIs – formalisiert. Mit ihrer Hilfe wird überprüft, inwieweit die in der IT-Strategie festgelegten strategischen und operativen Ziele erreicht werden.

Für die Definition von KPIs lassen sich einige Grundregeln festlegen. Die KPIs müssen eindeutig messbar und auch durch die verantwortlichen Strukturen, Prozesse und Personen beeinflussbar sein. Die Kontrollmechanismen müssen bekannt und allgemein akzeptiert sein. Sie sollten nicht nur auf quantitative finanzielle Messgrößen beschränkt sein, sondern auch qualitative Kriterien und andere Bewertungsperspektiven in Betracht ziehen (vgl. Kap. 7 mit der Balanced Scorecard). Der Aufwand zur Ermittlung von KPIs sollte immer in angemessener Relation zum Nutzen stehen. Und schließlich kann eine Verbindung von KPIs mit Leistungsanreizen (beispielsweise Prämien) die Motivation zur Zielerreichung erhöhen.

11.2.4 IT Governance-Software

Eine zeitgemäße IT Governance-Landschaft beinhaltet neben den in den vorigen Abschnitten behandelten Prozessen, Strukturen und Messgrößen auch unterstützende Applikationen. Generell hilft entsprechende Software bei der Entscheidungsfindung für strategische IT-Initiativen. Sie stellt Mechanismen zur Verfügung, mit deren Hilfe Organisationen diese priorisieren, verfolgen und mit übergeordneten Geschäftsanforderungen verbinden können. IT Governance-Software kann jedoch weder auf Knopfdruck eine optimale Liste von IT-Investitionen generieren, noch kann sie die Kommunikation zwischen IT-Managern und Sponsoren des Projektes ersetzen. Applikationen sind also nicht in der Lage, schwierige Probleme – wie etwa ein kritischer Mangel an qualifiziertem Personal – unabhängig zu lösen. Analog lassen sich Entscheidungsfindung und das Erarbeiten von Standards sowie Prinzipien nicht automatisieren. Entgegen Behauptungen der

Software Anbieter automatisiert eine IT Governance-Applikation die IT Governance-Prozesse folglich nicht, sie unterstützt lediglich.

Die Art, wie durch Software die zuvor behandelten IT Governance-Prozesse unterstützt werden, ist im Folgenden kurz aufgeführt. Applikationen stellen Funktionalitäten zur Verfügung, um das Erfassen und die weitere Bearbeitung neuer Anforderungen zu definieren und zu standardisieren. Dadurch wird eine hohe Datenqualität sichergestellt und ein Datenüberfluss verhindert. Außerdem erlaubt ein software-unterstützter Anforderungsprozess eine strukturierte und klare Kommunikation, mit deren Hilfe die Prozessbeauftragten eine Anforderung schneller mit der Geschäftsstrategie verknüpfen können. Eine Standardisierung gestattet ferner den nachfolgenden Portfoliomanagement Aktivitäten eine semi-automatische Verarbeitung der standardisierten Informationen.

In der Priorisierungsphase unterstützen Applikationen durch klare Rollen- und Verantwortlichkeitsverteilung für das Sammeln, Bewerten und Genehmigen der zuvor eingegangenen Anforderungen. Hierdurch stellt eine IT Governance-Software sicher, dass objektive und zuvor definierte Kriterien eingehalten werden. Hinsichtlich Finanzierung kann IT Governance-Software außerdem Mechanismen – wie beispielsweise Verrechnungsfunktionalitäten – zur Verfügung stellen, mit deren Hilfe gemeinsam genutzte Dienstleistungen für eine größere Zahl von Geschäftseinheiten angeboten werden können.

Während der Überwachung der IT-Anlagegüter über deren Lebenszyklus hinweg können Applikationen die komplexen Informationen in den jeweils angemessenen Formaten darstellen. Eine Darstellung, die einer Instrumententafel nachempfunden ist, ist die in der Praxis übliche Dashboardvariante. Diese Aufbereitung erlaubt den verschiedenen Stakeholdern einen individuell anpassbaren Blick auf die Leistung von Prozessen und Portfolios. Dies beinhaltet aktuelle Auslastung von Ressourcen und Budget sowie die Möglichkeit zu regelmäßigen Überprüfungen. Dies erlaubt einer Organisation die Ist- und Soll-Situationen zu vergleichen und führt zu einer besseren Kontrolle der einzelnen Prozesse. Die anfangs angeführten, lückenlos nachvollziehbaren Berichtswege, wie sie vom Gesetz her gefordert sind, können durch den Einsatz von spezialisierter Software ebenfalls hergestellt werden.

Sofern IT Governance-Applikationen mit Anreizsystemen gekoppelt werden, bieten sie Funktionalitäten, die der Durchsetzung der IT Governance förderlich sind. Individuelle Leistung und Verhalten werden messbar, was die Einhaltung der Regeln einerseits fördert, andererseits aber auch die Motivation steigert, da die Leistung des Einzelnen nun anerkannt werden kann. Der Prozess der Neuausrichtung wird durch Software unterstützt, in dem Funktionalitäten zur Verfügung gestellt werden, mit deren

Hilfe neue strategische Vorhaben und die damit verbundenen Risiken analysiert werden können. Applikationen erlauben in diesem Rahmen Entscheidungen nahezu in Echtzeit hinsichtlich Prioritäten bei IT-Investitionen, Misserfolgsrisiken und Sanierung.

Spezialisierte IT Governance-Software erlaubt also das Ansammeln riesiger Datenmengen mit Details zu allen vergangenen, aktuellen und zukünftigen Projekten. Diese Daten werden in individuell anpassbaren Berichten aufbereitet und den jeweiligen Entscheidern zeitnah elektronisch übermittelt. Es ergibt allerdings auch Herausforderungen bei dem Einsatz von IT Governance-Software: sie kann Entscheidungsfindung nicht automatisieren oder die adäquaten IT Governance-Prozesse von alleine wählen. Ihre Implementierung gestaltet sich häufig ohne externe Unterstützung auch schwierig[71].

11.3 Ansatzpunkte und Wertbeitrag einer erfolgreichen IT Governance-Landschaft

Die verschiedenen Bestandteile einer zeitgemäßen IT Governance-Landschaft – Prozesse, Struktur, Messgrößen und Applikationen – setzen an verschiedenen Punkten in der Organisation an, um den Wertbeitrag durch IT zu gewährleisten. Die Praxis zeigt, dass Organisationen bei der Imple-

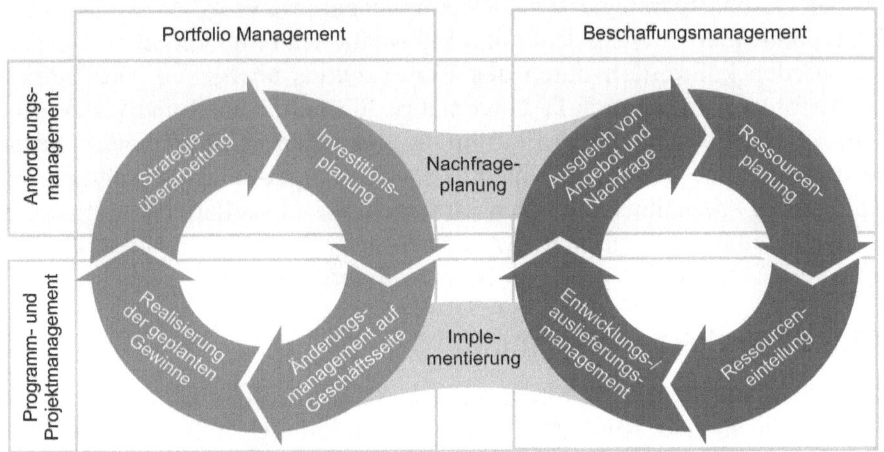

Abb. 11.5 IT Governance-Kernbereiche und Werthebel

---

[71] Heier H, Borgman HP, Hofbauer TH (2008) Making the most of IT governance software: understanding implementation processes. In: Proceedings of the 41th Hawaii International Conference on System Sciences, p 435

mentierung meist an einem oder mehreren Ansatzpunkten beginnen, wie in Abb. 11.5 dargestellt. Die vier Ansatzpunkte sind Anforderungsmanagement („Demand Management"), Projektmanagement („Program- and Projekt Management"), IT-Portfoliomanagement („IT-Portfoliomanagement") und Beschaffungsmanagement („Supply Management").

11.3.1 Anforderungsmanagement

Anforderungsmanagement umfasst neben dem aus dem Abschnitt zu IT Governance-Prozessen bekannten Anfordern auch Aktivitäten, die später im IT-Lebenszyklus stattfinden. Strategieüberarbeitung, Investitionsplanung, Nachfrageplanung, Ausgleich von Angebot und Nachfrage, sowie letztlich die Ressourcenplanung greifen alle auf Daten und Informationen zurück, die anfangs im Anforderungsmanagement gesammelt und erarbeitet wurden. Forschung und praktische Erfahrungen zeigen, dass viele Unternehmen in diesem Bereich keine Prozesse vorweisen können, um neue Anforderungen aufgrund geänderter, wirtschaftlicher Rahmenbedingungen zeitnah zu erarbeiten und umzusetzen. In aller Hektik werden Änderungsanträge redundant abgelegt, verschwinden unerklärlicherweise aus dem System oder werden über „den kleinen Dienstweg" erledigt. Fehlgeleitete Projekte mit einem unkontrollierbaren Eigenleben sind die Folge.

Durch die Einführung einer effektiven IT Governance-Landschaft werden kritische Erfolgsfaktoren im Anforderungsmanagement unterstützt und gestärkt. So findet eine frühe Identifikation, Integration und Orientierung an der Geschäftsstrategie statt, Risikomanagement-Prozesse werden etabliert, kontrolliert sowie gelenkt und Informationen bzw. Verantwortlichkeiten werden kontrolliert durch den Lebenszyklus übergeben. Das Stärken der Erfolgsfaktoren durch IT Governance führt zu einer Reihe von Vorteilen, d. h. eine beschleunigte Einführung von neuen Produkten oder Dienstleistungen, eine genauere Einhaltung von Budget- und Zeitrahmen, ein optimiertes Verhältnis zwischen strategischen IT-Initiativen und Tagesgeschäft, eine Verringerung der redundanten Projekte, sowie schließlich eine verbesserte Einhaltung von Gesetzesanforderungen.

11.3.2 Projektmanagement

Projektmanagement setzt direkt an den Aktivitäten des Anforderungsmanagements an und beinhaltet Ressourceneinteilung, Entwicklungs- bzw. Auslieferungsmanagement, Implementierung, Änderungsmanagement auf Geschäftsseite und abschließend Realisierung der geplanten Gewinne. Praktische Erfahrungen und Accenture Umfragen belegen, dass heutzutage drei von vier CIOs nicht in der Lage sind, die meisten aktuellen Projekte der IT-Organisation zu benennen. Kein Wunder, dass über die Hälfte alle IT-Projekte die ursprünglich definierten Ziele nicht erfüllen und den Budgetrahmen sprengen.

Durch geeignete IT Governance-Prozesse, Strukturen, Messgrößen und Applikationen kann jedoch sichergestellt werden, dass Projekte regelmäßig durch Experten auf ihre Daseinsberechtigung überprüft werden, Stakeholder aktiv in die Projektentwicklung eingebunden sind und die Überführung aus dem Projektgeschehen in das Tagesgeschäft geordnet stattfindet. Durch diese Aktivitäten ergeben sich verschiedenste Vorteile durch IT Governance im Projektmanagement. Die Zuverlässigkeit des Projektmanagements erhöht sich – ausgedrückt in einem erhöhten CMMi Level aufgrund von erhöhter Projekttransparenz und Kontrolle. Des Weiteren wird eine verbesserte und schnellere Identifikation und Terminierung von falsch ausgerichteten Projekten gewährleistet, ebenso eine genauere Einhaltung von Budget- und Zeitrahmen. Letztendlich sollte auch der Anteil der Projektmanagementkosten an den gesamten Projektkosten sinken.

11.3.3 IT-Portfoliomanagement

Im Sinne einer detaillierten Darstellung der Ansatzpunkte von IT Governance wurde auf eine Zusammenfassung von Projektmanagement und Portfoliomanagement zu Multiprojektmanagement – wie in Kap. 5 geschehen – verzichtet. IT-Portfoliomanagement umfasst als Aktivitäten somit Strategieüberarbeitung und Investitionsplanung sowie Änderungsmanagement auf Geschäftsseite und abschließende Realisierung der geplanten Gewinne. Wie eingangs aufgeführt, müssen sich CIOs zunehmend mit Renditegesichtspunkten bei IT-Investitionen befassen, was eine Kategorisierung der Initiativen nach finanziellen und nicht-finanziellen Gesichtspunkten wie beispielsweise Rendite, Risiko und strategischer Notwendigkeit unerlässlich macht. Demgegenüber sind 80% aller CIOs nicht in der Lage, einen solchen Ansatz erfolgreich aufrechtzuerhalten.

Eine erfolgreiche IT Governance-Landschaft stärkt Erfolgsfaktoren wie abgestimmte, objektive Priorisierungsmetriken, regelmäßige Kontrollen des gesamten Portfolios und eine Überprüfung, inwieweit geplante Erträge tatsächlich realisiert werden können. Die Vorteile, die mit IT Governance im Bereich IT-Portfoliomanagement verknüpft sind, liegen vor allem im Vermeiden von unbrauchbaren Investitionen und redundanten Projekten, in einer verbesserten Ausrichtung von IT und Geschäftsstrategie, in einer verbesserten Ressourcenverteilung bei strategischen Projekten und in einer erhöhten Transparenz in der Langzeitplanung eines Unternehmens.

11.3.4 Beschaffungsmanagement

Ein wichtiges Element der IT-Abteilung ist das Beschaffungsmanagement, das in Kap. 10 bereits unter dem Begriff Sourcing bzw. strategisches Sourcing angesprochen wurde. Unter IT Governance-Gesichtspunkten beinhaltet Beschaffungsmanagement Ausgleich von Angebot und Nachfrage, Ressourcenplanung und -einteilung, sowie Entwicklungs- bzw. Auslieferungsmanagement. Wenige Unternehmen sind heutzutage in der Lage, ihre Ressourcen optimal einzusetzen – weder im Projektgeschehen noch im Tagesgeschäft. Beispielsweise kommt es häufig vor, dass qualifiziertes Personal ungünstig an ein Projekt gebunden ist und strategisch wichtige Projekte mangels Verfügbarkeit aufgeschoben werden müssen.

An dieser Stelle können IT Governance-Prozesse, Strukturen, Messgrößen und Applikationen Erfolgsfaktoren positiv beeinflussen, d. h. Ressourcenverteilung wird vorausschauend geplant, es wird Kostentransparenz für jede Ressourcenart erzielt und es werden Prozesse eingeführt, um die Ausbildung und Weiterbildung der Fachkräfte zu verbessern. So können vielfältige Erfolge erzielt werden, beispielsweise eine erhöhte Produktivität und verringerte Personalkosten, die mit verringerter Arbeitsbelastung in kritischen Projektphasen einhergehen, verbesserte Prognosen hinsichtlich Ressourcenauslastung, erhöhte Auslastung begrenzter Ressourcen und Fähigkeiten, sowie eine effizientere Nutzung externer Ressourcen.

11.4 Zusammenfassung

Eine zeitgemäße IT Governance-Landschaft ist aufgrund einer zunehmenden Kapitalmarktorientierung mit Fokus auf Wertbeitrag durch die IT notwendig.

- IT Governance ist eine Sammlung von Mechanismen, um IT-Investitionen zu beantragen, zu priorisieren, mit Ressourcen auszustatten, zu überwachen, zu steuern und aktuell zu halten.
- Der Unterschied zwischen IT Governance und IT-Management liegt darin, dass IT Governance sich auf mittel- bis langfristige Entscheidungen fokussiert, sowie Entscheidergruppen außerhalb der IT-Organisation einbindet.
- Eine IT Governance-Landschaft besteht aus Prozessen, Strukturen, Messgrößen und IT Governance-Software.
- IT Governance-Prozesse sind unabdingbar, um Verantwortungen und einzelne Schritte bei IT-Entscheidungen nachvollziehbar zu gestalten.
- IT Governance-Strukturen werden mit dem leicht verständlichen Modell der Governance Arrangement Matrix von Ross und Weill abgebildet, das Entscheidungsgebiete mit Entscheidergruppen in Verbindung bringt.

- Messgrößen – oder KPIs – helfen bei der Überprüfung, inwieweit die in der IT-Strategie festgelegten Ziele erreicht werden.
- IT Governance-Software stellt Mechanismen zur Verfügung, mit deren Hilfe Organisationen Entscheidungsprozesse digitalisieren und automatisieren können.
- Die typischen Ansatzpunkte zur Schaffung einer effektiven IT Governance-Landschaft sind Anforderungsmanagement, Programm- und Projektmanagement, Portfoliomanagement und Beschaffungsmanagement.

Index

Die Autoren

Bernhard Holtschke

Bernhard Holtschke ist Geschäftsführer der Accenture GmbH in München und leitet den Geschäftsbereich Accenture Technology Consulting in den Ländern Deutschland, Österreich und Schweiz. Er ist anerkannter Experte für die unternehmerische Ausgestaltung einer IT-Strategie, die alle Aspekte einer globalen IT-Organisation und deren Koordination umfasst, sowie auch Themenstellungen einer ganzheitlichen und umsetzungsorientierten IT-Transformation berücksichtigt. Seit mehr als 20 Jahren arbeitet Hr. Holtschke als Berater für weltweit tätige Großunternehmen und Konzerne in der Fertigungswirtschaft, insbesondere in den Branchen Automobil, Anlagenbau, Konsumgüter und High Tech. Hr. Holtschke hat 2003 als Co-Autor eine umfangreiche Studie zur Steigerung des Unternehmenserfolgs durch IT veröffentlicht.

Dr. Hauke Heier

Dr. Heier leitet bei Accenture Technology Consulting den Bereich IT Governance/IT Organization in den Ländern Deutschland, Österreich und Schweiz. Er besitzt langjährige Erfahrung in der Beratung von IT-Führungskräften in internationalen Großunternehmen der Finanzindustrie, der Fertigungswirtschaft und der Informations- und Kommunikationsindustrie. Dr. Heier befasst sich mit dem Entwurf von IT-Aufbau- und Ablauforganisationen, der Gestaltung von IT Governance-Gremienlandschaften, IT Governance-Prozessen, sowie der Implementierung unterstützender Softwarelösungen. Einen weiteren Tätigkeitsschwerpunkt stellt das IT Servicemanagement dar. Dr. Heier hat vor seinem Wechsel zu Accenture als Assistant Professor for Business Administration and Information Management an der Universiteit Leiden gelehrt und hat dort heute eine Gastprofessur für IT Governance inne. Er ist häufiger Gast auf internationalen akademischen Konferenzen und Industrieforen.

Dr. Thomas Hummel

Dr. Hummel ist bei Accenture Technology Consulting für den Bereich High Performance IT in den Ländern Deutschland, Österreich und Schweiz zuständig. Er hat umfassende Erfahrungen in der Beratung von Unternehmen verschiedenster Branchen – insbesondere der Investitionsgüter- und der Informations- und Kommunikationsindustrie. Vor seinem Wechsel nach Deutschland war Dr. Hummel über 10 Jahre in verschiedenen Positionen im Technologiekompetenzzentrum von Accenture in Sophia Antipolis tätig und hat von dort aus internationale Kundenprojekte im gesamten europäischen Raum geleitet. Sein Schwerpunkt liegt auf der Analyse, Gestaltung und Optimierung von Unternehmensarchitekturen (Prozess-, Informations-, Applikations- und technische Architektur). Im Rahmen seiner Projektarbeit hat Dr. Hummel unter anderem auch die Position eines Interims-CIO übernommen. Zudem hat er sich in leitender Position mit dem Management technologischer Innovationen befasst.